पृथ्वीराज चौहान

पृथ्वीराज चौहान

जिया कँवर (प्रेमलता)

JPD

First published in India in 2020 by
Jawahar Publishers & Distributors

ISBN: 978-81-948468-6-4

Jawahar Publishers & Distributors
46, Samachar Apartment,
Mayur Vihar-I, New Delhi 110091

E-mail: jawaharpdd@gmail.com

Printed and Bound in
Delhi

₹ 549/-

प्रस्तावना

चाहमान वंश का यह राजा पृथ्वीराज आज भी अपने जीवन के इतिहास के कुछ रोचक पहलुओं के कारण भारतीय आम जनमानस में बहुत चर्चित है। स्कूल-महाविद्यालयों में पृथ्वीराज चौहान के जीवन-चरित्र की गौरव-पूर्ण घटनाओं को लेकर छात्र-छात्राएं नाटक-नाटिकाओं का आयोजन करते रहते हैं। तृतीय पृथ्वीराज ने तुर्क आक्रमणकारी मोहम्मद गौरी का डट कर मुकाबला किया था, इस रूप में यह भारत के गौरवशाली व्यक्ति के रूप में भारतीयों की दृष्टि में विशेष रूप से प्रतिष्ठित रहा था, आज भी उसी स्तर से प्रतिष्ठित है। इसके मित्र और आश्रय प्राप्त कवि चन्दरबरदायी और मित्र तथा विद्वान जयानक ने इतिहास प्रसिद्ध ग्रंथों क्रमशः पृथ्वीराज रासों और पृथ्वीराज विजय की रचना की। इन दोनों ग्रंथों में जहां पृथ्वीराज तृतीय के विषय में जानकारियां दी गयी हैं, वहीं सम्पूर्ण चाहमान वंश के राजाओं के विषय में भी महत्वपूर्ण तथ्य दिये गये हैं। पृथ्वीराज रासों में अनेक तथ्य कल्पनाओं से युक्त और कहानी चमत्कारों से युक्त भी हैं, परन्तु पृथ्वीराज विजय के ऐतिहासिक तथ्य सत्य-पूर्ण अधिक है।

राजपूत राजा पृथ्वीराज चौहान ने अपने समय के विदेशी आक्रमणकारी शहाबुद्दीन मुहम्मद गोरी को कई बार पराजित किया। युवा पृथ्वीराज ने आरम्भ से ही साम्राज्य विस्तार की नीति अपनाई थी। किंवदंतियों के अनुसार मुहम्मद गोरी ने 18 बार पृथ्वीराज पर आक्रमण किया, जिसमें से 17 बार उसे पराजित होना पड़ा। किसी भी इतिहासकार को किंवदंतियों के आधार पर अपना मत बनाना कठिन होता है। इस विषय में इतना निश्चित है कि शहाबुद्दीन मुहम्मद गोरी और पृथ्वीराज चौहान के मध्य कम-से-कम दो भीषण युद्ध अवश्य हुए थे। अपनी-अपनी महत्वाकांक्षाओं और साम्राज्य विस्तार की नीति के कारण पृथ्वीराज चौहान और शहाबुद्दीन मुहम्मद गोरी के बीच युद्ध अवश्यंभावी हो गया था।

—लेखक

अनुक्रम

1

पृथ्वीराज के पूर्वज

भारत एक विशाल उप-महाद्वीप रहा था, यहाँ पर भिन्न-भिन्न संस्कृतियों सभ्यताओं ने अपना सौन्दर्य बिखेरा, मानव जीवन ने विधाता और की इच्छाओं से सुख-दु:ख के झूलों को झूला है। अवतारों की पवित्र भूमि भारत पर जब राजपूत राजवंशों का उद्‌भव और विकास हुआ तो अनेक गौरवशाली सुमन-वृक्ष विकसित हुए, इनमें एक बहुतप्रभावी और होनहार के प्रभाव से विशिष्ट इतिहास का निर्माण करने वाला चाहमान वंश भी हुआ, सामान्य लोक व्यवहार में यह वंश चौहान वंश के नाम से विख्यात हुआ। पृथ्वीराज तृतीय का संबंध शाकम्भरी के इसी चाहमान वंश से था।

चाहमान वंश के विषय में एक बात यह और उल्लेखनीय है कि ये प्रारम्भिक अवस्था में नर्मदा नदी पर स्थिति महिष्मती क्षेत्र के शासक थे। इस वंश की विविध शाखाओं ने अपना विकास किया और ये भारत के विविध क्षेत्रों के शासक रहे। ये अपने-अपने सन्दर्भित क्षेत्रों के नाम पर ही जाने-पहचाने गये। प्रमुख चाहमान रहे थे-धवलपुरी के चाहमान, लाट के चाहमान, शाकम्भरी के चाहमान, रणस्थम्भपुर के चाहमान, नड्डूल के चाहमान, जावलिपुर के चाहमान, भडौंच के चाहमान और सत्यपुर के चाहमान आदि। यदा-कदा इनमें से कोई किसी अन्य प्रभुत्व-वंश के सामन्त के रूप में भी शासक रहता रहा था। जैसे भडौंच (भृगकच्छ) के चौहान गुर्जर प्रतिहार वंश के सामन्त रहे थे।

हंसौट दान पत्र से पता चलता है कि भडौंच का भतृवड्ढ चाहमान, गुर्जर नरेश नागभट्ट प्रथम का सामन्त था।

शाकम्भरी के चाहमान-वंश का परिचय–इतिहास विषय की अपनी सीमाओं और विशिष्टताओं के अनुसार शाकम्भरी के चौहान वंश का इतिहास ही पढ़ा-पढ़ाया जाता है। शाकम्भरी नाम का उद्भव इनके शासन करने वाले क्षेत्र के नाम पर हुआ है। सातवीं शताब्दी के समय में एक चाहमान शाखा ने अपनी प्रतिभा से 'सांभर' (सम्भर, सयम्भर) प्रदेश में अपने राज्य की स्थापना की। यह सांभर ही शाकम्भरी नाम से भी जाना जाता था, इसी से ये शाकम्भरी के चाहमान (चौहान) कहलाये। इनके राज्य को 'सपालदक्ष' भी कहा जाता था, इस क्षेत्र का नाम सपालदक्ष इसलिये पड़ा कि इसमें सवा लाख ग्राम थे। डा. भण्डारकर ने इस सपालदक्ष की समानता शिवालिक प्रदेश से की है, और शाकम्भरी के चौहानों को शिवालिक, प्रदेश का निवासी स्वीकार किया। डा. भण्डारकर का मत इतिहासकारों को मान्य नहीं हुआ, चूंकि इसमें सत्यता नहीं थी। इनके सपालदक्ष की समानता जांगल-प्रदेश से भी की गयी है। इस जांगल-प्रदेश की भूमि मरुभूमि थी, जहाँ करीर और शमी वृक्षों की भरमार थी। स्कन्द पुराण में भी इस मरुभूमि और जांगल-प्रदेश का वर्णन आया है। शाकम्भरी क्षेत्र की देवी के रूप में शाकम्भरी के चाहमानों ने शाकम्भरी देवी को बहुत उच्च और सम्मानीय स्थान दिया था। वस्तुत: शाकम्भरी चाहमानों का मूल स्थान मरुभूमि (जांगल-प्रदेश) था। शाकम्भरी देवी वर्तमान में भी बहुत पूज्यनीय है, इसके अनेक जगह मन्दिर हैं।

चाहमान वंश की उत्पत्ति–चाहमान वंश की उत्पत्ति का कोई निश्चित और सत्यनिष्ठ इतिहास प्राप्त नहीं है। राजपूतों के इतिहास की अतिश्योक्ति पूर्ण स्थिति इनकी उत्पत्ति के साथ भी संयुक्त है। 'पृथ्वीराजरासौ' से इस वंश की उत्पत्ति की कथा विस्तृत रूप से प्राप्त होती है, शताब्दियों पश्चात् चन्दरबरदायी द्वारा दी गयी यह कहानी चौहान वंश को दिव्यता प्रदान करने की चमत्कारपूर्ण कहानी मात्र ही सिद्ध होती है। उत्पत्ति की यह कहानी इस प्रकार है–ब्रह्म के यज्ञ स्थान (पुष्कर) को राक्षसों (असुरों) ने नष्ट कर दिया। ब्रह्मा ने तब विचार बनाया कि इसका उपाय यह है कि एक ऐसा शूरवीर उत्पन्न करना चाहिए जो युद्ध-स्थल में युद्ध के द्वारा इन राक्षसों का पूर्ण विनाश कर दे। तब कमल पर आसीन ब्रह्मा ने देवताओं की भलाई के लिये यज्ञ-कुण्ड में पवित्र अग्नि प्रज्वलित की। विशिष्ट स्तुति और मंत्रोच्चारण के बाद ब्रह्मा ने अपने कमंडल

से जल लेकर यज्ञ कुण्ड में आहुति दी और यज्ञकर्त्ताओं ने आह्वान किया–'दुष्टों को भगा दो' 'दुष्टों' को भगा दो'। इससे चार हाथ वाला, चारों हाथों में तलवार लिये अनल चाहमान उत्पन्न हुआ। यह रक्त-वर्ण के मुँह वाला प्रचण्ड सेनापित था, इसने ब्रह्मा के यज्ञ की रक्षा की। इस चाहयान में ही प्रतापी पृथ्वीराज का जन्म हुआ।

'पृथ्वीराज विजय' से भी इस प्रकार की ही कथा मिलती है कि ब्रह्मा का यज्ञ-स्थान (पुष्कर) मलेच्छ-उपद्रव से अपवित्र और नष्ट हो गया। ब्रह्मा ने इन असुरों (मलेच्छों) का वध करने के लिये विष्णु के अवतार (विशिष्ट पुरुष) का जन्म किया। यही पुरुष 'चाहमान' नाम से प्रसिद्ध हुआ, इससे ही चाहमान-वंश का विकास हुआ। 'हम्मीर महाकाव्य' में भी इसी के समान वाली कथा प्राप्त हुई। इसमें विवरण है कि ब्रह्मा ने पवित्र स्थल पुष्कर में यज्ञ किया। इस विशिष्ट यज्ञ की रक्षा के लिये सूर्य ने चाहमान नाम के शुरवीर योद्धा की उत्पत्ति की। इस चाहमान ने ही साम्राज्य प्राप्त कर यश प्राप्त किया और फिर इससे ही चाहमान वंश की प्रसिद्धि हुई।

इस उपरोक्त उत्पत्ति के सिद्धान्त में कल्पना का पूर्ण सहारा लिया गया है। डा. भण्डारकर ने राजपूतों को विदेशी खिजर माना है, जो हूणों के साथ भारत आये थे। इस श्रृंखला में डॉ. भण्डारकर ने चाहमानों को विदेशी (गुर्जर) माना है। यह मत परिकल्पना पर ही आधारित है। बिजौलिया अभिलेख में एक नये प्रकार का ही मत मिला है कि चाहमान वंश ब्राह्मण वर्ण वत्स गोत्र के एक व्यक्ति से विकसित हुआ अर्थात् इस आधार पर चाहमान ब्राह्मण हुए, परन्तु यह जानकारी कमजोर है और चाहमानों को कभी भी ब्राह्मण नहीं समझा गया है। अभिलेखों से इनके क्षत्रिय होने के प्रमाण ही पुष्ट हैं, विद्वानों ने इनके सूर्य वंशीय क्षत्रिय होने के पक्ष में ही वकालत की है।

शाकम्भरी वंश के चाहमान नरेश

वासुदेव-साहित्य और अभिलेखों में वासुदेव को इस वंश का संस्थापक माना गया है। इसके अपने ऐतिहासिक प्रमाण नहीं है। बहुत बाद के इतिहास में इसके प्रशंसापूर्ण गायन किये गये हैं, जो अपने संस्थापक को विशेष आदर देने के लिये गाये गये हैं। हम्मीर महाकाव्य में उसे बहुत पराक्रमी और विजेता बताया गया है और कहा गया है कि शत्रुओं के विनाश के लिये स्वयं वासुदेव (कृष्ण) ने वासुदेव के रूप में अवतार लिया, युद्ध में विजयश्री उसके हाथों

में ही सन्निहित थी। पृथ्वीराज विजय ग्रन्थ में भी वासुदेव को सयम्भर देश गरिता का संस्थापक बताया गया है। वस्तुतः वासुदेव को शाकम्भरी चाहमान वंश का संस्थापक माना गया है, इसके अलावा इसका कोई और अन्य इतिहास ज्ञात नहीं है। व्यवहार में यह एक सामन्तीय नरेश प्रतीत होता है।

सामन्तराज (Samantraj)–वासुदेव के वंश में होने वाला यह भी एक अच्छा राजा था, बिजौलिया अभिलेख में तो इसे ही पहला राजा माना गया है। साथ ही इस अभिलेख में सामन्तराज को वत्स गौत्र का ब्रह्म बताया गया है। इसका जन्म अहिछत्रपुर में होना स्वीकार किया गया है। कल्पनाओं के आधार पर सामन्तराज को ईसा की सातवीं शताब्दी का शासक माना गया है। यह भी एक सामन्तीय नरेश रहा होगा।

मध्य के सामन्तीय राजा–सामन्तराज के पश्चात् अनेक सामन्त-प्रकृति के चाहमान राजाओं के नाम मिले हैं। सामन्तराज के बाद से दुर्लभराज तक जो नाम मिले हैं, वे ये हैं–नरदेव, जयराज, विग्रहराज प्रथम, चन्द्रराज प्रथम और गोपेन्द्रराज। इनका कोई पृथक इतिहास प्राप्त नहीं होता है। केवल इनके क्रमशः होते रहने के प्रमाण बिजौलिया अभिलेख से प्राप्त होते हैं। ये सब भी सामन्तीय नरेश ही रहे थे।

दुर्लभराज (Durlabharaj)–राजा दुर्लभराज चाहमान वंश में एक मील के पत्थर की भाँति प्रतिष्ठित हैं। यह अपने समय के गौरवशाली प्रतिहार नरेश वत्सराज का सामन्तीय शासक था। वत्सराज का समय 780-805 ईस्वी के लगभग है। चाहमान दुर्लभराज का समय भी इसी के समकालीन स्वीकार किया जा सकता है। दुर्लभराज वीर-प्रकृति का स्वामी-भक्त सामन्त था। प्रतिहार नरेश वत्सराज ने जब गौड़ प्रदेश (बंगाल) के राजा धर्मपाल से युद्ध किया था, तो दुर्लभराज अपने स्वामी के साथ इस अभियान में गया था। इसे वीरोचित सफलता प्राप्त हुई थी। पृथ्वीराज विजय में काव्यात्मक शैली में इसकी प्रशंसा करते हुए लिखा गया–दुर्लभराज गौड़ नरेश तक पर आक्रमण करने गये थे और अपनी तलवार को गंगा तथा समुद्र के संगम में स्नान करवाया था।

गुवक प्रथम (गोविन्दराज) (Guvak-1st-Govindraj)–दुर्लभराज की मृत्यु के बाद इनका योग्य पुत्र गुवक प्रथम चाहमान नरेश बना। यह प्रतिहार वंश के सम्राट नागभट्ट द्वितीय का सामन्त था और इसका दूसरा नाम गोविन्दराज था। एक अभिलेख के अनुसार यह अपने स्वामी नागभट्ट द्वितीय (नागवलोक) की राज्यसभा में विशेष आदर प्राप्तकर्त्ता था। गुवक प्रथम में

विशेष विजयी शक्ति भी निवास करती थी। प्रबन्धकोश नामक ग्रन्थ से पता चलता है कि चाहमान गोविन्दराज ने सुल्तान वेग वरिस को पराजित किया था। अन्य ऐतिहासिक जानकारियों के प्रकाश में इस पराजित होने वाले सुल्तान वेग वरिस की समता बशर से की जा सकती है, जो सिन्ध प्रान्त में बगदाद के खलीफा का गर्वनर था। इस सिन्ध प्रान्त के प्रशासक बशर (सुल्तालन वेग वरिस) को गोविन्दराज (गुवक प्रथम) ने अपने स्वामी नागभट्ट द्वितीय के लिये पराजित किया होगा। गुवक प्रथम के इतिहास की एक और जानकारी पृथ्वीराजविजय नामक ग्रन्थ से प्राप्त होती है कि गुवक प्रथम ने अपनी बहन कलावती का विवाह कन्नौज के राजा के साथ किया था। उनके बहनोई कन्नौज के राजा की समता प्रतिहार नरेश नागभट्ट द्वितीय से ही की गयी है। गोविन्दराज (गुवक प्रथम) अपने का विशेष सफल चाहमान शासक था।

चन्द्रराज द्वितीय (Chandraj-IInd)–गुवक प्रथक के पश्चात् उसके राजकुमार चन्द्रराज द्वितीय ने अपने वंश की परम्परा को आगे बढ़ाया। ये धैर्य और शान्ति से शासन करने वाले प्रशासक रहे थे। फिर भी इनके समय में चाहमान गौरव में वृद्धि हुई थी।

गुवक द्वितीय (Guvak-Second)–चन्द्रराज द्वितीय के पश्चात् उसके पुत्र ने चाहमान-प्रभुत्व की गद्दी को शोभायमान किया। इसका नाम उन्होंने अपने दादा के नाम पर रखा गया था, यह इतिहास में गुवक द्वितीय के नाम से प्रतिष्ठित हुआ। इनके समय में चाहमान साम्राज्य में प्रगति रही, परन्तु एक एक सामन्तीय नरेश के पद से ही इसे सन्तुष्ट रहना पड़ा था। इसने अपनी बहन का विवाह कन्नौज के सम्राट (सम्भवत: भोज प्रथम) से किया था।

चन्दन (Chandan)–गुवक द्वितीय के पश्चात् उसके राजकुमार चन्दन ने अपने वंश की सत्ता प्राप्त की। अपने नाम की शीतलता के विपरीत वह एक उग्र-प्रकृति का शासक था। इसके समय में दिल्ली के तोमर वंश से चाहमान वंश की शत्रुता बढ़ गयी थी, तब चन्दन नरेश ने तोमर राजा रूद्रेन को एक युद्ध में मौत के घाट उतार दिया था, ऐसा भी हो सकता है कि इस मामले का निर्देश उसे अपने स्वामी प्रतिहार वंश से ही प्राप्त हुआ हो।

वाक्पतिराज प्रथम (Vakapatiraj-1st)–चन्दन के पश्चात् उसका पुत्र वाक्पतिराज प्रथम चाहमान-प्रभुत्व का स्वामी बना। वाक्पतिराज एक शक्तिशाली स्थिति का चाहमान शासक बन गया था। ऐसा प्रतीत होता है कि इसने अपने ऊपर प्रतिहार-प्रभुत्व को नाममात्र के लिये रहने दिया था। इसका

उदाहरण है कि वाक्पतिराज प्रथम ने प्रतिहार नरेश (सम्भवत: महीपाल) के एक दूत्त तन्त्रपाल के अभियान में बाधा डाली थी, जब वह अनन्तगोचर प्रदेश को जा रहा था। इसकी उमापति शिवकी आराधना में विशेष रुचि थी। पुष्कर में इसके द्वारा एक शिव मन्दिर के निर्माण कराये जाने के प्रमाण प्राप्त होते हैं।

विन्ध्यराज (Vindhyaraj)–वाक्पतिराज प्रथम के पश्चात् कुछ अल्प समय के लिये विन्ध्यराज के राजा होने के प्रमाण हैं। डॉ. विशुद्धान्द पाठक इसे वाक्पतिराज प्रथम का पुत्र मानने पर बल देते हैं। इनके अल्प समय का राजा होने के कारण इनकी कोई विशेष ऐतिहासिक उपलब्धि का ज्ञान प्राप्त नहीं होता है।

सिंहराज (Singhraj)–विन्ध्यराज के पश्चात् सिंहराज ने चाहमान राजमुकुट को बड़े गौरव से धारण किया। यह वाक्पतिराज प्रथम पुत्र था। इसने स्वतंत्र होने की नीति को बल दिया था और अपने स्वामी प्रतिहार वंश के विरुद्ध अपनी एक पृथक् स्थिति बना ली थी। इसका पुष्ट प्रमाण यह है कि इसने 'महाराजधिराज' की उपाधि धारण की। एक दूसरा प्रमाण यह है कि हर्ष प्रस्तर अभिलेख से पता चलता है कि सिंहाराज ने तोमर प्रशासक सलवण को पराजित कर दिया और अनेक राजकुमारों तथा सामन्तों को बन्दी बना लिया, फिर स्वयं 'रघुकुल भूचक्रवर्ती' (प्रतिहार नरेश सम्भवत: विजयपाल) को सिंहराज के राजदरबार में आना पड़ा, यह स्थिति परिचायक है कि सिंहराज प्रतिहार-वंश का सामन्त नहीं रहा था, एक स्वतंत्र शासक बन गया था। हम्मीर महाकाव्य में तो यहाँ तक लिख दिया गया है कि सिंहराज ने कर्णाट, लाट, गुजरात, चोल और अंग तक के राजाओं को युद्ध में पराजित किया, परन्तु यह तथ्य अतिश्योक्तिपूर्ण विश्वास से दूर चारण पद्धति की प्रसंशामात्र है। हम्मीर महाकाव्य और प्रबन्धकोश में यह भी सूचना है कि सिंहराज ने हेजिउद्दीन (हेतिम) नामक किसी मुसलमान सेनानायक को जेटन नामक स्थान पर पराजित कर मौत के घाट उतार दिया। पृथ्वीराजविजय ग्रन्थ में इस घटना का कोई विवरण नहीं है। इस घटना की भी स्पष्ट पहचान नहीं हो पायी है। फिर भी ये सभी तथ्य सिंहराज के एक प्रबल स्वतंत्र प्रकृति का राजा होने के परिचायक है।

विग्रहराज द्वितीय (Vigarharaj-Second)–सिंहराज का पुत्र विग्रहराज द्वितीय अपने पिताश्री की गौरवशाली परम्परा को आगे बढ़ाने वाला नरेश रहा था। हर्ष अभिलेख (विक्रम संवत् 1030 = 973 ईसवी) से उसकी कीर्त्ति का काव्यात्मक विवरण मिलता है। इसने बड़ी शूरता से अपना राज्य-कार्य किया। इसमें वर्णन है कि ''सिंहराज के पश्चात् राज्यलक्ष्मी इस भय से चिन्तित थी

कि अब कौन उसका रक्षक होगा, किन्तु विग्रहराज ने अपनी दोनों भुजाओं में दीर्घ अवधि तक उसे प्रतिष्ठित किया और चारों ओर दुष्टों के दमन द्वारा सम्पूर्ण पृथ्वी को खेल ही खेल में अपने पैरों की नीचे सेविता का भाँति वशवर्त्तिनी बना लिया।''

विग्रहराज द्वितीय के जीवन की एक बड़ी सफलता यह रही थी कि उसने पृथ्वीराजविजय, सुर्जनचरित आदि के अनुसार गुजरात के चालुक्य नरेश मूलराज प्रथम (942 - 995 ईसवी) पर आक्रमण करते हुए, उसे कथादुर्ग में शरण लेने पर विवश कर दिया था, फिर इसके राज्य के मध्य से होते हुए वह भृगुकच्छ तीर्थ पर पहुँचा और वहाँ आशापुरी का मन्दिर बनवाया। वस्तुतः इसी अभियान में वह सारस्वत मण्डल और लाट को पदाक्रान्त करते हुए पवित्र नर्मदा नदी तक पहुँचने में सफल रहा था। हम्मीर महाकाव्य में तो यहाँ तक विवरण है कि विग्रहराज द्वितीय ने मूलराज प्रथम को मौत के घाट उतार दिया था, परन्तु मुलराज प्रथम का विग्रहराज द्वितीय से मारा जाना सत्य नहीं है, इतना ही स्वीकार किया जाता है कि मूलराज प्रथम, विग्रहराज द्वितीय से सन्धि करने के लिये विवश हुआ था। गुजरात के शक्तिशाली चालुक्य नरेश के प्रति इतनी बड़ी सफलता विग्रहराज द्वितीय की अपने चाहमान वंश के लिये बहुत बड़ी सफलता रही थी।

दुर्लभराज द्वितीय (Durlabharaj-2nd)–विग्रहराज द्वितीय के पश्चात् उसका छोटा भाई दुर्लभराज चौहान-प्रभुत्व का स्वामी बना। इसके दो अपने अभिलेख भी प्राप्त हैं, इनमें उसे 'दुर्लध्यमेरु' (जिसकी आज्ञा का उलंघन न किया जा सके) कहा गया है। इनमें से एक अभिलेख में यह तथ्य भी स्वीकार किया गया है कि उसने रासोशित्तम-मण्डल पर भी अधिकार कर लिया था। दुर्लभराज के विषय में एक जानकारी यह और मिलती है कि राष्ट्रकूट धवल के विक्रम संवत् 1053 - 996 ईसवी के एक अभिलेख से पता चलता है कि इसने नड्डूल के चाहमान वंश की दूसरी शाखा के राजा महेन्द्र पर चढ़ाई की थी, परन्तु इस संघर्ष के स्पष्ट परिणाम नहीं पता चलते हैं।

गोविन्दराज द्वितीय (Govindraj Second)–दुर्लभराज के पश्चात् उसका पुत्र गोविन्दराज द्वितीय चाहमान प्रभुत्व का स्वामी बना। गोविन्दराज द्वितीय भी वीर प्रकृति का स्वाभिमानी राजा प्रतीत होता है। राजशेखर तो प्रबन्धकोश में यहाँ तक विवरण देता है कि इस गंड नाम (गोविन्दराज द्वितीय का दूसरा नाम) के राजा के महमूद सुल्तान (महमूद गजनवी) पर विजय प्राप्त

की। यह एक अतिश्योक्तिपूर्ण तथ्य ही है। विशुद्धानन्द पाठक इसे स्वीकार नहीं करते हैं, चूँकि पृथ्वीराजविजय में इसका उल्लेख नहीं है।

वाक्पतिराज द्वितीय (Vakpatiraj Second)–गोविन्दराज द्वितीय के पश्चात् उसका पुत्र वाक्पतिराज द्वितीय राजा बना। बाद के साहित्य में वाक्पतिराज द्वितीय को परमार राजाभोज चेदि के राजा (गांगेयदेव) का विजेता बताया गया है, परन्तु यह उद्धरण काव्यात्मक, अतिश्योक्तिपूर्ण मात्र है। पृथ्वीराजविजय, वाक्पतिराज द्वितीय की एक और बहुत बड़ी सफलता का विवरण देता है। यह सफलता थी कि उसने आधार (मेवाड़) के गुहिल शासक अम्बा प्रसाद (आमप्रसाद) पर आक्रमण किया और विजय करते हुए अम्बा प्रसाद को मार डाला।

वीर्यराम (Viryaram)–वाक्पतिराज द्वितीय के पश्चात् चाहमान राजा, वीर्यराम बना। पृथ्वीराजविजय में इसे वाक्पतिराज द्वितीय का पुत्र कहा गया है, जबकि सोमेश्वर के बिजौलिया अभिलेख में वीर्यराम को वाक्पतिराज द्वितीय का भाई बताया गया है। वीर्यराम मध्यम प्रकृति का राजा प्रतीत होता है। पृथ्वीराजविजय से ही पता चलता है कि वीर्यराम परमार राजा भोज द्वारा मार डाला गया था। डॉ. दशरथ शर्मा तो यहाँ तक मानते हैं कि वीर्यराम की मृत्यु के पश्चात् कुछ समय के लिये परमार प्रभुत्व चाहमान-राज्य की राजधानी शाकम्भरी पर स्थापित हो गया था।

चामुण्डराज (Chamundraj)–वीर्यराम की मृत्यु के पश्चात् उसके भाई चामुण्डराज ने चाहमान-प्रभुत्व की कमाल संभाली। इसने नड्डूल के चाहमान शासक अण्हिल की सहायता से परमार-प्रभुत्व से अपने पैतृक साम्राज्य को मुक्त करवाया। इस युद्ध में सम्भवतः राजा अण्हिल ने परमार सेनापति साढ़ को मार डाला था।

सिंहघाट (सिंहद) (Singhghat)–चामुण्डराज के पश्चात् उसके पुत्र सिंहघाट के राजा बनने का विवरण है। सिंहघाट की किसी भी विशेष उपलब्धि का विवरण नहीं मिलता है।

दुर्लभराज तृतीय (Durlabharaj-Third)–सिंहघाट के पश्चात् उसका छोटा भाई दुर्लभराज (इसल) चाहमान-राज्य की गद्दी पर आसीन हुआ। प्रबन्धकोश और हम्मीर महाकाव्य में दुर्लभराज की बहुत बड़ी एक सफलता अंकित है। प्रबन्धकोश में तो लिखा गया है कि दुर्लभराज कलचुरि के चालुक्य नरेश कर्ण को पराजित कर बन्दी बनाकर ले आया था और फिर अजमेर में उसे मट्ठा बेचने

के लिये लगा दिया था। हम्मीर महाकाव्य में तो यहाँ तक लिख दिया गया कि कर्ण, दुर्लभराज तृतीय के हाथों मारा गया। यह सब विश्वसनीय नहीं, चूँकि कर्ण तो इसके उत्तराधिकारी विग्रहराज तृतीय के समय में भी जीवित था। दुर्लभराज तृतीय की कर्ण को मामूली रूप से पराजित करने की बात स्वीकार की जा सकती है। दुर्लभराज तृतीय का अन्त अपमानजनक रहा था, चूँकि पृथ्वीराजविजय के आँकड़ों से पता चलता है कि दुर्लभराज तृतीय को मातंगो (म्लेच्छ गजनवियों) के हाथों अपनी जान गंवानी पड़ी थी। डा. दशरथ शर्मा के अनुसार दुर्लभराज तृतीय को मारने वाला गजनी का शासक सुल्तान इब्राहीम था।

वीरसिंह (Virsingh)–डा. वी. सी. पांण्डेय के अनुसार दुर्लभराज तृतीय के पश्चात् उसके भाई वीरसिंह ने राज्य किया। यह अल्पकाल का राजा रहा था।

विग्रहराज तृतीय (Vigrharaj-Third)–वीरसिंह के पश्चात् इसका भाई (राजा दुर्लभराज तृतीय का भाई) विग्रहराज तृतीय चाहमान नरेश बना। यह एक सम्मानित नरेश था। इसका लोक प्रचलित नाम बीसल और वीसल था। मालवा के परमार वंश से इसके मधुर सम्बन्ध स्थापित हो गये थे, इसकी महारानी मालवा के परमार वंश की राजकुमारी ही थी, यह तथ्य बीसल देव रासो ग्रन्थ से पता चलता है। मालवा का परमार वंश इस समय राजा भोज की मृत्यु के पश्चात् राजा जयसिंह और फिर राजा उदयादित्य के समय में बहुत संकट में था। मालवा पर कल्याणी के चालुक्य राजा सोमेश्वर द्वितीय और गुजरात के चालुक्य राजा कर्ण का प्रभुत्व स्थापित था। मालवा के परमार राजा उदयादित्य ने इस संकट से निपटने के लिये चाहमान नरेश विग्रहराज तृतीय से मित्रता कर ली। चाहमान वंश की भी गुजरात के चालुक्य वंश से पुरानी शत्रुता थी। चाहमान नरेश विग्रहराज तृतीय की यह बड़ी सफलता थी कि इसकी सहायता पाकर मालवा नरेश उदयादित्य ने चालुक्यों को एक अच्छी स्थिति में प्रतिष्ठित करने वाला नरेश रहा था।

पृथ्वीराज प्रथम (Prithviraj-1st)–विग्रहराज तृतीय के पश्चात् उसका पुत्र पृथ्वीराज चाहमान राजा बना था। यह 1105 ईसवी में शासन कर रहा था, चूँकि इसका 1105 ईसवी - 1162 विक्रम संवत् का एक अभिलेख रेवासा नामक स्थान के निकट स्थित जीणमाता देवी के मन्दिर से मिला है, इससे इसकी उपाधि 'परमभट्टारक महाराजाधिराज परमेश्वर' प्राप्त हुई है। यह शैव धर्म का साधक था, परन्तु अन्य धर्मों में भी इसकी रुचि थी। पृथ्वीराजविजय

ग्रन्थ के अनुसार ही इसने ब्राह्मणों को लूटने वाले सात सौ चालुक्यों का वध किया था। बारहवीं शताब्दी में लिखे गये कुछ जैन ग्रन्थों में कहा गया है कि रणथम्भौर के जैन मन्दिरों के ऊपर कनक-कलशों की स्थापना करवायी। पृथ्वीराज प्रथम ने मुस्लिम प्रतिशोध का भी डट कर मुकाबला किया। प्रबन्धकोश के अनुसार इसने किसी बगुली शाह नामक तुर्क को पीछे धकेल दिया।

अजयराज (Ajyaraj)–पिता श्री राजा पृथ्वीराज प्रथम की मृत्यु के पश्चात् राजा अजयराज चौहान-नरेश बना। यह 1162 विक्रम संवत् = 1105 ईसवी के बाद राजा बना था, चूँकि जीर्णमाता अभिलेख वि. संवत् 1162-1105 ईसवी पृथ्वीराज प्रथम के द्वारा लगवाया गया था। राजा अजयराज वीर-प्रकृति का राजा था, इसने मालवा के परमार नरेश नरवर्मन से युद्ध किया। बिजौलिया अभिलेख के अनुसार चच्चिग, सिंघुल और यशोराज नामक तीन सेनानायकों को युद्ध में मार कर इसने सेनापति सुल्हण को बन्दी बना लिया था। पृथ्वीराजविजय में सुल्हण (सौल्हण) को मालवा का राजा बता दिया गया है, यह तथ्य ठीक नहीं है। अजयराज ने तुर्क आक्रमणकारियों को भी पराजित किया। पृथ्वीराजविजय का भी कथन है कि अजयराज ने गजन मातंगो को हराया। अजयराज की निर्माण कार्यों में भी रुचि थी, उसने **अजयमेरु** (अजमेर) नामक नगर की स्थापना भी की थी। इसे ही उसने अपनी राजधानी बनायी थी। अजयराज ने चाँदी के सिक्के भी बहुसंख्या में चलवाये थे। पृथ्वीराजविजय से ही पता चलता है कि उसने एक प्रकार के सिक्के अपनी रानी सोमलेखा (सोमल्लदेवी) के नाम पर भी चलवाये, इन सिक्कों को नित्य-प्रति दान देकर वह अपने हाथ पवित्र किया करती थी। उसके इन सिक्कों का साहित्यिक प्रमाण ही नहीं है, ये प्राप्त भी हुए हैं। अजयराज ने अपने जीवन के अन्तिम वर्ष एक सन्यासी के रूप में पुष्कर-तीर्थ के जंगलों में व्यतीत किये थे। अजयराज का सन्यासी बन कर जाने का वर्ष 1130-33 ईसवी के मध्य स्वीकार किया जाता है।

अर्णोराज (Arnoraj)–राजा अजयराज 1130-33 ईसवी के मध्य सन्यास लेकर पुष्कर-तीर्थ के वनों में चले गये थे और राजगद्दी पर अपने महारानी सोमल्लदेवी से उत्पन्न पुत्र को आसीन कर गये थे। यह राजा अर्णोराज (अन्य नाम=अनलदेव, आनलदेव, अन्न या आनाक) के नाम से प्रसिद्ध हुआ। इसके काल के ऐतिहासिक घटनाओं का विवरण द्रष्टव्य है।

मालवा-विजय–बिजौलिया अभिलेख से पता चलता है कि अर्णोराज ने मालवा-नरेश निर्वाण नारायण अर्थात नरवर्मन को युद्ध में बुरी तरह से पराजित कर दिया और मालवा की सेना के हाथियों पर भी अधिकार कर लिया।

तुरुकों का संहार–अर्णोराज तुरुकों का संहार करने वाला भी माना गया है। इस सन्दर्भ में पृथ्वीराजविजय में और अन्य साक्ष्यों में उसकी विशेष प्रशंसा कि गयी है। तुरुकों और लाहौर के गजनवियों ने अजमेर तक अपनी पहुँच बना ली थी, तो अर्णोराज ने अजमेर के बाहर ही युद्ध-भूमि में इनका बुरी तरह से संहार किया, ये बहुसंख्या में मारे गये थे। पृथ्वीराजविजय के अनुसार अर्णोराज ने फिर म्लेच्छ-मारण स्थान की विशुद्धि के लिये एक झील का निर्माण भी करवाया था। इस पराजित मुस्लिम तुर्क आक्रमणकारी की पहचान नहीं हो सकी है।

सिन्धु-सरस्वती अभियान–अनेक प्रमाणों को संयुक्त करते हुए, डॉ. दशरथ शर्मा ने माना है कि उसने सिन्धु-सरस्वती के क्षेत्रों पर विजय करते हुए पूर्वी-पंजाब के मद्र और सिन्धु के बाहीक क्षेत्र पर विजय प्राप्त की। इसी अभियान के अन्तर्गत अर्णोराज ने हरियाणा-दिल्ली के क्षेत्र पर भी विजय की। इस सिलसिले में यह विवरण मिलता है कि उसके (अर्णोराज) सैनिकों ने यमुना-सरिता का जल गंदा कर दिया और हरितानक देश की स्त्रियों के आँसू बहाये। इस सन्दर्भ में उसने उस समय के ढिल्लिका (दिल्ली) के तोमर वंशीय राजा को पराजित किया होगा।

पश्चिमी उत्तर-प्रदेश की विजय–बिजौलिया अभिलेख से पता चलता है कि अर्णोराज ने वरण (बुलन्दशहर) पर विजय प्राप्त की थी। इससे कल्पना की जा सकती है कि उसने आधुनिक पश्चिमी-उत्तर प्रदेश के बुलन्दशहर, हापुड़, गाजियाबाद और मेरठ आदि के क्षेत्रों पर विजय प्राप्त की होगी और वह तब दिल्ली-हरियाणर की ओर गया होगा।

गुजरात के चालुक्य वंश से सम्बंध और संघर्ष–चालुक्य वंश से उसके संघर्ष और मित्रता पूर्ण दोनों प्रकार के संबंध रहे थे। साहित्य में ये सम्बंध अल्प-अंतरों के साथ चर्चित हुए हैं। इनको दो भागों को समझने की दृष्टि से विभाजित करते हैं।

प्रथम भागः जयसिंह सिद्धराज से संबंधः–जैन ग्रंथों के अनुसार जयसिंह सिद्धराज और अर्णोराज में भयंकर युद्ध हुआ और इसमें अर्णोराज की पराजय हुई। फिर जयसिंह सिद्धराज ने विजयी होने के पश्चात् भी अपनी पुत्री का विवाह अर्णोराज के साथ कर स्थायी मित्रता स्थापित की। पृथ्वीराज विजय में इसका नाम

कांचनदेवी मिलता है। यह मित्रता केवल लगभग 1142 ईसवी तक ही सिद्धराज के समय तक चलती रही। इसके बाद चालुक्य वंश से युद्ध के वाद्य फिर बजने लगे।

दूसरा भागः कुमारपाल से सम्बंध–कुमारपाल के गद्दी पर बैठते ही अर्णोराज से उसका संघर्ष प्रारंभ हो गया। इसका एक कारण यह था कि कुमारपाल, जयसिंह से उसका संघर्ष प्रारम्भ हो गया। इसका एक कारण यह था कि कुमारपाल, जयसिंह सिद्धराज का पुत्र नही था, कुमारपाल शक्ति के बल राजा बना था, जयसिंह का गोद लिया पुत्र चाहड़ बाहड़ था। चाहड़ कुमार पाल के विरूद्ध अर्णोराज की शरण में आ गया था। जैन ग्रंथों में वर्णन है कि अर्णोराज ने चाहड़ को साथ लेकर एक संघ बनाकर कुमारपाल पर आक्रमण कर दिया। कुमारपाल की इसमें विजय हुई।

अर्थोराज और कुमारपाल में शत्रुता कायम रही। यहां तक माना जाता है कि प्रभावक चरित के अनुसार यह युद्ध बारह वर्ष तक चलता रहा था। अर्णोराज और कुमार चालुक्य में दूसरा भयंकर युद्ध फिर हुआ इस युद्ध में कुमारपाल की बहुत बड़ी विजय हुई। आचार्य हेमचन्द्र अपने द्वाश्रय-महाकाव्य ग्रंथ में यहां तक स्वीकार करते हैं कि अर्णोराज को अपनी पुत्री जल्हणा देवी का परिणय-सूत्र बंधन कुमारपाल के साथ करना पड़ा था। अर्णोराज और कुमारपाल के मध्य होने वाले दूसरे युद्ध के कारण में कुमारपाल की बहन की कथा भी आयी है। उसे डा. दशरथ शर्मा स्वीकार नही करते हैं, फिर भी यह कथा है कि अर्णोराज ने शतरंज खेलते समय एक चाल पर कहासुनी हो जाने पर अपनी रानी देवलदेवी (कुमारपाल की बहन) को एक लात मार दी। देवल देवी ने अपने भाई कुमारपाल से जाकर इसकी शिकायत की। अपनी बहन देवल देवी के अपमान का बदला लेने के लिये कुमारपाल ने अर्णोराज पर आक्रमण कर दिया। विद्वान दीवान बहादुर हरविलास शारदा ने यह माना है कि कुमारपाल ने अपनी बहन देवल देवी का विवाह अर्णोराज के साथ अपने प्रथम अभियान के पश्चात् किया था।

हत्या से मृत्यु–अर्णोराज, चालुक्य प्रभुत्व से हारने के बाद भी सम्मानित स्थिति में ही रहा था। मन्दिरों के निर्माण में उसकी रूचि रही थी। उसने पुष्कर में वराह का मन्दिर बनवाया। राज्यप्राप्ति की अनैतिक भूख से पीड़ित होकर उसके रानी सुधवा देवी से उत्पन्न ज्येष्ठ पुत्र जुगदेव 1153 ईसवी के लगभग उसकी हत्या कर दी।

राजाजुगदेव–पिताश्री अर्णोराज की हत्या कर जुगदेव चाहमान प्रभुत्व का स्वामी बना। इससे सभी घृणा करते थे। यह बहुत अल्प अवधि तक राज्य सुख भोग पाया। इसके सगे भाई महारानी सुधवा देवी के पुत्र विग्रहराज ने इसका वध कर दिया। तब विग्रहराज वीसल देव राजा बना।

विग्रहराज चतुर्थ–राजा अर्णोराज और महारानी सुधवा देवी से उत्पन्न पुत्र विग्रहराज अपने पिता के हत्यारे ज्येष्ठ भाई जुगदेव की हत्या कर 1153 ईसवी के लगभग चाहमान साम्राज्य का स्वामी बना। इसे दस वर्ष तक ही राज्य करने का अवसर प्राप्त हुआ था, परंतु फिर भी इसकी सफलताएं बहुत महत्व की थी। प्राप्त इतिहास के अनुसार विग्रहराज चतुर्थ के समय में चाहमान साम्राज्य की सीमाएं सबसे अधिक विस्तीर्णक हो गयी थी। उसकी उपलब्धियां यहां अंकित हैं।

अभिलेख–विग्रहराज चतुर्थ के अनेक अभिलेख प्राप्त हैं।

(अ) **अजमेर शिलालेख न0-1** अजमेर की एक प्रसिद्ध इमारत 'अढ़ाई दिन का झोंपड़ा' से विग्रहराज का यह शिलालेख मिला है, इस पर महाकवि सोमदेव द्वारा लिखित 'ललित विग्रहराज' नामक नाटक के कुछ अंश लिखे गये हैं।

(आ) **अजमेर शिलालेख न02**–इस पर तिथि विक्रम संवत् 1211-1153 ईसवी अंकित है। स्वयं राजा विग्रहराज चतुर्थ द्वारा लिखित नाटक 'हरकेलि नाटिका' के दृश्य के इस शिलालेख पर अंकित है। इस शिलालेख पर लिखे गये लेख में 'गौरी -शंकर' की प्रशंसा की गयी है।

(इ) **लोहारी स्तंभ लेख**–इस पर तिथि विक्रम संवत 1211-1154 ईसवी अंकित है। इस लेख में शैव धर्म के पाशुपात-दर्शन पर विचार लिखे गये हैं।

(ई) दिल्ली-शिवालिक स्तंभ लेख–मूल रूप से यह मौर्य सम्राट अशोक का स्तंभ अभिलेख इस पर खुदवा दिया था। मूल रूप से लाट दिल्ली में स्थापित न होकर खिजागबाद के पास तोपरा नामक ग्राम में स्थित थी, इसे तुगलक सुल्तान फीरोज (1351-1388 ईसवी) दिल्ली में लाया था। इस अभिलेख में विवरण आया है कि शाकम्भरी नरेश विग्रहराज (वीसलदेश) ने हिमालय से लेकर विंध्यपर्वत तक के प्रदेशों पर विजय प्राप्त ही थी।

गुजरात के चालुक्य वंश से बदला–गुजरात के चालुक्य नरेश कुमार पाले ने उसके पिता अर्णोराज को युद्ध में पराजित किया था। अब वीसलदेव ने अपने पिता की पराजय का बदला लेने का निश्चय किया। साक्ष्य बताते हैं

कि उसने चालुक्य -प्रभुत्व के सामंतों को हराया था। इसमें उसने कुमारपाल के चित्तौड़ के सामंत सज्जन को तो मौत के घाट उतार दिया था, अन्य चालुक्य-सामंतों को बिजौलिया लेख के अनुसार पराजित करते हुए उसने जावालिपुर, नड्डूल और पल्लिका आदि क्षेत्रों पर विजय प्राप्त की।

दिल्ली और हरियाणा के क्षेत्रों पर विजय–विग्रहराज चतुर्थ ने अपने शौर्य से दिल्ली और समीप के हरियाणा के क्षेत्रों पर भी विजय प्राप्त कर ली थी। तोमर वंश यहां पर उसके सामंत के रूप में ही रह गया था। इस विजय से चाहमान वंश पर भारत की रक्षा का दायित्व और अधिक बढ़ गया था। विग्रहराज ने इसकी पूर्ति बहुत सुदृढ़ता से ही थी। पंजाब और हरियाणा के क्षेत्रों पर विजय–विग्रहराज ने यमुना ओर सतलुज नदी के मध्य के विशाल क्षेत्र पर विजय प्राप्त की थी। यह हरियाणा और पंजाब पर विजय थी। इस संदर्भ में उसकी भडानक देश विजय के प्रमाण मिलते हैं। स्कंदपुराण में तो भडानक में एक लाख गांव होने की बात स्वीकार की गयी है। उससे इस क्षेत्र का विशेष महत्व अभिव्यक्त होता है। ए. बी. एल. अवस्थी के अनुसार भडानक के वर्तमान गुडगांव, अलवर, हिसार, भिवानी आदि के क्षेत्र सम्मिलित थे।

तुरूकों पर विजय–विग्रहराज चतुर्थ की तुरूकों पर विजय के भी अनेक प्रमाण हैं। प्रबंधकोष में इसे 'तुरूकजित' कहा गया है। वीसलदेव से पराजित होने वाला तुर्क आक्रमणकारी लाहौर का यमीनी सुल्तान खुशशाह (1153–1160 ईसवी) या उसका उत्तराधिकारी खुसरू मलिक (1160–1186 ईसवी) रहा था।

अन्य गुण और प्राप्तियां विग्रहराज चतुर्थ, कुशल–योद्धा और विजेता के अतिरिक्त अन्य गुणों से भी युक्त था। उसने–'परम भट्टारक महाराजाधिराज परमेश्वर' की उपाधि धारण की। वह विद्या–प्रेमी राजा था। उसने अजमेर में एक संस्कृत का महाविद्यालय स्थापित करवाया था, इसे बाद में दास वंश के मुस्लिम शासक इल्तुतमिश ने मस्जिद के रूप में परिवर्तित कर दिया और यह 'अढ़ाई दिन का झोंपड़ा' नाम से जानी गयी। विग्रराज चतुर्थ स्वयं में एक विद्वान कवि भी था। पृथ्वीराज विजय ग्रंथ के लेखक जयानक भट्ट ने उसे कवि बान्धव की उपाधि दी है। मेरूतुंग भी इसके लिये इसी विरूद्ध का प्रयोग करता है। विग्रहराज ने स्वयं ने स्वयं एक नाटक 'हरिकेलि नाटिका' की रचना की थी। उसका विशेष आश्रय प्राप्त करने वाला विद्वान सोमदेव था, इसने 'ललित विग्रहराज' नामक नाटक लिख था। इन नाटकों को संस्कृत महाविद्यालय की भित्तियों पर भी खुदवाया गया था। इसने एक नियोजित वीसलपुर नगर भी

बसाया था। विग्रहराज ने अजमेर के समीप ढाई झील के आयताकार क्षेत्रफल में एक तड़ाग वीसल-सागर बनवाया था। प्रतापी राजा विग्रहराज उमापति, भगवान शिव का पुजारी था, परंतु फिर उसने अन्य समकालीन धर्मों की प्रगति में भी रूचि रखी थी। उसकी प्रशंसनीय धर्म-सहिष्णुता का परिचय इसी तथ्य से मिलता है कि उसने एक जैन आचार्य धर्मघोष सूरि के उपदेश से एकादशी को जीव-हिंसा पूरी तरह से बंद रखने की आज्ञा प्रसारित की थी।

अपरगांगेय (अमर गांगेय)–1164-65 ईसवी के लगभग विग्रहराज चतुर्थ की मृत्यु के बाद उसका पुत्र अपरगांगेय राजा बना था। यह कम आयु का ही था। सम्भवतः इसका विवाह भी नही हो पाया था, इसके चचेरे भाई पृथ्वीराज (जुगदेव के पुत्र) ने कुछ माह के उपरांत ही इसकी हत्याकर राज्य गद्दी हथिया ली।

पृथ्वीराज द्वितीय–राज्यगद्दी का सुख मानव को क्या न कर देने को विवश कर देता है। राजा अर्णोराज के पश्चात् से चौहान वंश का राजमुकुट घिनौनी -तलवार के द्वारा भावी राजा के सिर पर रखा जाने लगा। राजा अर्णोराज की हत्या उसके पुत्र जुगदेव ने की, जुगदेव की हत्या विग्रहराज चतुर्थ (भाई) ने की, अब विग्रहराज चतुर्थ के पुत्र राजा अपरगांगेय की हत्या राजा जुगदेव के पुत्र पृथ्वीराज ने कर दी और पृथ्वीराज द्वितीय के नाम से यह राजा बन गया। पृथ्वीराज विजय से भी अपरगांगेय के मारे जाने की पुष्टि होती है। यह पृथ्वीराज द्वितीय विक्रम संवत् 1164-65 ईसवी में ही गद्दी पर बैठ चुका था। इस राजा पृथ्वीभट्ट का विक्रम संवत् 1125=1068 ईसवी का धोड अभिलेख भी प्राप्त होता है। पृथ्वीराज द्वितीय (पृथ्वीभट्ट) के शासन की एक उल्लेखनीय बात का पता यह चलता है कि इसने तुर्कों से अपने राज्य की रक्षा हेतु अपने मामा किल्हण को हांसी प्रांत का गर्वनर नियुक्त किया था। यह गुहिल वंया का था। हांवी से प्राप्त एक अभिलेख में किल्हण की प्रशंसा में वर्णन आया है कि उसने पंचपुर की पहचान सतलज के किनारे बसे हुए पांचपत्तन से की है, जबकि डा. दशरथ शर्मा ने इस पंचपुर को कालका के समीप बसे पंजौर से साम्य किया है। 1169 ईसवी के लगभग ही इसकी मृत्यु हो गयी थी, चूंकि इसके बाद होने वाले राजा सोमेश्वर का विक्रम संवत् 1126-1169 ईसवी का बिजौलिया अभिलेख प्राप्त होता है।

सोमेश्वर–चाहमान वंश के नरेशों में सोमेश्वर का महत्व इसलिये भी रहा है कि यह महान भारतीय गौरवशाली नरेश पृथ्वीराज तृतीय का पिता था। सोमेश्वर, राजा अर्णोराज की चालुक्य वंश की रानी कांचन देवी का पुत्र था।

सामेश्वर अपने समय के प्रसिद्ध गुजरात के चालुक्य नरेश जयसिंह सिद्धराज का दोहित्र (देहवता) था। अर्णोराज के परिवार में षड्यंत्र रहने लगे थे, इसलिये रानी कांचन देवी अपने पुत्र सोमेश्वर को लेकर अपने पिताश्री के यहां आकर अन्हिलवाड़ा में रहने लगी थी। पृथ्वीराजविजय में इस संदर्भ में यह भी कहा गया है कि राजा जयसिंह ने यह भविष्यवाणी सुन ली थी कि कांचनदेवी का राम जैसा पुत्र विशेष कार्यों के लिए उत्पन्न हुआ है, तो तब ''राजा जयसिंह ने इस अपने दोहित्र सोमेश्वर को अपनी पुत्री कांचनदेवी (सोमेश्वर की माता) को अपने यहां बुला लिया।'' सोमेश्वर की शिक्षा-दीक्षा बहुत उत्तम हुई और वह युद्ध-विद्या में पारंगत होकर शीघ्र ही एक कुशल सेनानायक बन गया।

जयसिंह सिद्धराज के बाद बनने वाला चालुक्य राजा कुमारपाल भी इससे स्नेह रखता था। उसने सोमेश्वर की शिक्षा-दीक्षा बहुत उत्तम की और वह युद्ध-विद्या में पारंगत होकर शीघ्र ही एक कुशल सेनानायक बन गया।

उसने सोमेश्वर को सेना के उच्च पद पर नियुक्त कर दिया। पृथ्वीराज विजय में वर्णन आया है कि सोमेश्वर को सेनापति आंबड के साथ कोंकण पर आक्रमण करने के लिये भेजा गया। हनुमान जैसी वीरता दिखाते हुए एक हाथी से कूदकर दूसरे हाथी के मस्तक पर सवार होकर कोंकणेन्द्र (कोंकण राजा) से ही तलवार छिन कर उसका वध कर दिया। सोमेश्वर इस प्रकार एक कुशल सेनानायक के पर प्रतिष्ठित हो गया था। अन्हिलवाड़ा में रहते हुए ही सोमेश्वर का पाणिग्रहण-संस्कार त्रिपुरी की राजकुमारी कपूरदेवी के साथ हुआ। इससे ही सोमेश्वर को दो पुत्र गुजरात में रहते हुए पृथ्वीराज और हरिराज हुए। यह बहुत दिन तक अपने ननिहाल में रहा।

चाहमान वंश के राजा पृथ्वीराज द्वितीय की मृत्यु के पश्चात् राजा अर्णोराज और उसकी बड़ी रानी सुधवा का कोई प्रतिनिधि सम्भवत: शेष नही रहा था। इस विकट परिस्थिति में योग्य मंत्रियों ने राजा अर्णोराज की दूसरी रानी कांचन देवी के पुत्र सोमेश्वर को उसे ननिहाल गुजरात से बुलवाया और राजा बनाया। 1169 ईसवी में सोमेश्वर को अपने पितृ-वंश की राजगद्दी प्राप्त हुई। सोमेश्वर के काल का तिथिक्रम से सबसे पहला अभिलेख बिजौलिया शिलालेख है, इस पर तिथि विक्रम संवत 1226 अंकित है। यह मेवाड़ के (राजस्थान) उदयपुर नगर के समीप बिजौलिया ग्राम से मिला है, यह एक जैन शिलालेख है, इसमें चाहमान नरेश सामंत से सोमेश्वर तक की वंशावली दी गयी है। इसके दो अन्य शिलालेख क्रमश: विक्रमसंवत 1228-1171 ईसवी और 1229 विक्रम संवत 1172 ईसवी

मेवाड़ के धोध (धोद) ग्राम से प्राप्त हुए हैं, साथ ही इसके अन्य और दो शिलालेख रेवासा शिलालेख (विक्रमसंवत 1230–1173 ईसवी) और अन्वलदा शिलालेख (विक्रमसंवत 1234–1177 ईसवी) भी प्राप्त हुए। इन तिथियों के आधार पर यह माना जाता है कि सोमेश्वर ने लगभग विक्रमसंवत् 1177–78 ईसवी तक राज्य किया।

सोमेश्वर ने अपने दस वर्ष के शासन काल में विशाल साम्राज्य का उपभोग किया। बिजौलिया अभिलेख के अनुसार उसने प्रतापलंकेश्वर की उपाधि धारण की। उसके शासन-काल की किसी राजनैतिक घटना का विवरण प्राप्त नही होता है। इतना अवश्य माना जाता है कि उसने विशाल-साम्राज्य का उपभोग किया था। उत्तर में दिल्ली-हरियाणा तक दक्षिण में मेवाड़ और नड्डूल राज्य की बाहरी सीमा तक और पूर्व में ग्वालियर और कन्नौज राज्य की बाहरी सीमा तक पश्चिम में सरहिंद तक शासन किया था। सोमेश्वर निर्माण कार्यों में रूचि रखता था। पृथ्वीराज विजय के अनुसार इसने अपने पिता के नाम पर एक नगर बसाया था, अनेक मंदिर बनवाये थे, अपने पिता की अश्व पर सवार मूर्ति और अश्व के सामने अपने खड़े हुए स्वरूप की मूर्ति बनवायी।

कुमारपाल के पश्चात् गुजरात के चालुक्य वंश से पुनः शत्रुता प्रारंभ हो गई थी। चालुक्य वंश के साक्ष्य बताते हैं कि राजा अजयपाल ने जांगल देश (सपालदक्ष) के राजा से एक स्वर्ण मण्डपिका और मदस्रावी हाथियों को बलपूर्वक छीना। चालुक्य राजा अजयपाल का समकालीन, सपालदक्ष का राजा सोमेश्वर ही था इससे यह मानना चाहिए कि गुजरात के चालुक्य नरेश अजयपाल से सोमेश्वर को पराजित होना पड़ा। सोमेश्वर को पराजय का यह घाव विकमसवत् 1174 से 1176 ईसवी के मध्य लगा था। चालुक्य वंश से यह शत्रुता चलती रही थी। चन्दवरदायी ने तो यहां तक लिख दिया है कि सोमेश्वर भीमद्वितीय चालुक्य नरेश से मारा गया। यह तथ्य एकदम असत्य है, भीमद्वितीय का गद्दी 1178 ईसवी की आस-पास प्राप्त हुई। और वह उस समय बालक था, अपनी माता के संरक्षण में राज्य का स्वामी बना था। सोमेश्वर की तो सम्भवतः प्राकृतिक मृत्यु ही हुई थी। सोमेश्वर की मृत्यु विक्रम संवत् 1177 ईसवी को आसपास होने के प्रमाण मिलते हैं।

2

जीवनवृत्त

चाहमान वंश का यह राजा पृथ्वीराज आज भी अपने जीवन के इतिहास के कुछ रोचक पहलुओं के कारण भारतीय आम जनमानस में बहुत चर्चित है। स्कूल-महाविद्यालयों में पृथ्वीराज चौहान के जीवन-चरित्र की गौरव-पूर्ण घटनाओं को लेकर छात्र-छात्राएं नाटक-नाटिकाओं का आयोजन करते रहते हैं। तृतीय पृथ्वीराज ने तुर्क आक्रमणकारी मौहम्मद गौरी का डट कर मुकाबला किया था, इस रूप में यह भारत के गौरवशाली व्यक्ति के रूप में भारतीयों की दृष्टि में विशेष रूप से प्रतिष्ठित रहा था, आज भी उसी स्तर से प्रतिष्ठित है। इसके मित्र और आश्रय प्राप्त कवि चन्दरबरदायी और मित्र तथा विद्वान जयानक ने इतिहास प्रसिद्ध ग्रंथों क्रमशः पृथ्वीराजरसों और पृथ्वीराजविजय की रचना की। इन दोनों ग्रंथों में जहां पृथ्वीराज तृतीय के विषय में जानकारियां दी गयी हैं, वहीं सम्पूर्ण चाहमान वंश के राजाओं के विषय में भी महत्वपूर्ण तथ्य दिये गये हैं। पृथ्वीराज रासों में अनेक तथ्य कल्पनाओं से युक्त और कहानी चमत्करों से युक्त भी हैं, परन्तु पृथ्वीराज विजय के ऐतिहासिक तथ्य सत्य-पूर्ण अधिक है। पृथ्वीराज तृतीय के इतिहास के मुख्य तत्व यहां द्रष्टव्य है।

पृथ्वीराज तृतीय राजा सोमेश्वर की रानी कर्पूर देवी से उत्पन्न पुत्र था। पृथ्वीराजसों में इस विशिष्ट पुरूष के जन्म के विषय में कहा गया है कि सोमेश्वर के पूर्व जन्म की तपस्या के फलस्वरूप पृथ्वराज का जन्म अत्यंत शुभ

समय में हुआ, जो जगत विजयी सम्राट था। जयानक ने पृथ्वी राज विजय में उसकी प्रशंसा करते हुए लिखा है कि वह रामवतार था, उसका जन्म राक्षसों के वध के लिये हुआ था। कालांतर में पृथ्वीराज तृतीय में भोग–विलासी प्रकृति का अधिक हो जाना उसका दुर्गुण रहा था। इसकी सफाई में उसके मित्र चन्दरबरदाई ने अनेक तर्क दिये हैं जो कोई ठोस आधार नही रखते हैं।

जन्म

1100 ई. में दिल्ली में महाराजा अनंगपालतोमर का शासन था। उनकी एकलौती संतान उनकी पुत्री कर्पूरी देवी थी। उनको कोई पुत्र नहीं था। कर्पूरी देवी का विवाह अजमेर के महाराजा सोमेश्वर के साथ हुआ था। अजमेर के राजा सोमेश्वर और रानी कर्पूरी देवी के यहाँ सन 1149 में एक पुत्र पैदा हुआ। जो आगे चलकर भारतीय इतिहास में महान हिन्दू सम्राट पृथ्वीराज चौहान के नाम से प्रसिद्ध हुआ। उन्हें दिल्ली के अंतिम हिंदू शासक के रूप मे भी जाना जाता है। इतिहास मे पृथ्वीराज के महोबे के चंदेलों से संघर्ष को आल्हा काव्य मे वर्णित किया गया है। आपका कन्नौज के शासक जयचंद के साथ भी मुकाबला हुआ बाद मे इसी दुश्मनी की वजह से मुहम्मद गोरी के साथ हुई दूसरी लड़ाई मे आपकी भारी क्षति हुई एवं पराजय हुई।

उसका राज्य राजस्थान और हरियाणा तक था। और उसने मुस्लिम आक्रमणों के खिलाफ राजपूतों को एकीकृत किया। पृथ्वी राज ने प्रथम युद्ध में सन 1191 में मुस्लिम शासक सुल्तान मुहम्मद शहाबुद्दीन गौरी को हराया। गौरी ने अगले साल दूसरी बार हमला किया और पृथ्वी राज को हराया और सन 1192 में तराइन के द्वितीय युद्ध में कब्जा कर लिया। अब दिल्ली मुसलमान शासकों के नियंत्रण में आ गई। दिल्ली में किला राय पिथौरा भी पिथौरागढ़ के रूप में पृथ्वीराज द्वारा ही बनाया हुआ है।

महाराजा अनंगपाल के यहाँ कोई पुत्र नहीं था, इसकी चिंता उन्हें दिन रात रहती कि उनके बाद दिल्ली का उत्तराधिकार कौन संभालेगा। यही विचार कर उन्होंने अपनी पुत्री के समक्ष पृथ्वीराज को दिल्ली का युवराज बनाने की बात कही, फिर उन्होंने अपने दामाद अजमेर के महाराजा सोमेश्वर से भी इस बारे में विचार–विमर्श किया। राजा सोमेश्वर और रानी कर्पूरी देवी ने इसके लिए अपनी सहमति प्रदान कर दी। जिसके फलस्वरूप पृथ्वीराज को दिल्ली का युवराज घोषित कर दिया गया। 1166 ई0 में दिल्लीपति महाराज अनंगपाल की

मृत्यु के बाद पृथ्वीराज को विधि पूर्वक दिल्ली का उत्तरदायित्व सौंप दिया गया। विद्रोही नागार्जुन का अंत जब महाराज अनंगपाल की मृत्यु हुई उस समय बालक पृथ्वीराज की आयु मात्र 11 वर्ष थी। अनंगपाल का एक निकट सम्बन्धी था। विग्रहराज के पुत्र नागार्जुन को पृथ्वीराज का दिल्ली अधिपति बनाना बिल्कुल अच्छा नहीं लगा। उसकी इच्छा अनंगपाल की मृत्यु के बाद स्वयं गद्दी पर बैठने की थी, परन्तु जब अनंगपाल ने अपने जीवित रहते ही पृथ्वीराज को अपना उत्तराधिकारी घोषित कर दिया, तो उसके हृदय में विद्रोह की लहरें मचलने लगीं। महाराज की मत्यु होते ही उसके विद्रोह का लावा फूट पड़ा। उसने सोचा के पृथ्वीराज मात्र ग्यारह वर्ष का बालक है और युद्ध के नाम से ही घबरा जायेगा। नागार्जुन का विचार सत्य से एकदम विपरीत था। पृथ्वीराज बालक तो जरुर था, पर उसके साथ उसकी माता कर्पूरी देवी का आशीर्वाद और प्रधानमंत्री एवं सेनाध्यक्ष कमासा का रण कौशल साथ था। विद्रोही नागार्जुन ने शीघ्र ही गुडपुरा (अजमेर) पर चढ़ाई कर दी। गुडपुरा (अजमेर) के सैनिको ने जल्दी ही नागार्जुन के समक्ष अपने हथियार डाल दिए। अब नागार्जुन का साहस दोगुना हो गया। दिल्ली और अजमेर के विद्रोहियों पर शिकंजा कसने के बाद सेनापति कमासा ने गुडपुरा की और विशाल सेना लेकर प्रस्थान किया। नागार्जुन भी भयभीत हुए बिना अपनी सेना के साथ कमासा से युद्ध करने के लिए मैदान में आ डाटा। दोनों तरफ से सैनिक बड़ी वीरता से लड़े। अंततः वही हुआ जिसकी सम्भावना थी। कमासा की तलवार के सामने नागार्जुन का प्राणांत हो गया।

राजकाज की देखभाल

पृथ्वीराज तृतीय को अल्प-आयु में 1177 ईसवी के समय अपने पिताश्री सोमेश्वर की मृत्यु के पश्चात् राजगद्दी प्राप्त हुई। इसकी माता रानी कर्पूरी देवी इसकी संरक्षिका बनी। संरक्षिक माता और प्रधानमंत्री कदम्बवास (कैम्बास) के सहयोग से शासन कार्य ठीक प्रकार से चलने लगा। माता कर्पूरी देवी ने अपने पद पर नियुक्त कर लिया। इसने भी पृथ्वीराज चौहान की प्रारम्भिक अवस्था में बहुत सेवा की। पृथ्वीराज तृतीय चाहमान बड़ी वीरता से अपने इन तीनों सहयोगियों के साथ सफल होता चला गया। 1180 ईसवी में इसने शासन सत्ता अपने हाथों में ले ली थी।

नागार्जुन का विद्रोह—पृथ्वीराज चौहान तृतीय को अपने राजा काल के प्रारम्भिक काल में अपने चचेरे भाई नागार्जुन के विद्रोह का सामना करना पड़ा

था। यह राजकुमार नागार्जुन,विग्रहराज चतुर्थ का पुत्र (अमरगांगेय का छोटा भाई) था। बाद के साक्ष्यों में इसे अजमेर का राजा तक बता दिया गया है। जयानक ने विवरण दिया है कि नागार्जुन ने गुडपुर पर अधिकार कर लिया यहां पर पृथ्वीराज ने इसे घेर लिया। कुछ समय पश्चात् यह किसी प्रकार भाग निकला, इसके रिश्तेदार आदि पकड़े गये। नागार्जुन के किसी देवभट्ट नाम के अधिकारी ने अपने सैनिकों की सहायता से युद्ध जारी रखा। परंतु चौहान प्रभुत्व के द्वारा ये एक-एक करके मारे गये, इनके सिर अजमेर के किले के दरवाजे के बाहर टांग दिये गये। पृथ्वीराज तृतीय ने कठोरता से इसका दमन कर अपना पूर्ण प्रभाव स्थापित कर दिया।

चन्देल राज्य से संघर्ष–पृथ्वीराज चौहान तृतीय के जीवन की एक बड़ी सफलता अपने समय के जैजाक भुक्ति के चंदेल राजा परमर्दी को पराजित करना रहा था। इस संघर्ष का विवरण साक्ष्यों में अतिश्योक्तिपूर्ण और काव्यशैली में लिखागया है। सत्यनिष्ठ तथ्य यह है कि पृथ्वीराज तृतीय विजय प्राप्त करते हुए, महोवा और कालंजरन के दुर्गों तक पहुंचा गया था। राजा परमर्दी ने अपने वीर सरदारों आल्हा और ऊदल के साथ यह युद्ध लड़ा था। गहड़वाल राजा जयचंद्र ने परमर्दी की सहायता की थी। राजा परमर्दी की बुरी तरह से पराजय हुई थी। आल्हारवण्ड में तो यहां तक विवरण है कि परमर्दी पृथ्वीराज तृतीय सामने कैदी के रूप में लाया गया था, कैद से भागकर उसने लज्जावश आत्म-हत्या कर ली थी, प्रबंध चिंतामणि और सारंगधर पद्धति में भी राजा परमर्दी की पराजय का वर्णन है, इनमें कहा गया है कि परमर्दी ने अपने दांतों में तृण दबाते हुए आत्म-समर्पण कर स्वयं को बचाया। पृथ्वीराज तृतीय के मदनपुर से प्राप्त तीन अभिलेखों से चंदेल राजा की पराजय की पुष्टि होती है। इनसे उसकी विजय 1182 ईसवी के वर्ष में प्रमाणित होती है। प्रमाणों से पूर्णतः स्पष्ट है कि चंदेल नरेश परमर्दी इस युद्ध के बाद जीवित रहा था और एक-दो वर्ष में ही उसने अपनी स्थिति काफी मजबूत कर ली थी, चूंकि 1182 ईसवी के बाद के वर्षों के राजा परमर्दी के कालजर और महोबा दोनों ही स्थानों पर अधिकार के सूचक अभिलेख प्राप्त होते हैं।

भाडानक क्षेत्र की विजय–डा. दशरथ शर्मा पदमप्रभसूरि और जिनपति सूरि दो जैन आचार्यों के पारस्परिक शास्त्रार्थ की चर्चा का विवरण देते हुए जैन आचार्य जिनपति सूरि के श्लोंकों का प्रमाण देते हैं, जो पृथ्वीराज की भाडानक क्षेत्र पर विजय की प्रसंशा में 1182 ईसवी में रचे गये थे। अतः यह विजय

1182 ईसवी से पूर्व शुरू हो चुकी थी। पृथ्वीराज तृतीय द्वारा पराजित होने वाला उस समय का भडानक का राजा साहणपाल था। डा. विशुद्धानंद पाठक ने भडानक क्षेत्र की पहचान करते हुए लिखा है भडानक प्रदेश की आधुनिक हरियाणा की रेवाड़ी, गुडगांव और भिवानी तहसीलों और राजस्थान के अलवर क्षेत्रों के बीच का प्रदेश था। भडानक विजय से उसकी उत्तर दिशा में मजबूत स्थिति हुई थी।

गुजरात के चालुक्य वंश से सम्बंध

गुजरात का चालुक्य वंश पृथ्वीराज तृतीय के पिता राजा सोमेश्वर के नाना का वंश था। पृथ्वीराज का जन्म चालुक्य वंश की राजधानी में ही हुआ था, चूंकि तब सोमेश्वर राजा बनने से पूर्व वहां रहा करते थे। परंतु राजा सोमेश्वर के समय में ही कुमारपाल चालुक्य के बाद चाहमान-चालुक्य सम्बंध बहुत खराब हो ये थे। पृथ्वीराज तृतीय और चालुक्य राजा भीम द्वितीय में पुराने प्रतिशोध के कारण युद्ध हुआ था। इस युद्ध और परिणाम के विवरण पृथ्वीराज रासों ओर जैन साहित्य में अलग-अलग प्रकार के झूठे, अनैतिहासिक तथ्यों पर रचित दिये गये हैं। इनमें कोई सामंजस्य नही है। चन्दरवरदायी ने पृथ्वीराजरासौ में तो यहां तक लिख दिया है कि पृथ्वीराज तृतीय ने इस युद्ध में भीम द्वितीय को युद्ध में मौत के घाट उतार दिया। भीम द्वितीय का मारा जाना एकदम असत्य है। जिनपाल कृत खरतरगच्छ पट्टावली से यह भी पता चलता है कि पृथ्वीराज तृतीय का गुजरात में संघर्ष विक्रमसंवत् 1244-1187 ईसवी के पूर्व कभी भी हो चुका था। विद्वान सभी तथ्यों के सम्बंध के उपरांत यह निष्कर्ष निकालते हैं कि पृथ्वीराज तृतीय और भीम द्वितीय में लड़ाई हुई, यह लड़ाई 1186-87 ईसवी में हुई। कुछ अवधि के पश्चात् पृथ्वीराज तृतीय और भीम द्वितीय में मधुर सम्बंध स्थापित हो गये थे।

गुजरात के भीमदेव के साथ युद्ध

गुजरात में उस समय चालुक्य वंश के महाराजा भीमदेव बघेला का राज था। वह पृथ्वीराज के किशोर होने का फायदा उठाना चाहता था। यही विचार कर उसने नौगार पर आक्रमण करने का निश्चय कर लिया। पृथ्वीराज किशोर अवश्य था, परन्तु उसमें साहस, संयम और नीति-निपुणता के भाव कूट-कूट कर भरे हुए थे। जब पृथ्वीराज को पता चला कि चालुक्य राजा नौगार पर

अपना अधिकार करना चाहते हैं, तो उन्होंने भी अपनी सेना को युद्ध के लिए तैयार रहने के लिए कहा। भीमदेव ने ही पृथ्वीराज के पिता सोमेश्वर को युद्ध में हरा कर मौत के घाट उतार दिया था। नागौर के किले के बाहर भीमदेव के पुत्र जगदेव के साथ पृथ्वीराज का भीषण संग्राम हुआ, जिसमें अंततः जगदेव की सेना ने पृथ्वीराज की सेना के सामने घुटने टेक दिए। फलस्वरूप जगदेव ने पृथ्वीराज से संधि कर ली और उसे जीवनदान दे दिया और उसके साथ उचित व्यवहार किया। जगदेव के साथ संधि करके उसको घोड़े, हाथी और धन सम्पदा प्राप्त हुई। आस-पास के सभी राज्य पृथ्वीराज की वीरता, धीरता और रण कौशल का लोहा मानने लगे। यहीं से पृथ्वीराज चौहान का विजय अभियान आगे की ओर बढ़ने लगा।

गहड़वाल वंश से शत्रुता पूर्ण सम्बंध–पृथ्वी राज तृतीय सामान्य कथाओं में अपने जीवन की अन्य घटनाओं की अपेक्षा मोहम्मद गौरी से युद्धों ओर गहड़वाल वंश से शत्रुता-पूर्ण सम्बंधों के लिये अधिक चर्चित हुआ है। गडडवाल वंश से निश्चय ही पृथ्वीराज तृतीय की शत्रुता थी। कारण कुछ भी रहे थे। गहड़वाल नरेश जयचंद्र, पृथ्वीराज तृतीय की प्रगति का कट्टर विरोधी था। निष्पक्ष तुला पर जांच करने से स्पष्ट है कि शत्रुता का वृक्ष दोनों वंशों द्वारा ही विकसित किया गया था। चाहमान और गहड़वालवंश की शत्रुता का एक प्रमुख कारण तो यह रहा था कि भविष्य पुराण के अनुसार दिल्ली के तोमर राजा अनंगपाल ने अपनी एक पुत्री चन्द्रकांति का विवाह गहड़वाल नरेश विजयपाल के साथ कर दिया था, इस रानी से उत्पन्न पुत्र ही जयचन्द्र था और राजा अनंगपाल ने अपनी दूसरी पुत्री कीर्तिमालिनी का विवाह सोमेश्वर के साथ कर दिया था। राजा अनंगपाल ने सन्यास ग्रहण कर लिया और अपना राज्य अपने नाती पृथ्वीराज तृतीय को दे दिया था। इससे राजा जयचन्द्र नाराज हो गया था। भविष्य पुराण तो पृथ्वीराज तृतीय का सम्बंधों में नाना तो हुआ ही पृथ्वीराज से भी अनंगपाल की पुत्रियों के क्रमशः गहड़वाल राजा विजयचन्द्र और चाहमान राजा सोमेश्वर से विवाह होने को शत्रुता का उदय मानते हैं। पृथ्वीराज तृतीय का दिल्ली पर अधिकार वास्तव में किन्हीं स्थितियों में हुआ हो, जयचन्द्र के लिए शत्रुता और पीड़ा का कारण बना था, चूंकि वह उसके नाना तोमर राजा अनंगपाल का राज्य था।

जयचन्द्र की शत्रुता का दूसरा कारण यह था कि वह नहीं चाहता था कि उत्तरी-भारत में भी उससे अधिक कोई शक्तिशाली नरेश हो और उसकी तुलना

में गहड़वाल वंश के रवि की आभा फीकी पड़ जाये। जनश्रुतियों में पृथ्वीराज तृतीय और जयचन्द्र गहड़वाल में शत्रुता का सबसे प्रमुख कारण संयोगिता प्रकरण था। संयोगिता-प्रकरण पृथ्वीराजविजय, हम्मीर महाकाव्य और प्रबंध चिन्तामणि ग्रंथों में तो मिलता नही है। यह मुख्य रूप से पृथ्वीराजरासौ में मिलता है, और फिर सुर्जनचरित और आइने-अकबरी में उपलब्ध है। वेसे संयोगिता-प्रकरण पर डा. एस. त्रिपाठी, डॉ. रोता नियोगी और उनके समर्थक विद्वानों का विश्वास नही है। वे इसे एक काल्पनिक प्रेमकहानी मानते हैं। जबकि डा. दशरथ शर्मा मजबूत तर्कों के आधार पर इसे स्वीकार करते हैं। पृथ्वीराज तृतीय ने संयोगिता की प्राप्ति तराइन के प्रथम युद्ध के पश्चात् की थी।

पृथ्वीराज रासो में इस कथानक का सार रूप यह है कि राजकुमारी संयोगिता पृथ्वीराज की वीरताओं का समाचार सुनकर हृदय में उससे असीम मौहब्बत करने लगी। उसने अपने प्रेम-संदेश को पृथ्वीराज तक पहुंचवा दिया। पृथ्वीराज तृतीय भी इस प्रेम-दीवानी का समाचार पाकर उससे प्रेम करने लगा। जयचंद्र ने अपनी इस पुत्री संयोगिता का विवाह करने के लिए स्वयंवर का आयोजन करवाया। शत्रु-भाव के कारण पृथ्वीराज को नही बुलवाया। इतना ही अनादर-भावना से प्रेरित होकर पृथ्वीराज की एक मूर्ति द्वारपाल स्वरूप में स्वयंवर के द्वार पर स्थापित करवा दी। पृथ्वीराज के यह सारा वृत्तांत गुप्तचरों द्वारा प्राप्त हो गया था। वह अपने कुछ सैनिकों के साथ छिपे रूप में वहां उपस्थित था। प्रेम-दीवानी संयोगिता ने वर-माला मूर्ति के गले में डाल दी। पृथ्वीराज तुरंत आया और संयोगिता को उठा कर अपने घुड़सवारों के साथ गहड़वाल सैनिकों के साथ लड़ता हुआ उसे ले जाने में सफल हुआ। इससे जयचन्द्र के हृदय में प्रतिशोध अमिट हो गया। यह प्रतिशोध इन दोनों के लिए ही घातक नही हुआ, वरन् देश के लिये भी घातक हुआ।

संयोगिता प्रकरण के विषय में एक तथ्य यह और उल्लेखनीय है कि जयानक के पृथ्वीराज विजय में राजकुमारी के रूप में अवतरित तिलोत्तमा नामक पूर्व-जन्म की अप्सरा का उल्लेख है। संयोगिता को भी पृथ्वीराज रासों में अप्सरा रूप बताया गया है। दोनों स्थलों पर ही यह निर्देश है कि प्रेमिका पृथ्वीराज को बिना देखे उससे प्रेम करती थी। दोनों स्थलों पर ही यह भी कहा गया है कि पृथ्वीराज के जीवन का मुख्य लक्ष्य तिलोत्तमा (पृथ्वीराज विजय में) संयोगिता (पृथ्वीराज रासो) को पाना था। डा. दशरथ शर्मा के मत में यह

सादृश्य संयोगिता की ऐतिहासिक प्रमाणित करता है। संयोगिता प्रेम-प्रकरण रासों में बढ़ा-चढ़ा कर लिख दिया होगा, यह ठीक है, परंतु पृथ्वीराज तृतीय निश्चय ही गहड़वाल राजकुमारी को अपने रानीवास की शोभा बढ़ाने के लिए उठा कर लाया होगा, यह मूल कहानी पूर्ण सत्य निष्ठ की थी, चूंकि यदि यह कल्पना होती तो, विवाह के साथ ही समाप्त हो जाती, जबकि चन्दरबरदायी तराईन के द्वितीय युद्ध के प्रारंभ में पृथ्वीराज के संयोगिता के साथ भोग-क्रीड़ा में व्यस्त रहने की बात कहता है।

तुर्कों से संघर्ष

कन्नौज का राजा जयचंद पृथ्वीराज की समृद्धि के कारण उससे ईर्ष्या करने लगा था। वह उसका बैरी हो गया था। पहले पृथ्वीराज कई राजाओं से लड़ाइयाँ कर चुका था। चंदेल राजाओं को पराजित करने में पृथ्वीराज को अपने कई विख्यात सेनानायकों और वीरों को खोना पड़ा था। जयचंद के साथ होने वाले संघर्ष में भी उसके बहुत से वीरों की हानि हुई थी। फिर उन दिनों पृथ्वीराज अपने वृद्ध मन्त्री पर राज्य-भार छोड़ कर स्वयं संयोगिता के साथ प्रेम में पड़ा हुआ था। उन सब कारणों से उसकी सैन्य शक्ति अधिक प्रभावशालिनी नहीं रही, फिर भी उसने गौरी के दाँत खट्टे कर दिये थे।

सन् 1191 में जब पृथ्वीराज से मोहम्मद गौरी की विशाल सेना का सामना हुआ, तब राजपूत वीरों की विकट मार से गौरी के सैनिकों के पैर उखड़ गये। स्वयं गौरी भी पृथ्वीराज के अनुज के प्रहार से बुरी तरह घायल हो गया था। यदि उसका खिलजी सेवक उसे घोड़े पर डाल कर युद्ध भूमि से भगाकर न ले जाता, तो वहीं उसके प्राण पखेरू उड़ जाते। उस युद्ध में गौरी की भारी पराजय हुई थी और उसे भीषण हानि उठाकर भारत भूमि से भागना पड़ा था। भारतीय राजा के विरुद्ध युद्ध अभियान में यह उसकी दूसरी बड़ी पराजय थी, जो अन्हिलवाड़ा के युद्ध के बाद सहनी पड़ी थी।

किंवदंतियों के अनुसार गौरी ने 18 बार पृथ्वीराज पर आक्रमण किया था, जिसमें 17 बार उसे पराजित होना पड़ा। किसी भी इतिहासकार को किंवदंतियों के आधार पर अपना मत बनाना कठिन होता है। इस विषय में इतना निश्चित है कि गौरी और पृथ्वीराज में कम-से-कम दो भीषण युद्ध अवश्य हुए थे, जिनमें प्रथम में पृथ्वीराज विजयी और दूसरे में पराजित हुआ था। वे दोनों युद्ध

थानेश्वर के निकटवर्ती तराइन या तरावड़ी के मैदान में क्रमशः सन् 1191 और 1192 में हुए थे।

कहा जाता है कि पृथ्वीराज की सेना में तीन सौ हाथी तथा 3,00,000 सैनिक थे, जिनमें बड़ी संख्या में घुड़सवार भी थे। दोनों तरफ की सेनाओं की शक्ति के वर्णन में अतिशयोक्ति भी हो सकती है। संख्या के हिसाब से भारतीय सेना बड़ी हो, पर तुर्क सेना बड़ी अच्छी तरह संगठित थी। वास्तव में यह दोनों ओर के घुड़सवारों का युद्ध था। मुइज्जुद्दीन की जीत श्रेष्ठ संगठन तथा तुर्की घुड़सवारों की तेजी और फुर्ती के कारण ही हुई। भारतीय सैनिक बड़ी संख्या में मारे गए। तुर्की सेना ने हांसी, सरस्वती तथा समाना के किलों पर कब्जा कर लिया। इसके बाद उन्होंने अजमेर पर चढ़ाई की और उसे जीता।

तराईन का प्रथम युद्ध–1191 ईसवी मुस्लिम आक्रमणकारियों ने एक विचित्र संकट दो शताब्दियों से खड़ा कर रखा था, यत्र-तत्र नारी-जीवन का यौवन और सौंदर्य बहुत बुरी तरह से नष्ट-भ्रष्ट हो रहा था। 1190-91 ईसवी के समय में मौहम्मद गौरी ने आगे बढ़ कर सरहिंद (तबरहिंद) के क्षेत्र पर अपना प्रभुत्व स्थपित कर लिया था। पृथ्वीराज तृतीय रायपिथौरा ने इसे पाठ पढ़ाने का निश्चय किया। दोनों की सेनाएं तराईन के मैदान में आकर डट गयी। 1191 ईसवी में एक भयंकर युद्ध के वाद्य बजने लगे। तराईन का प्रथम युद्ध हुआ। राजपूत भारी पड़ रहे थे । तुर्क सेना बड़ी विकट स्थिति में थी। तभी मोहम्मद गौरी ने पृथ्वीराज तृतीय के वीर सामंत गोविंदराज पर आक्रमण कर उसके दो दांत तोड़ दिये। चोट खाये सिंह की भांति बदले का भाले से वार करते हुए गोविन्द राज ने मोहम्मद गौरी को बुरी तरह से घायल कर लिया। सुल्तान गौरी घोड़े से गिरने ही वाला था कि उसे सैनिकों ने बड़ी वीरता से उसे पकड़ लिया, वे उसे युद्ध-भूमि से बाहर ले जाने में सफल हुए। मुस्लिम सेना में इसके साथ ही भगदड़ मच गई। भारतीय युद्ध धर्म का पालन करते हुए राय पिथौरा ने भागती हुई मुस्लिम सेना पर अपनी सेना को आक्रमण न करने की आज्ञा दी। हम्मीर महाकाव्य में तो यहां तक लिख दिया गया कि पृथ्वीराज तृतीय ने मोहम्मद गौरी को बंदी बना लिया था। फिर उसे क्षमादान देकर छोड दिया था। इतिहासकार इस तथ्य पर विश्वास नही करते हैं। पृथ्वीराज तृतीय ने यह विजय प्राप्त कर तबरहिंद पर पुनः अधिकार कर लिया था। मोहम्मद गौरी पर बड़ी और वास्तविक विजय यह तराइन (दिल्ली के पास करनाल जिले में स्थित मैदान की ऋकी विजय थी। वैसे हम्मीर महाकाव्य, पुरातन प्रबंध संग्रह और पृथ्वीराज प्रबंध तो यह मानते हैं कि पृथ्वीराज ने कम से कम

सात बार गौरी के विरूद्ध विजयें प्राप्त कीं। प्रबंध चिंतामणि और पृथ्वीराज रासों जैसे अन्य ग्रंथों में यह विजय 21 बार बतायी गयी है। यह अतिश्योक्तिपूर्ण अलंकार है।

तराईन का द्वितीय विश्व युद्ध–1192 ईसवी मौहम्मद गौरी अपनी पराजय का बदला लेने के लिए तराईन के मैदान में आकर पुनः डट गया। इसकी सेना मं एक मुख्य भाग में एक लाख अफगान, तुर्क और ताजिक घुड़सवार थे। साक्ष्य बताते हैं कि पृथ्वीराज तृतीय भी 150 वीर सामंतों (जो गंगा–जल की शपथ के साथ थे) को लेकर आ गया, इसकी सेना में मुख्य रूप से तीन लाख घुड़सवार और तीन हजार हाथी थे, पदाति सैनिक अतिरिक्त थे। जयचंद्र गहड़वाल की कोई सहायता इसके साथ नही थी। राजा पृथ्वीराज तृतीय के शुरू में आलसी होने की बात भी पृथ्वीराज रासों में कही गयी है। प्रथम युद्ध के पश्चात् पृथ्वीराज संयोगिता को ले आये थे और उसकी मौहब्बत में कैदी बन गये थे। मोहम्मद गौरी जब तराइन के मैदान में आकर डट गया था तो पृथ्वीराज तब भी काम–क्रीड़ाओं में लीन था, तो राजगुरू ने प्रजा के साथ महल पर आकर गुहार लगायी। इसके उपरांत पृथ्वीराज तृतीय सचेत होकर युद्ध के मैदान की ओर चला।

हसन निजामी इस युद्ध की शुरूआत के विषय में लिखता है कि लाहौर पहुंचने पर मौहम्मद गौरी ने पृथ्वीराज को एक पत्र लिखा कि वह इस्लाम धर्म स्वीकार कर ले। मोहम्मद गौरी का प्रभुत्व भी स्वीकार कर ले। चौहान नरेश ने अपने सम्मान की रक्षा करते हुए उचित उत्तर भेजा। अनेक मित्र राजाओं की सेना, जिसमें तीन लाख अश्वारोही थे, लेकर पृथ्वीराज युद्ध के मैदान की ओर बढ़ा। अंत में वह युद्ध के मैदान में आकर डट गया। चौहान नरेश ने फिर शांति स्थापित बनाये रखने का पत्र भिजवाया कि अब भी बेहतर होगा कि तुम अपने देश को वापिस चले जाओ। हम तुम्हारा पीछा नही करेंगे। सुल्तान गोरी ने कूटनीति और धोखे की नीति का पालन करते हुए उत्तर लिखा कि–"मैं तो अपने बड़े भाई (गजनी के शासक) की आज्ञा से मजबूर होकर यहां पड़ा हूं। किसी योग्य दूत को भेज कर उनकी सहमति मंगवा रहा हूं कि आप शक्तिशाली हैं, आप से संधि रहेगी कि मुल्तसन और सिंध पर हमारा अधिकार रहेगा। शेष भागों पर आपका अधिकार रहेगा।" यह पत्र पाकर पृथ्वीराज तृतीय की सेना आराम करने लगी।

मोहम्मद गौरी चालाकी से युद्ध की तैयारी करने लगा और अचानक राजपूत सेना पर धावा बोल दिया। ऐसा लगभग सभी इतिहासकार और

समसामयिक विद्वान मानते हैं। युद्ध का विवरण इस प्रकार है, मौहम्मद गौरी चालाकी से युद्ध की तैयारी में लग गया। मुख्य सामने की सेना को नही हटाया और पीछे स्थित सैनिक टुकड़ियों को युद्ध की अपेक्षाओं के अनुसार नये तरह से व्यवस्थित कर दिया। एक दिन चालाकी से सुबह अति प्रातः ही जब सूर्य देव भी नही उगे थे। उसने (गौरी) अचानक चाहमान सेना पर धावा बोल दिया। राजपूत सैनिक अभी अपने नित्य-कर्म की पूर्ति में ही लगे थे। फिर भी राजपूत सेना बड़े हौसले से तैयार होकर युद्ध करने लगी। यही बात फरिश्ता विद्वान भी स्वीकार करता है। फरिश्ता ओर मिनहाजुद्दीन यहां तक मानते हैं कि जब मुस्लिम सेना ने धावा बोला, पृथ्वीराज तो उस समय तक सोया हुआ था।

अचानक धावा बोलने से हिंदू प्रतिरोध कमजोर ही रहा और अपराह्न लगभग तीन बजे मौहम्मद गौरी ने अपनी सुरक्षित सेना से अंतिम कठोर प्रहार किया। राजपूत सेना तो बेचारी भूखी लड़ रही थी। इसलिए उनकी स्थिति कमजोर होती जा रही थी। एक लाख सैनिक मौत के घाट उतर चुके थे। वीर गोविंदराज भी मारा गया था। पृथ्वीराज तृतीय ने घोड़े पर सवार होकर युद्ध के मैदान से पलायन करना चाहा। ईश्वर की इच्छा कुछ और थी, मुस्लिम सैनिकों ने इसका पीछा किया और सरस्वती-सरिता के तट पर उसे पकड़ लिया। कालांतर में पृथ्वीराज तृतीय मारा गया। मोहम्मद गौरी आगे बढ़ता गया, अजमेर तक पहुंच गया। अजमेर नगर के मंदिरों को नष्ट कर किया। यहां भी हजारों चाहमान सैनिक मारे गये। मुस्लिम साक्ष्यों में यह भी विवरण है कि अजमेर के किले के चित्रकक्ष में सुअरों द्वारा मारे जाते हुए मुसलमानों के चित्रों को देख कर मोहम्मद गौरी बहुत नाराज हुआ और उसने पृथ्वीराज (कैद अवस्था में) को मरवा दिया। एक विश्वास यह भी व्यक्त किया जाता है कि पृथ्वीराज ने विवश होकर उसकी अधीनता स्वीकार कर ली थी। इसकी पुष्टि में उसके दिल्ली से अंकित मुहम्मद-बिन-साम के सिक्के का साक्ष्य प्रस्तुत किया जाता है, जिसमें पृथ्वीराज का भी नाम अंकित है। कुछ भी रहा हो पृथ्वीराज तृतीय के गौरव का अंत तराइन के द्वितीय युद्ध में हो गया। इससे गहड़वाल राजा जयचंद्र को अत्यधिक प्रसन्नता हुई थी। पुरातन प्रबंध संग्रह के पृथ्वीराज संग्रह से पृथ्वीराज प्रबंध में तो यहां तक मिला है कि पृथ्वीराज के हारने और मारे जाने के बाद जयचन्द्र ने प्रसन्नता में अपनी राजधानी में दीपक जलवाये थे।

पृथ्वीराज तृतीय की मृत्यु और चाहमान वंश का अंत

चाहमान वंश के इस सूर्य-नरेश के अंत के इतिहास पर उनके विरोधाभास रखने वाली कथाएं हैं। इसकी मृत्यु का स्पष्ट विवरण इसलिए संदेहपूर्ण है। एक पृथक् विचार यह है कि वह भागा, सरस्वती नदी के निकट पकड़ा गया, उसे फिर गद्दी पर बैठाया गया, परन्तु मलेच्छ विरोधी प्रवृत्ति के कारण मार डाला गया। तवकाते नासिरी में तो सीधा स्पष्ट लिख दिया गया है कि वह भागा, पकड़ा गया और रायकोलपिथौरा मारा गया। देवी भागवत पुराण में एक नये प्रकार का ही इतिहास मिलता है। पराजित होने के पश्चात् वह दुर्ग में आकर रहने लगा, परंतु उसने सोचा कि मेरे मंत्री ओर सेनानायक शत्रु गोरी पर आश्रित हैं, ये मुझे उसे न सौंप दें, ऐसा सोच कर वह घोड़े पर चढ़ कर तपोवन को चला गया और राज्य की चिंता करते हुए तपस्वी बन कर रहने लगा। पृथ्वीराज रासो में पूर्ण काल्पनिक कहानी दी गयी, जिसका सारांश यह है कि पृथ्वीराज, गौरी की कैद में बंद था, गौरी ने उसकी आंखें फुड़वा कर उसे अंध बना दिया। चन्दरबरदायी शियाबुद्दीन गौरी के यहां पहुँच गया था। उसने चालाकी से अंधे पृथ्वीराज तृतीय से मौहम्मद गौरी का अंत करवा दिया। यह पूर्ण कल्पना पर आधारित कहानी है। कुछ भी रहा होगा, पृथ्वीराज तृतीय का अंत तराईन के द्वितीय युद्ध में आ गया था। ज्यादा मत यह सटीक प्राप्त होता है कि पृथ्वीराज तृतीय मोहम्मद गौरी द्वारा एक अल्प-अंतराल के बाद मारा ही गया था, संयोगिता को भरी जवानी में विधवा अवस्था मिली। कितनी विकट और मानसिक पीड़ा की स्थिति में उसने अपना जीवन व्यतीत किया होगा, लिखना इतिहास की सीमाओं में सम्भव नही है।

1192 ईसवी के तराईन के द्वितीय युद्ध का निर्णायक युद्ध कहा जाता है, वास्तव में चाहमान प्रभुत्व का अंत ही नही हुआ, भारत में मुस्लिम-साम्राज्य स्थापित हो गया। मोहम्मद गौरी ने अपने प्रिय दास कुतुबुद्दीन ऐबक को दिल्ली साम्राज्य का अपना गवर्नर नियुक्त किया। चाहमान-राजपूत बड़े स्वाभिमानी थे, इन्होंनें पृथ्वीराज के छोटे भाई हरिराज के नेतृत्व में मुस्लिमों के विरूद्ध प्रतिरोध जारी रखा। एक विचार के अनुसार अजमेर का राजा बनने में भी हरिराज सफल हुआ। भारतीय ग्रंथ हम्मीर महाकाव्य और विरूद्ध विधि विद्ववंश यह तथ्य स्वीकार करते हैं।

हसन निजामी का विचार है कि मोहम्मद गौरी ने अजमेर के सिंहासन पर पृथ्वीराज तृतीय के पुत्र को बिठा दिया था। इसका अर्थ यह थी लगाया जाता

है कि हरिराज, अपने भतीजे से सिंहासन प्राप्त करने में सफल रहा था, हरिराज को चाहमान सरदार इसलिये भी सहायता दे रहे होंगे, कि वह स्वतंत्र प्रभुत्व स्थापित कर उनके स्वाभिमान की रक्षा कर रहा था। जबकि पृथ्वीराज तृतीय के पुत्र ने तो मोहम्म्द गौरी और उनके गवर्नर कुतुबुदीन ऐबक की अधीनता स्वीकार कर ली थी। हरिराज को अजमेर प्राप्त करने में एक जनश्रुति के अनुसार चाहमान सेनापति स्कंद ने मदद की थी। अजमेर से प्राप्त हरिराज के एक अभिलेख से भी अजमेर पर उसका शासन स्थापित हो जाने के पुष्टि होती है। राजा हरिराज शासन-सुख का उपभोग अधिक न कर सका। कुतुबुद्दीन ऐबक ने अजमेर पर धावा बोला। राजा हरिराज उसका मुकाबला कसने में अपने को असमर्थ पा रहा था। उसने अपने परिवार-सहित अजमेर के किले के भीतर ही अग्नि में कूद कर अपने प्राण दे दिये। लगभग 1194-98 ईसवी के लगभग चाहमान वंश का अंत हो गया। चाहमान राजपूतनियों के नेत्र सदैव के लिए अश्रु-कणों से भर गये, भारत वर्ष में एक नये गुलामी के युग का प्रारंभ हुआ। फिर भी लाभ का खाता देखना चाहते हो तो मात्र यह कि इस्लामी सभ्यता के सम्पर्क में आने पर हिंदू-सभ्यता में नये विकास के पहलू अंकुरित हुए।

राजनैतिक नीति

पृथ्वीराज ने अपने समय के विदेशी आक्रमणकारी मुहम्मद गौरी को कई बार पराजित किया। युवा पृथ्वीराज ने आरम्भ से ही साम्राज्य विस्तार की नीति अपनाई। पहले अपने सगे-सम्बन्धियों के विरोध को समाप्त कर उसने राजस्थान के कई छोटे राज्यों को अपने कब्जे में कर लिया, फिर उसने बुंदेलखण्ड पर चढ़ाई की तथा महोबा के निकट एक युद्ध में चंदेलों को पराजित किया। इसी युद्ध में प्रसिद्ध भाइयों आल्हा और उदल ने महोबा को बचाने के लिए अपनी जान दे दी। पृथ्वीराज ने उन्हें पराजित करने के बावजूद उनके राज्य को नहीं हड़पा। इसके बाद उसने गुजरात पर आक्रमण किया, पर गुजरात के शासक भीम द्वितीय ने, जो पहले मुइज्जुद्दीन मोहम्मद को पराजित कर चुका था, पृथ्वीराज को मात दी। इस पराजय से बाध्य होकर पृथ्वीराज को पंजाब तथा गंगा घाटी की ओर मुड़ना पड़ा।

3

अमर प्रेम कथा

संयोगिता कन्नौज के महाराज जयचन्द्र की पुत्री थी। जयचन्द्र ने संयोगिता के विवाह हेतु स्वयंवर का आयोजन किया था, किंतु पृथ्वीराज चौहान से शत्रुता के कारण उसने उसे स्वयंवर का निमंत्रण नहीं भेजा। जब राजकुमारी संयोगिता के स्वयंवर का आयोजन किया गया, तब पृथ्वीराज चौहान के अपमान के लिए महल में दरबान के स्थान पर पृथ्वीराज की प्रतिमा लगाई गई। स्वयंवर में पहुँचकर पृथ्वीराज चौहान राजकुमारी संयोगिता का हरण कर ले जाते हैं। इस घटना से दोनों राजाओं में इतनी अधिक शत्रुता पैदा हो गई कि जयचन्द्र ने मुस्लिम आक्रमणकारी मुहम्मद गोरी से हाथ मिलाकर उसे पृथ्वीराज चौहान पर हमला करने का निमंत्रण दिया। 1192 ई. में तराइन के दूसरे युद्ध में पृथ्वीराज पराजित हुआ और उसने स्वयं का प्राणांत कर लिया। दो वर्ष बाद सन 1194 ई. में चन्दावर के युद्ध में तुर्क विजेता मुहम्मद गोरी ने जयचन्द्र को भी हराया और मार डाला।

पृथ्वीराज चौहान (1168-1192) और संयोगिता की प्रेमकथा राजस्थान के इतिहास में स्वर्ण से अंकित है, वीर राजपूत जवान पृथ्वीराज चौहान को उनके नाना सा ने गोद लिया था, वर्षों दिल्ली का शासन सुचारु रूप से चलाने वाले पृथ्वीराज शब्द-भेदी बाण चलाने मे प्रवीण थे, संयोंगिता कन्नौज के राजा जयचंद की पुत्री थी, वह बड़ी ही सुन्दर थी, उसने भी पृथ्वीराज की वीरता

के अनेक किस्से सुने थे, उसे पृथ्वीराज देवलोक से उतरा कोई देवता ही प्रतीत होता था, वो अपनी सहेलियों से भी पृथ्वीराज के बारे में जानकारियां लेती रहती थी, एक बार दिल्ली से पन्नाराय चित्रकार कन्नौज राज्य में आया हुआ था, उसके पास दिल्ली के सौंदर्य और राजा पृथ्वीराज के भी कुछ दुर्लभ चित्र थे, राजकुमारी संयोंगिता की सहेलियों ने उसको इस बारे में जानकारी दी। फलस्वरूप राजकुमारी जल्दी ही पृथ्वीराज का चित्र देखने के लिए उतावली हो गयी। उसने चित्रकार को अपने पास बुलाया और स्वयं चित्रकार पन्नाराय से महाराज पृथ्वीराज का चित्र दिखाने का आग्रह किया। पृथ्वीराज को देख वह मोहित सी हो गयी। उसने चित्रकार से वह चित्र देने का अनुरोध किया जिसे चित्रकार ने सहर्ष ही स्वीकार लिया, इधर राजकुमारी के मन में पृथ्वीराज के प्रति प्रेम हिलोरें ले रहा था वहीं दूसरी तरफ उनके पिता जयचंद पृथ्वीराज की सफलता से अत्यंत भयभीत थे और उससे इर्ष्या भाव रखते थे। चित्रकार पन्नाराय के बनाए चित्र को देख पृथ्वीराज भी राजकुमारी संयोगिता का चित्र देखकर मोहित हो गए। चित्रकार के द्वारा उन्हें राजकुमारी के मन की बात पता चली तो वो भी राजकुमारी के दर्शन को आतुर हो पड़े। राजा जयचंद हमेशा पृथ्वीराज को नीचा दिखाने का अवसर खोजता रहता था। यह अवसर उसे जल्दी प्राप्त हो गया उसने संयोगिता का स्वयंवर रचाया और पृथ्वीराज को छोड़कर भारतवर्ष के सभी राजाओं को निमंत्रित किया और उसका अपमान करने के लिए दरबार के बाहर पृथ्वीराज की मूर्ती दरबान के रूप में खड़ी कर दी, इस बात का पता पृथ्वीराज को भी लग चुका था और उन्होंने इसका जय चन्द के शब्दों और उसी भाषा में जवाब देने का मन बना लिया । उधर स्वयंवर में जब राजकुमारी संयोगिता वरमाला हाथो में लेकर राजाओं को पार करती जा रही थी पर उसको उसके मन का वर नजर नहीं आ रहा था अंतत: सभी राजाओं को पार करते हुए वो जब अंतिम छोर पर पृथ्वीराज की मूर्ति के सामने से गुजरी तो उसने वहीं अपने प्रियतम के गले में माला डाल दी, समस्त सभा में हाहाकार मच गया, राजा जयचंद ने अपनी तलवार निकाल ली और राजकुमारी को मारने के लिए दोड़े पर उसी समय पृथ्वीराज आगे बढ़ कर संयोगिता को थाम लिया और घोड़े पर बैठाकर निकल पड़े, वास्तव में पृथ्वीराज स्वयं मूर्ति की जगह खड़े हो गए थे। इसके बाद तो राजा जयचंद के मन में पृथ्वीराज के प्रति काफी कटुता भर गयी और वो अवसर की ताक में रहने लगा। अजमेर व दिल्ली के राजा पृथ्वीराज व अफगानिस्तान के मोहम्मद

गोरी के 17 युद्ध हुए जिनमे से 16 युद्धों में हमेशा मोहम्मद गौरी पृथ्वीराज चौहान के हाथो पराजित हुआ पर हर बार पृथ्वीराज चौहान ने सहृदयता का परिचय देते हुए मोहम्मद गौरी को हर बार जीवित छोड़ दिया पर अंतिम युद्ध में कुंठा-ग्रस्त कन्नौज के राजा व संयोगिता के पिता राजा जयचन्द ने गद्दारी करते हुए मोहम्मद गोरी को सैन्य मदद दी और इसी वजह से मोहम्मद गौरी की ताकत दोगुनी हो गयी तथा 17वीं बार के युद्ध में पृथ्वीराज चौहान मोहम्मद गोरी से पराजित होने पर मोहम्मद गोरी के सैनिको द्वारा उन्हें बंदी बना लिया गया एवं उनकी आँखें गरम सलाखों से जला दी गई तथा अपने साथ ले गया व भाँति भाँति की यातनाये देने के पश्चात जब मो.गोरी ने पृथ्वीराज को मारने का फैसला किया तभी महा-कवि चंदबरदायी (पृथ्वीराज के अभिन्न-सखा) ने मोहम्मद गोरी तक पृथ्वीराज के शब्द भेदी बाण छोड़ने की कला मे माहिर होने के बारे में खबर व इसकी इस कला के प्रदर्शन की बात पहुँचाई तो रोमांचित होकर मोहम्मद गोरी ने मंजूरी दे दी और प्रदर्शन के दौरान गोरी के 'शाबास आरंभ करो' लफ्ज के उद्घोष के साथ ही भरी महफिल में चंद बरदायी ने 'चार बास चौबीस गज अंगुल अष्ठ प्रमाण ता पर बेठो है गोरी मत चुके चौहान' दोहे द्वारा पृथ्वीराज को मोहम्मद गोरी के बैठने के स्थान का संकेत दिया तभी अचूक शब्द-भेदी बाण से पृथ्वीराज ने गोरी को मार गिराया तत्पशचात दुर्गति से बचने हेतु दोनों मित्रों ने एक दूजे का वध कर दिया तथा दुखद समाचार सुनकर संयोगिता भी आत्म-दाह कर सती हो गयी।

आमात्य केमास का वध

पृथ्वीराज चौहान केशूर सामन्तों का एक बड़ा वर्ग था। उनमें से रासोकार ने नौ के नाम विशेष रूप से महत्त्व के कहे हैं। उनके नाम हैं-कन्ह, चामुंडराया, हरिसिंह, वीरसिंह, गुरुराम, सलखनी, कनकराय, रामराय और केमास। इनमें से तीन पृथ्वीराज के अधिक निकट और विश्वासपात्र थे-कन्ह, गुरुराम और के मास। केमास योद्धा होने के साथ साथ पृथ्वीराज का मंत्री भी था और प्रबन्धक भी था। पृथ्वीराज चौहान के स्थान पर वह ही राजकार्य की देखभाल करता था। चन्दबरदाई ने अनेक रूपों में केमास की प्रशंसा की है। शहाबुद्दीन की सेना के साथ युद्ध करते समय एक बार के मास के सामने एक हजार यवन सैनिक टूट पड़े। कवि ने वर्णन किया है कि केमास ने उन पाँच सौ के दुगने यानी एक हजार योद्धाओं को जलाकर राख कर दिया। यह युद्ध देवासुर संग्राम के पहले

दिन के युद्ध के समान था।1 पृथ्वीराज चौहान जब संयोगिता के विरह में चिन्तन करता हुआ बेचैन था और मन बहलाने के लिए आखेट में लिप्त रहता था, उस समय भी केमास को ही राजकार्य का प्रबन्ध दे रखा था। केमास ने भी पृथ्वीराज चौहान के प्रति और राज्य के प्रति बेहद अच्छी स्वामिभक्ति दिखलाई थी। उसका बड़ा सुन्दर उदाहरण चन्दबरदाई ने इस वर्णन में दिया है। केमास ने खटटू वन से धन निकालने की मंत्रणा दी थी और उसी केमास केबल से पृथ्वीराज चौहान को दिल्ली का राज्य प्राप्त हुआ था। उसी केमास केकारण मरुस्थल के गिरिनार प्रान्त के नाहरराय मल्हन को दबाया था। उसी केमास ने बलवान म्लेच्छ गौरी को बांधा था और उसी केमास के कारण पृथ्वीराज चौहान की चारों ओर शक्ति प्रदर्शित हुई थी। तुरुक और हिन्दू सभी उससे डरते थे। उसका ऐसा प्रताप था कि वाराह रूप पृथ्वीराज चौहान और व्याघ्ररूप शहाबुद्दीन गौरी के युद्ध मार्ग में पड़ने वाले मरुस्थल के लोग सुखपूर्वक रहते थे। इस भाव का एक छप्पय उदयपुर से प्रकाशित पृथ्वीराज रासो में मिलता है। वह यहाँ द्रष्टव्य है-

जिहि कैमास सुमन्त, खोदि खटटुव धन गढयउ।
जिहि कैमास सुमन्त, राज चहुआनह चढयउ॥
जिहि कैमास सुमन्त, परि परिहार मुरस्थल।
जिहि कैमास सुमन्त, मेछु बंध्यौ बल सब्बल॥
चह वोर जोर चहुवान त्रप, तुरक हयंदु डरपत डरइ।
बाराह, बाघ वा रह विचौं, सुवस वास जंगल घरइ॥2॥

इस प्रकार केमास बहुत उच्च गुणों से युक्त श्रेष्ठ सामंत था। बीर था, साहसी था, योद्धा था, प्रबन्धक था और पृथ्वीराज चौहान का हितैषी, विश्वासपात्र था।

माताप्रसाद गुप्त द्वारा संपादित केमास वध की कथा का आरंभ उस संकेत से होता है कि पृथ्वीराज चौहान उस तप से यानी ताप से यानी विरह अग्नि से पीड़ित होकर असिथर रहता था। आखेट में व्यस्त रहता था और प्रधान अमात्य केमास को प्रामाणिक रूप से जोगिनीपुर (दिल्ली) की रक्षा का भार सौंप रखा था।

यहाँ पर वह विरह कैसे और क्यों था? इस पर विचार करना आवश्यक है। संयोगिता कन्नौज के विजयपाल की पुत्री थी। उसने पृथ्वीराज की प्रशंसा सुनी तो उसे उससे अनुराग हो गया। जयचंद की रानी और जयचंद ने उसका

स्वयंवर करने का विचार किया। संयोगिता का मन जानने के लिए दूती को भेजा तो उसने कहा कि सारे राजा या तो दंड देते हैं या दान लेते हैं। वे मेरे पिता को पिता के रूप में देखते हैं। वे मेरे विवाह करने योग्य नहीं। केवल पृथ्वीराज चौहान ही इन दंड और दान से रहित क्षत्रिय है। मैं उसी का वरण करूँगी-

जे बंधे पित संकरह, जे खद्धे पित लोन।
ते बंदीजन बापुरे, बरै संजोगी कौन॥

अर्थात जिनको मेरे पिता ने सांकलों में बांधा है और जिन्होंने मेरे पिता का नमक खाया है वे तो बंदीजन हैं अर्थात पिता के कैदी और पिता के स्तुति पाठक हैं उनमें से संयोगिता को कौन वरण कर सकता है। ये लोग तो मेरे पिता को बाप कहते हैं या वे मेरे भाई के तुल्य हैं-दास और भाई से वरण कैसा? संयोगिता उस दूती या दासियों को अपना निर्णय सुनाती है-

के वहि गंगहि संचरौं के पानि ग्रहण पृथिराज।

पृथ्वीराज के साथ जयचंद का द्वेष होने से जयचंद ने उस देवांगन तुल्य कुमारी को गंगा तट पर (अलग महल में) रखा।

उधर मदना ब्राह्मणी और उसके पति द्विज-दम्पति ने पृथ्वीराज चौहान से संयोगिता के सौन्दर्य और उसके प्रेम का वर्णन किया। पृथ्वीराज चौहान को भी श्रोतानुराग हो गया। यह भी बताया कि जयचंद जो यज्ञ कर रहा है, उसके द्वारा पर पृथ्वीराज चौहान की स्वर्णप्रतिमा उसे अपमानित करने के लिए रखवाई है। अंत में संयोगिता की प्रतिज्ञा को दुहराया-

यौं वृत लिन्तौ सुंदरी, ज्यों दमयन्ती पुब्ब।
के हथलेवों। पिथ करौं, के जल मध्ये डुब्ब॥

अर्थात उस सुन्दरी ने ऐसा व्रत लिया है जैसे कभी पहली दमयन्ती ने लिया था उसने निश्चय किया है कि या तो हथलेवा (पाणिग्रहण) पृथ्वीराज के साथ करूँगी या जल में डूब मरूँगी। पृथ्वीराज को उसका विरह तप्त कर रहा था। उसे भुलाने को और कन्नौज जाने का अवसर निकालने की चिंता के कारण वह अपना समय आखेट में बिताता था। यहाँ ध्यान रखना चाहिए कि पृथ्वीराज चौहान के तीन प्रिय विषय थे। विवाह, आखेट और युद्ध।

पृथ्वीराज चौहान ने अपने प्रधान सामंत शूर केमास को दिल्ली केराजकार्य को सौंप रखा था। पृथ्वीराज चौहान की जगह केमास ही सारे राजकार्य करता था एक दिन वह राज्य कार्य करता हुआ सभा में बैठा था। उसके सामने एक महल था उसमें करनाटी नाम की दासी रहती थी। करनाट की विजय केसमय

वह उस दासी को ले आया था और एक महल में रख रखा था। उसके स्नेह की पात्र वह बनी हुई थी। उस करनाटी दासी को केमास ने देखा। उस दासी ने भी केमास से दृष्टि मिलाई। कवि वर्णन करता है कि यह दैव की इच्छा थी कि वह केमास काम के वशीभूत हो गया। उस समय वर्षा का आगमन हो रहा था। बादल छाये थे। बिजली चमक रही थी। करनाटी दासी भी कामवश हो गई। उसने अपनी दूती को केमास को बुलाने को भेजा। केमास ने उस समय डयौढ़ी पर स्त्री सेवक नियुक्त कर रखे थे। वह उस दासी की ओट में होकर करनाटी के महल में पहुँच गया और करनाटी के साथ श्रृंगार क्रीड़ा करने लगा।

करनाटी के महल के पास पृथ्वीराज चौहान की बड़ी रानी इंचिछनी परमारनी का महल था। उसने बिजली के प्रकाश में देखा कि करनाटी केपास कोई व्यक्ति है। रानी ने तुरन्त पान की पीक से एक चिट्ठी लिखकर एक दासी को पृथ्वीराज चौहान केपास भेजा। वह हाथी और घोड़ों से युक्त मार्ग से होती हुई शीघ्र ही पृथ्वीराज चौहान के पास पहुँच गई। शिकार से थके हुए पृथ्वीराज को सोते हुए देखा। एक तरफ धनुष वाण रखे थे। दासी ने नूपुरों की झंकार की जिससे पृथ्वीराज चौहान जाग गया (दासियों को राजा को छूने का अधिकार नहीं था और पृथ्वीराज से डरती भी थीं अतः उसने नूपुरों का शब्द किया) पुथ्वीराज चौहान के जागते ही दासी ने पत्र दे दिया। पृथ्वीराज चौहान तुरन्त ही महल में आ गये। बड़ी रानी ने सब हाल बताया तो पृथ्वीराज चौहान ने एक तीर केमास पर छोड़ा। परन्तु वह तीर केमास की छाती से होता हुआ बगल में निकल गया और निशाना चूक गया। रानी ने उसे फिर कहा और दूसरा बाण संधान करके केमास को मार दिया। उसे जमी में गढ़वा दिया और रात में ही शिकार स्थल को चला गया। प्रातःकाल दरबार लगाया। उसने कहा कि केमास कहाँ है? कोई न बता पाया तो चन्दबरदाई से पूछा कि केमास कहाँ है? चन्दबरदाई से यह सारी घटना सरस्वती ने स्वप्न में कह दी। कवि ने कहा कि प्रत्यक्ष हो तब मानूँ। बालहंस पर बैठकर तुम्बर हाथ में लिए दिव्यशोभा से युक्त सरस्वती आई और सारा वृत्तान्त चन्दबरदाई को बतला दिया। पृथ्वीराज ने चन्दबरदाई से कहा कि या तो सिद्धि प्राप्त का कहना छोड़ो या बतलाओ कि केमास कहाँ है? चन्दबरदाई ने कहा कि सूर्य चाहे अपना ताप छोड़ दे, शेषनाग पृथ्वी को धारण करना छोड़ दे, महादेव विष कन्द खाना छोड़ दे तो भी चन्दबरदाई वर प्राप्त की बात नहीं छोड़ सकता। पृथ्वीराज ने हठ की तो कवि ने कहा कि अभयदान दें तो मैं केमास का प्रसंग वर्णन करूँ। पृथ्वीराज से वचन

पाकर चन्दबरदाई ने कहा कि हे पृथ्वी नरेश। आपने एक वाण केमास पर छोड़ा पर वह वाण हृदय से खरभराता हुआ उसकी बगल की ओर निकल गया। फिर आपने दूसरा वाण साधा और केमास को मार दिया। उसे जमीन में गाढ़ दिया। वह वहीं गड़ा हुआ है और उस जगह को नहीं छोड़ रहा। भूमि ने उसे अपने कठोर गुणों से जकड़ रखा है। चन्दबरदाई कहता कि महाराज अब इस प्रलय से केसे निबटोगे।

सभी शूरवीर इस वर्णन को सुनकर डर गये और अपने अपने घर चले गये। पृथ्वीराज चौहान रात भर जागता रहा। उसे चार प्रहर रात्रि चार युगों के समान लंबी लगी। सुबह केमास की स्त्री चन्दबरदाई के पास आई और अपने पति का शव मांगने लगी। बोली कि जब सरोवर सूख गया और हंस इस सरोवर से उड़ गया तो फिर सब कुछ मेरे लिए अंधेरा हो गया। मैं पति के साथ चिता पर चढ़ जाऊँ। चन्दबरदाई ने पृथ्वीराज से कहा कि कबूतर की तरह श्वेत वस्त्र पहने केमास की पत्नी अपने पति का शव मांगने आई है। पृथ्वीराज ने कहा कि केमास का शव गडढे में गाड़ दिया उस गर्त से उसे कौन निकाल सकता है? चन्दबरदाई ने चौहान से कहा कि-महाराज रावण को किसने गाड़ा था क्रोध में रघुवीर ने उसे बाण ही मारा था। बालि को किसने गाड़ा था सुग्रीव ने उसका प्राण ही तो लिया था? चन्द्रमा को किसने गाड़ा था उसने गुरु पत्नी से क्रीड़ा की थी। सूर्य को भी किसने गाड़ा था-यह पहले के सभी ऋषियों से पूछ लो। गौतम ने भी इन्द्र को नहीं गाड़ा था चाहे उसे शाप ही दे दिया था। इस प्रकार क्रोध के कारण आप हे चौहान! केमास को गाड़िए नहीं। पृथ्वीराज चौहान ने कहा कि तेरे कहने से शव को दे दूँगा यदि तुम मेरा अंदेशा दूर कर दो और मुझे जयचंद का दर्शन करा दो। हे चंद कवि मैं तुम्हारे साथ तुम्हारा सेवक बनकर कन्नौज चलूँगा और मैं वहा कुछ न बोलूँगा। उसने केमास का शव उसकी पत्नी को सौंप दिया और कहा मृत्यु और विवाह विधाता के हाथ की बात है।

केमास वध का मूल प्रतिपाध केमास मंत्री का वध है परन्तु उसके साथ और भी बहुत सी बातें हैं जो इस प्रसंग वर्णन से कवि ने सामने ला दी हैं। इसलिए केमासवध के प्रतिपाध के संदर्भ में उनको भी दृष्टिपथ पर लाना जरूरी है। पृथ्वीराज रासो का एक समय केमासवध नामक है। रासोकार ने सर्ग को समय कहा है। केमासवध में पृथ्वीराज चौहान केशूर सामन्त और एक जिम्मेदार मंत्री का राजा पृथ्वीराज द्वारा वध किया जाना वर्णित है। इस सन्दर्भ

में यह ध्यान देना आवश्यक है कि पृथ्वीराज चौहान ऐसा व्यक्ति था जो दूसरों की थोड़ी सी भी त्रुटि को आँखों से ओझल नहीं करता था और बिना परिणाम पर विचार किये उसे दंड दे देता था। चामुंडराय एक प्रसिद्ध सामन्त था उसने श्रृंगार हार नामक हाथी का वध कर दिया तो उसके पैरों में बेड़ी डलवा दी। कन्ह जो इनके चाचा थे उनके अपराध के कारण उनकी आँखों पर हीरे जवाहरात और सोने की पटटी बंधवा दी। कहते हैं वह पाव लाख की पट्टी थी। उस समय के सोने आदि का भाव लगाकर अनुमान करने वालों ने उसमें सवा मन सोना होना कहा है। उसी तरह का उसका एक वृत्य केमास का वध हैं। गजनी में जब पृथ्वीराज चौहान कैद में है तो उसे अपने पूर्व की अनेक ऐसी करतूतें एक के बाद एक सिने चित्र की भाँति मानस-पटल पर उभरती चली आती हैं।

केमास वध के वर्णन द्वारा यह तथ्य सामने आता है कि पृथ्वीराज चौहान एक निरंकुश शासक था। वह अपने मातहत की गलती को सहन नहीं कर सकता था। चन्दबरदाई केमास वध के रहस्य को सरस्वती से जानकर भी डर के मारे उसके-सामने बयान नहीं करना चाहता था। जब पृथ्वीराज चौहान से वचन लेता है तो 'एक बान पुहवी नरेस केमासहि मुक्कउ' आदि छंद द्वारा केमास वध के रहस्य को खोल देता है। पृथ्वीराज चौहान की अपराध असहनीयता की छवि केमासवध केप्रसंग में और स्पष्ट हो जाती है। ऐसे योग्य, हितैषी, शूरवीर और कुशल प्रबन्धक की गलती का सजा और न होकर केवल उस का वध ही उसे लगी। करनाटी दासी का के मासवध प्रसंग में क्या हुआ? पृथ्वीराज चौहान की चहेती दासी को पृथ्वीराज चौहान ने क्या दंड दिया-यह यहाँ पर वर्णित नहीं है। परन्तु आगे के प्रसंगों को देखकर पता चलता है कि करनाटी दासी यहाँ से भाग कर जयचंद के यहाँ चली गई थी।

इस प्रसंग का प्रतिपाध पृथ्वीराज चौहान की संयोगिता संबंधी प्रेम दृष्टि है उस का बुलावा और यह संदेश कि वह यो तो गंगा में डूब मरेगी या पृथ्वीराज चौहान का वरण करेगी, पृथ्वीराज चौहान को बेचैन किये रहती है। वह उसके विरह ताप में तप्त रहता है ओर ऐसा अवसर ढूँढ रहा है कि कैसे ही कन्नौज को पहुँचा जाए। उसे यह भी पता चल चुका है कि उसे अपमानित करने के लिए उसकी मूर्ति दरबान की जगह लगा रखी थी और संयोगिता ने उसी के गले में वरमाला डाल दी थी। वह अपनी विरह-व्यथा को भुलाने में, अन्यत्र समय बिताने में, शिकार का ही सहारा लेता है। चन्दबरदाई जब केमास

की पत्नी द्वारा केमास के शव को मांगने आती है और चन्दबरदाई के कहने से वह शव देने को किसी तरह तैयार भी हो जाता है, तब वह चन्दबरदाई के सामने यही प्रस्ताव रखता है कि केमास के शव को तो मैं उसकी स्त्री को सौंप देता हूँ पर तुम्हें मेरे साथ कन्नौज चलना होगा। कैसे जाना होगा? यह पूछने पर बतलाता है कि मैं तुम्हारा सेवक बनकर चलूँगा और भेद खुल जाने पर या परिस्थिति आ जाने पर युद्ध करूँगा।

हन्यौ दासि के हेतु कैमास बना। गज खून चामुंड बेड़ी बधानं॥
बँधे कन्ह काका चषं पटट गाढे॥ बिना दोष मुंडीर से भ्रत्तकाठे॥
बरज्जंत चंद चल्यौ हुँ कनौजं तहाँ सूर सामंत कटि घट्ट फिैजं॥
लिये राज लोकं रमंतं सिकारं। भ्रमं केहरी कंदरा रिष्ष जारं॥

पृथ्वीराज चौहान की विरह में व्यथित दशा काम के प्रसंग को सुनकर क्रोध में आ जाती है–कामात क्रोधोभिजायते की गीताकार की उक्ति इस प्रसंग में सटीक बैठती है। खुद कामासक्त है, अपने आपे में नहीं है और केमास की गलती को बहुत बढ़ा चढ़ा कर आंकता है–करनाटी को नहीं मारता। वैसे उदयपुर की पृथ्वीराज रासो की प्रति में आया है कि करनाटी अपनी दासी को केमास को बुलाने भेजती है, तब केमास आता है। कामासक्त की विवेकहीनता ही प्रसंग में है–यही इसका प्रतिपाध है।

केमासवध में चन्दबरदाई अपने नाम को सार्थक करने वाले हैं। वरदाई का तात्पर्य वर दिया हुआ। उन्हें हर सिद्धि का वर प्राप्त है। सरस्वती की उन पर कृपा है। वे सरस्वती के ऐसे भक्त हैं कि स्वप्न में सरस्वती जो केमासवध के वर्णन को कहती है, तो चन्दबरदाई कहते हैं कि आप प्रत्यक्ष हो तो मानूँ। केमासवध में सरस्वती के प्रत्यक्ष होने का बड़ा सटीक वर्णन है। उसका कुछ अंश इस प्रकार है–

मराल बाल आसनं
कलित्त छाय सासनं॥
सोंहंति जासु तुम्बरं।
सुराग राज धुमरं॥
कयंद केस मुक्करे
उरग्ग बास बिछठरे॥

अर्थात सरस्वती बाल हंस के आसन पर विराजमान थीं उन पर भ्रमर का शासन छाया हुआ था। उनके हाथ में वीणा का तुंबा शोभायमान था, उससे श्रेष्ठ

राग का धुआँ यानी ध्वनि निकल रही थी। उनके केश काले और फैले हुए थे माना सुगन्ध लेने के लिए सर्प बैठे हुए हों।

चन्दबरदाई को अपनी इस वर सिद्धि का गर्व है। पृथ्वीराज चौहान जब उससे कहता है कि या तो केमास का पता बताओ कि वह कहाँ है या फिर वर सिद्धि का वरदान वाला कहना छोड़ो। तब चन्दबरदाई कहता है कि यदि शेषनाग पृथ्वी को धारण करना छोड़ दे, महादेव विषकंद खाना छोड़ दें, सूर्य अपने तेज से तपन छोड़ दे तो ही वरदान का होना कवि चंद छोड़ सकता है। अर्थात जैसे शेषनाग का पृथ्वीधारण करना, शिव का विष खाना और सूर्य का ताप अटल है उसी तरह मेरा वर प्राप्त करना भी अटल है।

इन वर्णनों द्वारा कवि के मन्तव्य का यह अर्थ है कि वह भारतीय पौराणिक मान्यताओं की परम्परावादी विचाधारा का समर्थक है और उसी को इस प्रसंग में उभारना चाहता है। पुराणों के अनेक प्रसंग हैं जहाँ देवता मनुष्यों के सामने प्रत्यक्ष होते थे, उन्हें दर्शन देते थे, वर देते थे और उनके साथ वार्तालाप करते थे। इस सम्बन्ध के अनेक प्रसंगों में भगवत पुराण का वह प्रसंग ध्यान देने योग्य है जहाँ कपिल के रूप में भगवान अपनी माता देवहूति को उपदेश देते हैं। वहाँ वे कहते हैं कि जो भक्त मेरे प्रेम में लीन रहते हैं, मोक्ष भी नहीं चाहते और मेरे पौरुष-पराक्रम का गुणगान करते हैं वे मेरे सुन्दर रूप को, प्रसन्नता से खिले मुख को, अरुण नेत्रों को, द्वेष भाव से मुक्त मेरे दिव्य रूप को देखते हैं और मेरे वर देने वाले रूप को देखते हैं तथा मेरे साथ बातचीत करते है। चन्दबरदाई ने अन्य स्थलों पर भी इस पौराणिक मन्तव्य को उभारा है पर केमासवध में वह एकदम प्रत्यक्ष ही है। कवि ने पृथ्वीराज रासो में इस तथ्य का उदघाटन करते हुए कहा भी है कि मेरे इस ग्रंथ में धर्म की उक्ति, राजनीति, षटभाषा, पुराण और कुरान का वर्णन है। पौराणिक मान्यता को उभारना उसका एक पक्ष है।

पश्यनित ते मै रुचिराण्यम्ब सन्तः, प्रस्नन वक्त्राारुण लोचनानि।
रूपाणि दिव्यानि वर प्रदानि, साकं वाचं स्पृहणीयां वदनित॥

हे मा! वे सन्त लोग, अरुण नयन और मनोहर मुखारविन्द से युक्त, मेरे सुन्दर वरदायक रूपों की झाँकी करते हैं और सप्रेम संभाषण करते हैं।)

केमासवध में तत्कालीन समाज की धार्मिकता और सामाजिक विश्वास भी प्रतिपादित मिलता है। यह पुरानी मान्यता रही है कि स्त्री अपने पति के मरने

के बाद उसके साथ सती हो जाती थी। क्षत्रियों में तो इसके अनेक उदाहरण मिलते ही हैं पर अन्य वर्ण के लोगों में भी परम्परा देखी जाती है।

केमासवध में इसकी अभिहिति मिलती है। केमास का वध हो जाने केबाद केमास की पत्नी केमास का शव मांगने आती है। वह चन्दबरदाई के माध्यम से अपने पति का शव मांगती है ताकि वह उसके साथ सती हो सके। वह सफेद वस्त्र पहन कर और श्रृंगार करके आती है। कवि कहता है–

राषि सरणि सहगवनि मरनं मंगल अयुव्व किय।
दरण पेषि दरबान रुकिकय न मग्गु दिय॥

अर्थात उस स्त्री ने पति की सहगामिनी होने के लिए अपूर्व श्रृंगार किया और उसकी इस मरण को मंगल मानने की दशा को देख कर दरबान भी उसे न रोक सका तथा उसे भीतर प्रवेश का मार्ग दे दिया।

चन्दबरदाई के कहने से और समझाने से पृथ्वीराज चौहान कैमास के शव को दे देते हैं और उसकी पत्नी उस शव के साथ सती हो गई–

अपउ कबि कयमास सतीय सय ले संचरिउ,
मरन लग्न विधि हथ्थु कबि उच्चरिउ।

अर्थात कवि चन्दबरदाई ने अप्पउ (अर्पित कर दिया) वह कैमास का शव और वह स्त्री उस शव के साथ संचरित हो गई अर्थात सती हो गई। कवि कहता है कि मरण और विवाह तो विधि के हाथ की बात हैं। इस प्रकार केमासवध में पृथ्वीराज चौहान की राजाओं की मनमानी प्रवृत्ति के साथ साथ युगीन संदर्भ भी उभार देने की ओर कवि की दृष्टि रहीं है। जहाँ भय का वातावरण हो आता है, उसका संकेत उस वर्णन से मिलता है कि कैमास के वध का चन्दबरदाई द्वारा वर्णन कर दिया जाने पर सारे सामंत डर जाते हैं। वे डर के मारे किसी से कोई बात नहीं करते हैं और चुप खिसक जाते हैं। पृथ्वीराज चौहान किसको क्या दंड दे दे, उसकी कोई कल्पना नहीं कर सकता था। स्वयं चन्दवरादाई जो कि पृथ्वीराज चौहान का कवि भी था, मंत्री भी था और सखा भी था, तो भी वह डर जाता है और पृथ्वीराज चौहान के केमास वध के रहस्य को तभी प्रकट करता है जबकि वह राजा से निर्भय होने का वचन ले लेता है।

केमासवध के प्रसंग में व्यक्ति की एक स्वाभाविक प्रवृत्ति का चित्रण सामने आता है। व्यक्ति के अनेक भीतरी अवगुणों में काम, क्रोध और लोभ को माना गया है। गीता में तो इन तीनों को नरक का द्वार कहा है। मनुष्य क्रोध

में आकर अपने आपे से बाहर हो जाता है वह उसके परिणाम की ओर ध्यान नहीं देता। दूसरे क्रोध के वश होकर शरीर का संतुलन भी गड़बड़ा जाता है। पृथ्वीराज चौहान वाण चलाने के लिए सदैव प्रसिद्ध रहे हैं। उनकेलिए यह प्रसिद्ध है कि वे शब्दभेदी वाण चलाने में सिद्धहस्त थे। अर्थात जहाँ शब्द हो उसी जगह अचूक निशान लगा देते थे। मुहम्मद गौरी को भी शब्द करते ही उन्होंने नेत्र ज्योति नष्ट होने की सिद्वित में ही शब्दभेदी बाण से मार दिया था। पृथ्वीराज रासो की कई प्रतियों में उसका विस्तार से वर्णन है। परन्तु यहाँ केमास पर क्रोध की दशा में जब वे बाण चलाते हैं तो क्रोध के कारण उनकी मुट्ठी और दृष्टि डोल गई और इस कारण उनका एक वाण चूक कर निकल गया और वह व्यर्थ गया। यानी निशाना चूक गया। यह है क्रोध का प्रभाव। केमासवध में वह वर्णन इस प्रकार आया है–

भरिग वान चहुआन जानि दुरि देव नाग नर
मुटिठ दिटिठ रिस डुलिग चुकिक निक्करिंग एकसर।

अर्थात पृथ्वीराज चौहान ने केमास को मारने केलिए बाण भर लिया, धनुष पर रख लिया। इसे जानकर देवता, मनुष्य और नाग छिप गये। क्रोध के कारण उसकी मुटठी और दृष्टि डोल गई और वह बाण चूक कर निकल गया।

क्रोध के साथ काम भी इस संदर्भ में समाया हुआ है। संयोगिता के अनुराग और संदेश से वह काम तप्त है। उसके बीच में क्रोध और भी स्वाभाविक है–कामात क्रोधो भिजायते इस पंक्ति की दृष्टि से करनाटी के और पृथ्वीराज चौहान के काम–प्रेम में केमास का पक्ष उसको कैसे स्वीकार हो सकता था। इसलिए बिना किसी परिणाम का विचार किये वह क्रोध में आकर केमास को मार देता है।

लोभ भी कई प्रकार के प्रभाव डालता है। पृथ्वीराज चौहान को लोभ लेने का नहीं पर लोभ देने का विचार भी इस प्रसंग में देखने में आता है। केमास के मार देने से सामन्त लोग भीतर ही भीतर भयभीत और चिंतित थे। केमास का दोष जो भी था पर सजा उपयुक्त नहीं थी। पृथ्वीराज चौहान उसकी पूर्ति इस रूप में करते हैं कि वे कैमास के पुत्र को जिसका नाम पृथ्वीराज रासो में प्रतापसिंह दिया है, इसका वर्णन निम्न लिखित शब्दों में किया गया–

उर सल्लै केमास न्रप पुत्र परटिठ य पटट।
चित चंचल उच्चल करिय दिय हर गय बर थटट।।

केमास की घटना उस पृथ्वीराज चौहान के हृदय में दुख पैदा कर रही थी। उसने केमास के पुत्र को उसके पिता की गद्दी पर बैठा दिया। इस तरह

केमास के पुत्र और उसके सहयोगियों के जो चित्त केमास के वध से विचलित थे उन्हें अचल यानी स्थिर कर दिया और बहुत से श्रेष्ठ घोड़े और हाथी दे दिये।

यहाँ हमें स्पष्ट होता है कि चन्दबरदाई ने अपने ग्रंथ में जो यह उदघोष किया है कि उसमें धर्म की उक्ति के साथ राजनीति भी है, उसका एक पक्ष यहाँ पर भी उदघाटित होता है। यों पृथ्वीराज रासो में कवि ने राजनीति की चतुरता को प्रकट करने वाले और भी बहुत से प्रसंग वर्णित किये हैं। पर अकेले केमास वध के छोटे से प्रसंग में भी उसका कुछ अंश देखने में आ जाता है। इस सम्बन्ध में कवि की उक्ति ध्यान देने योग्य है वे पृथ्वीराज रासो के सम्बन्ध में कहते हैं–

उक्ति धर्म विशालस्य राजनीतिं नवं रसं।
षटभाषा पुरानं च कुरानं कथितं मया।।

अर्थात इस पृथ्वीराज रासो ग्रंथ में धर्म की विशाल उक्तियाँ हैं, राजनीति हैं, नव रस हैं, छहो भाषाएँ हैं, पुराण है और कुरान है।

पृथ्वीराज रासो के इस केमासवध प्रसंग से कवि के द्वारा पृथ्वीराज चौहान के उस गुण का भी प्रकाशन होता है जहाँ वह अपने वृत्य के लिए पश्चाताप करता है। केमास का वध उसके हृदय में चुभता रहता था। वह जो सामंतों का सिरताज था उसके हृदय में केमास का दुख बना ही रहता था। उसका वर्णन करते हुए कवि कहता है–

नहँ सच सुक्ख गवक्ख थे, नह सच अंदर राज।
उर अंतर केमास दुखा सामंता सिरताज।।

अर्थात सामन्तों के सिरताज उस पृथ्वीराज चौहान को न तो झरोखे में बैठने से ही सच माने सुख प्राप्त होता था और न अन्तरपुर में ही सुख प्राप्त होता था। उसके हृदय में केमास के वध का दुख बना ही रहता था। पृथ्वीराज चौहान जब चौगान खेलता था। सामन्त और मंत्रियों के साथ क्रीड़ा विहार करता था और भी तरह-तरह के विहार करता था, पुष्प, इत्र आदि का प्रयोग करता था तो भी उसे केमास की स्मृति सालती थी। और जब जल क्रीड़ा करता था तो केमास केलिए उसासें निकालता था–

जब क्रीडल जल केलि चित्त केमास उहासै।।

कवि ने वर्णन किया है कि केमास केदुख को वह प्रकट नहीं करता था, गुप्त रखता था पर सदैव उसके लिए दुखी होता रहता था–

अति उर सहलै मंत्रि दुख, करै न प्रगट न मुझझ।
मानो वूपे छांह ज्यों, रहत राति दिन मझझ॥

अर्थात मंत्री का दुख राजा के हृदय में बहुत अधिक था। वह उसके हृदय में चुभता रहता था। वह प्रकट नहीं करता था। जैसे कुएँ की छाँह दिन रात कुएँ में ही रहती है बाहर दिखाई नहीं देती।

केमासवध में कवि के वर्णनों में उसका दैव में विश्वास भी प्रकट होता है। यों तो पृथ्वीराज रासो में अनेक उदाहरणों द्वारा कवि की भाग्य और देव-विधाता के प्रति आस्था सिद्ध होती है। केमासवध में भी उसको ध्यान में देखने की कवि की दृष्टि रही है। इसलिए कई स्थलों पर कवि के इस तरह केभाव को व्यक्त किया हुआ पाते हैं। आरंभ में जब केमास के करनाटी के पास जाने का वर्णन है। वर्षा और अंधेरे केवर्णन द्वारा प्रवृति का उद्दीपन रूप में एक तरह से सहायिका रूप में वर्णन है, वहाँ आया है कि केमास जैसा योग्य, शूर सामंत भी परिस्थिति वश काम के वशीभूत हो गये। अब दैव ही यानी भाग्य ही यानी विधाता ही यह सब करा रहा है वस्तुतः दैव की गति विचित्र है–

सा मंत्री कयमास काम अंधा देवी विचित्र गति

भाग्य में या विधाता के यहाँ व्यक्ति के जो काम करने तय किये जाते हैं व्यक्ति उन्हें ही करता है। भाग्य की यह गति बड़ी विचित्र है, व्यक्ति दैव के विचित्र विधान से परिचालित रहता है।

पृथ्वीराज चौहान की वीरता भरी और निडर शक्ति सम्पन्नता की बातों का वर्णन करते हुए चन्दबरदाई फिर एक बार यह संकेत करता है कि यह केमास का अज्ञान है कि वह पृथ्वीराज चौहान के पूर्व के चरित्र को जानते हुए भी उसे न जान पाया-ऐसा होने में जो उसका अज्ञान है उसके कारण उस पर आपत्ति आने वाली है अब तो दैव ही उसकी दशा कर सकता है–

अग्यानं चहुआन जान रहियं दैवा पि रक्षा करे

ऐसा कहने में मनुष्य की विधाता के विधान के सामने परवशता का वर्णन है। विधाता चाहे तो कितनी बड़ी आपत्ति में भी रक्षा कर सकता है, वह संदेश यहाँ पर दिया गया है।

कन्नौज को जाते समय पृथ्वीराज चौहान के मुख से भी कवि ने विधाता और विधि के विधान पर विश्वास व्यक्त किया है। वे कहते हैं–

सुनि कवि मरन टरइ नहिं रंच्यउ

हे कवि! सुन, विधाता ने हमारा मरण जिस प्रकार लिख दिया है वह तनिक भी नहीं टल सकता। यहाँ पर कवि ने विधाता के भरोसे के उसके मनुष्य के आयु और कर्म के पहले ही निर्णय कर देने के भाव व्यक्त किये हैं।

प्राचीन शास्त्रकारों ने यह मन्तव्य प्रकट किया है कि जब बालक माँ के पेट में होता है, उसी समय उसकी आयु, कर्म विधा और मृत्यु की सर्जना हो जाती है-

आयु कर्म च वित्तं व विधा निधनमेव च।
पंचेतान्यपि सृज्यन्ते गर्भस्थेरिव देहिन॥

केमासवध के अंतिम छन्द में चन्दबरदाई द्वारा भी यह भाव व्यक्त किया गया है कि मृत्यु और विवाह तो विधि के हाथ में होते हैं-

मरन लग्ग विधि हथ्थु कवि उच्चरिउ।

इस प्रकार हम देखते हैं कि केमासवध के प्रतिपाध में केमास के वध और उसके साथ कवि के और भी कई मनतव्य उसके प्रतिपाध में अन्तर्निहित हैं। कहीं कवि ने स्पष्ट उसका वर्णन किया है और कहीं उनके द्वारा वर्णित प्रसंग में से प्रतिपाध का अर्थ उभर कर आ जाता है। इस तरह का एक उभरता अर्थ इस केमासवध प्रसंग में आता है। वह यह है कि जयचंद के विषय में जो कुछ संकेत केमासवध में किये हैं उनसे यह अभिव्यक्त होता है कि पृथ्वीराज चौहान अपनी समस्त वीरता भरी प्रवृति के बावजूद जयचंद की शक्ति केप्रति जागरूक था। जयचंद की शक्ति बहुत अधिक थी। चन्दबरदाई ने केमासवध के ही एक छंद में उसका कथन इस प्रकार किया है-

भूकंपं जयचंद राय कटकेशंकापि न गयायते।
सं साहिस्स सहाब साहि सकलं इच्छामि युद्धाइने॥

अर्थात जयचंद की सेना बहुत विशल और बलवती थी। जब वह चलती थी तो सेना के चलने से सब जगह इतनी डर-भरी खलबली मच जाती थी कि भूकंप जैसी भयानक सिथति हो जाती थी। शहाबुद्दीन से पृथ्वीराज चौहान ने सभी युद्ध साहस केसाथ इच्छापूर्वक किये थे। इससे यह स्पष्ट होता है कि पृथ्वीराज चौहान जयचंद की सेना की विशालता से अवगत था। यानी जयचंद की सैनिक शक्ति बहुत अधिक थी। इस सन्दर्भ में यह भी ध्यान देने योग्य है कि पृथ्वीराज चौहान कोई विधि या अवसर खोज रहा था ताकि जयचंद के यहाँ चलने का सुयोग बने। वह चन्दबरदाई के कहने से केमास की स्त्री को (केमास

केशव को) उसके सती होने केलिए सौंपने को राजी होता है तो चन्दबरदाई के सामने एक शर्त रखता है–

तउँ उप्पउं कयमास तुहि मिटिहि उर अंदेसु।
दिष्षावइ पहु पंगुर जइ जयचंद नरेसु॥

अर्थात पृथ्वीराज चौहान चन्दबरदाई से कहते हैं कि केमास का शव तब अर्पित करूँगा और तभी मेरे हृदय का अंदेशा मिटेगा जब तुम पंगुल प्रभु जयचंद राजा को मुझे दिखलाओगे।

चन्दबरदाई उससे मना भी करता है कि शत्रु तुम्हारी ओर देख रहा है यानी तुम्हारे आक्रमण की बात को जान गया है अभी थोड़ा धैर्य रखो–

षिनत मनहि धीरज धरहु अरि दिष्षत तिहि काल

अर्थात क्षण भर तो मन में धीरज रखो इस समय शत्रु तुम्हारी ओर देख रहा है। यानी जयचंद की शक्ति के प्रति अकृष्ट वक्ता, स्पष्टवक्ता चन्दबरदाई भी जागरूक है। एक बात और जयचंद के यहाँ पृथ्वीराज चौहान चन्दबरदाई के सेवक के रूप में होकर चलने को तैयार होता है। शक्तिशाली जयचंद के उपर एकदम आक्रमण करने की नहीं सोचता। और ऐसा ही होता भी है। जिस पृथ्वीराज चौहान ने अनेक बार शहाबुद्दीन गौरी को पकड़ा और परास्त किया।

अनेक अन्य राजाओं को युद्ध में जीता वह जयचंद के यहाँ छिपकर जाता है–इससे जयचंद की शक्ति एकदम सामने निखर आती है। वह यहाँ तक सोचता है कि यदि जयचंद के यहाँ मरना भी पड़े तो भी कोई बात नहीं है। वह

पाठान्तर में जयचंद की सेना का वर्णन–

सज्जौ गयंद सत्तरि हजा। अरु असीलष्श तिष्षे तुषार।
पाइक कोरि धानुष धार। सवा कोरि सजौ बंके जुझार।

नव कोरि जोरि आतस्स गाज। इत्तनौ सेन छिनमेक साज॥ (पृ. रा. रा. पृ. 1107)

अर्थात जयचंद ने आज्ञा दी तो 70 हजार हाथी सज गये। अस्सी लाख तीखे तुषार जाति के घोड़े तैयार हुए। एक करोड़ धनुष धारी सजे और सवा करोड़ बड़े बाँके जुझारू सैनिक तैयार हुए। करोड़ आग छोड़ने वाले हुए। इतनी सेना एक क्षण में ही तैयार हो गई।

चन्दबरदाई से कहता है कि अब तो जयचंद के यहाँ युद्ध रूपी तीर्थ में जाना ही होगा और यदि वहाँ मरना भी पड़े तो कोई बात नहीं है क्योंकि विधाता ने जिसकी मृत्यु का जैसा विधान रच दिया है वह तनिक भी इधर उधर नहीं हो सकता–

सुनि कवि मरन टरइ नवि रंच्यउ

अर्थात हे कवि सुनो विधाता ने जिस प्रकार मरना निर्धारित किया है वह रंच मात्र भी नहीं टलता।

अत: केमासवध में एक प्रमुख घटना के साथ और भी बहुत सी बातें अभिव्यक्त अथवा व्यंजित हैं। उसमें केमास वध प्रसंग का पूरा प्रतिपाध एक विस्तृत फलक पर हमारी आँखों के सामने स्पष्ट हो जाता है। पृथ्वीराज रासो की दूसरी प्रतियों में जो जयचंद या पृथ्वीराज चौहान के विषय में वर्णन आया है आवश्यकता के अनुसार उसको भी ध्यान में रखा जाय तो चन्दबरदाई का केमासवध में प्रकट मन्तव्य और अधिक सटीक बन जाता है।

स्वयंवर के समय कन्नौज प्रस्थान

संयोगिता स्वयंवर का निमंत्रण न पाने पर दिल्ली के सम्राट पृथ्वीराज ने जयचंद की राजधानी कन्नौज जाने का निश्चय किया। उसके साथ उसका परम मित्र, कवि ओर भाट चन्दबरदाई था, अनेक शूरवीर चले। वे थे-चौहान, राठौर, पुंडीर, गुहिल, बड़गूजर, प्रंवार, जांगरा, तथा रोहिल्ला। इन सरदारों के साथ जब पृथ्वीराज की सेना ने कन्नौज की ओर प्रस्थान किया तो पैदल और घुड़सवार सेना के चरणों की धूल से सारा आकाश आच्छन्न हो गया। इस दल में एक-एक वीर में लाखों वीरों की शक्ति और बाहुबल था। इस प्रकार पृथ्वीराज ने दल-बल सहित कन्नौज की ओर प्रस्थान किया।

चलते समय राजा के मित्र और चारण चन्दबरदाई ने राजा को बताया कि मार्ग में शुभ, मंगलदायक शगुन हो रहे है–सिंह उत्तर दिशा की ओर मुख कर दहाड़ रहा है, हिरन क्षण-क्षण हमारी दाहिनी ओर अपने खुरो से पृथ्वी को खूँद रहा है, वह घास नहीं चर रहा है। हमारे सिर के ऊपर आकाश में सारस मधुर स्वर में शब्द कर रहा है, सूर्य बादलों को चीर कर आकाश में अपना तेज विकीर्ण कर रहा है, सारी दिशाएँ आलोक मंडित हो उठी हैं। तीतर नामक पक्षी अपने पंखों को फैलाए उड़ रहा है। ये सब मंगलदायक शुभ संकेत हैं तथा निश्चय ही अपनी यह यात्रा सफल होगी। आप जिस कार्य के लिए जा रहे है वह पूर्ण होगा।

चन्दबरदाई द्वारा जयचंद के दरबार में पृथ्वीराज का गुणगान

पृथ्वीराज के दल-बल सहित कन्नौज पहुँचने पर उसका मित्र चन्दबरदाई कन्नौज नरेश जयचंद के दरबार में जाता है। वहां जयचन्द उससे पृथ्वीराज के विषय में पूछता। है। उत्तर में चन्दबरदाई अपने मित्र और स्वामी की भूरि-भूरि प्रशंसा करता है।

पृथ्वीराज बत्तीस शुभ लक्षणों से युक्त तेजस्वी पुरुष है। उसकी आयु बत्तीस वर्ष और छह मास की है। वह इतना वीर, पराक्रमी तथा धार्मात्या वृत्ति का है कि उसने दुष्टों-दुर्जनों को उसी प्रकार अपने कारावास में बंदी बनाकर रखा रखा है जैसे राहु चन्द्रमा और सूर्य को ग्रस्त कर उन्हें तेजहीन बना देता है। उसके क्षरा बंधन में डाले गये, बंदी बनाये गये प्रजापीड़िक, दुष्ट राजाओं के बंधन मुक्त होने के केवल चार उपाय हैं—कुछ पृथ्वीराज से समझौता करते हैं, आत्मसमर्पण कर अपने राज्य की कुछ भूमि दंड स्वरूप राजा को सौंप देते हैं। कुछ कठोर दंड पाने के बाद मुक्त कर दिये जाते हैं कुछ उसके भय से अपना राज्य छोड़कर जंगलों, पर्वतों की कंदराओं में रहने लगते हैं, कुछ पृथ्वीराज के पैर पकड़कर क्षमा मांगते हैं और बंदीगृह से मुक्त कर दिये जाते हैं। इस प्रकार चतुर, नीति कुशल और पराक्रमी पृथ्वीराज ने आसपास के सभी हिन्दू शासकों को अपने अधीन कर लिया है। चंदबरदाई पृथ्वीराज का व्यक्तित्व ऐसा ही है।

पृथ्वीराज कन्नौज में प्रवेश करने के बाद अपने दल-बल सहित गंगा-तट पर पहुंचा। उस चहल-पहल तथा शोरगुल का कारण जानने के लिए संयोगिता अपने महल की छत पर चढ़ कर गंगा तट की चहल-पहल देखने लगी, वहां पृथ्वीराज के सुन्दर, हष्ट-पुष्ट, तेजस्वी व्यक्तित्व को देखकर मुग्ध हो गयी। उसने अपने हृदय की आकुलता अपनी अंतरंग सखियों को बताई तो सखियों की सलाह मानकर राजकुमारी ने अपनी एक चतुर सखी को पृथ्वीराज का पता लगाने के लिए भेजा।

पंगुराज जयचन्द की पुत्री संयोगिता ने अपनी एक सखी को बुलाया और मोतियों से भरा थाल उसे थमाकर उससे कहा-इस थाल को लेकर तू पृथ्वीराज के पास जा (यदि वह वस्तुत: पृथ्वीराज हुआ तो मोतियों का थाल देखकर वह उनकी ओर देखेगा तक नहीं क्योंकि उसके लिए इन मोतियों में कोई आकर्षण नहीं है, वह स्वयं सम्पन्न है, उसने ऐसे अनेक हीरे-मोती-जवाहरात देख रखे हैं। यदि उसमें राजपुरुष के सब लक्षण होंगे तो वह इन मोतियों के प्रति उदासीन

रहेगा। यदि वह वस्तुतः पृथ्वीराज है तो मेरा यह व्रत है, संकल्प है कि प्राण रहते मैं उसी का वरण कर उसकी सहधार्मिणी बनूंगी।

संयोगिता की सुन्दर सखी उसका आदेश सिर-आंखों पर रख कर दौड़ कर वहां गयी जहा पृथ्वीराज खड़ा था उसने उससे कोई बात-चीत नहीं की। संयोगिता के मन की बात, उसके व्रत के विषय में कुछ नहीं बताया। गंगा-तट पर जहां पृथ्वीराज खड़ा था गंगा का जल हिलोरें ले रहा था। वहां पहुंच कर सखी ने चुपचाप मोती भेंट में देने का उपाय सोचा। उसकी हथेलियां कमल से भी अधिक कोमल थीं और अंगुलियां कलियों के समान सुकुमार थीं। उसने अपनी अंगुलियों में मोती भरे और उन्हें पृथ्वीराज को अर्पित करने लगी। उस दृश्य को देखकर ऐसा लगता था जैसे कोई कमल चन्द्रमा को अंजुलि द्वारा अर्ध्य-दान कर रहा हो।

नवविवाहिता के साथ केलि विलास

पृथ्वीराज के दिल्ली स्थित महल में गवाक्षों से चंदन और अगर का इतना धुओं वातावरण में फैल गया था कि उस धुएँ को देखकर लगता था जैसे मेघ उमड़ आये थे। पशु-पक्षियों को भ्रम हो जाता था कि वर्षा ऋतु आ गयी है और आकाश में काले घने बादल छा गये हैं। इसी भ्रम के वशीभूत हो मोर-हंस प्रसन्न होकर नृत्य करने और मधुर वर्षागमन देख हर्ष से पुकार रहे थे(अन्य पक्षी भी प्रसन्न होकर चहक रहे थे। घूम्र-मेघों में महल के स्वर्ण कलश जब चमकते थे तो लगता था बादलों के बीच बिजली चमक रही है।

वर्षा ऋतु का भ्रम हो जाने के कारण ही मेंढक और शार्दूल भी प्रसन्न हो रहे थे। उनहें महल की दासियों की नूपूर-ध्वनि मेघों के गर्जन जैसी प्रतीत होती थी। उधर मधु के लोभी भौंरे प्रसन्नचित्त होकर गुंजार कर रहे थे।

पृथ्वीराज के उस ऐश्वर्य मंडित प्रासाद में अनेक अट्टालिकाँए थीं और प्रत्येक में दो-दो पलंग बिछे हुए थे। उन अट्टालिकाओं में अनेक वीणा बजाने में निपुण दासियां वीणा-बादन से वातावरण को संगीतमय तथा मोहक बना रही थीं।

राज-महल में युवतियों का मंद-मंद स्वरों में वाद्य-वादन पृथ्वीराज को उन्मत्त बनाता था। वायु के पंखों पर बैठकर वह संगीत की महिमा बताता था। श्रेष्ठ प्राकृत और देवभाषा संस्कृत में लिखे हुए संगीत-पंदों को सुनकर लगता

था जैसे वह महल इन भाषाओं में संभाषण कर रहा है और इस प्रकार वह गुणवान, ज्ञानवान व चतुर राजा का मनोरंजन करता था।

इस प्रकार पृथ्वीराज ने अपनी नवविवाहिता पत्नी के साथ भोग-विलास में अपनी सारी शक्ति, सारा समय नष्ट कर डाला। सार को असार में बदल दिया। वह रात-दिन अपनी पत्नी को अधिकाधिक रति-सुख प्रदान करने के लिए उतावला रहता था। रात-दिन भोग-विलास में लीन रहने के कारण वह सब कुछ भूल गया, अपना विवेक खो बैठा, उसे किसी बात की चिंता न रही। उसके इस आचरण से सभी क्षुब्ध हुए। गुरूजन, बंधु-बांधव, मित्र, सेवक सभी के मन में राजा के प्रति रोष का भाव उत्पन्न होने लगा। अब तक जिस राजा की प्रशंसा करते, गुण-गान करते उनकी जिह्वा थमती नहीं थीं, वे ही अब उसकी निन्दा करने लगे।

संयोगिता हरण की घटना और परिणाम

महोबा का युद्ध समाप्त हो चूका था, महोबा तथा कलिकंजर पर पृथ्वीराज का अधिकार हो गया था, उन्होंने केवल महोवा को अपने अधिकार में लेकर राज्य बना कर वापस परमार को सौंप दिया, तारायन के युद्ध में भी विजयलक्ष्मी पृथ्वीराज को वरमाला पहना ही चुकी थी। इस विजय के कारण दिल्ली में कुछ दिनों तक उत्सव मनाई जाने लगी थी। इस धूमधाम और पृथ्वीराज के बार बार जीत के कारण जयचंद मन ही मन जल रहा था, साथ ही साथ संयोगिता ने जो पृथ्वीराज के कारण जयचंद का जो अपमान किया था उससे उसका माथा और भी झुक गया था। इधर पृथ्वीराज के मन में संयोगिता को पाने की इच्छा बढ़ती ही जा रही थी, ब्राह्मणों ने पृथ्वीराज को ये खबर दे दी की संयोगिता को जयचंद ने गंगा किनारे किसी महल में कैद कर रखा है। पृथ्वीराज ने अपने मित्र चंदरबरदाई को कन्नौज की राजधानी राठौर चलने का आग्रह किया, कवि चन्द्र ने उन्हें बहुत समझाना चाहा की जयचंद बहुत ही बलवान राजा है, उसने थोड़े से ही सेना के साथ दिल्ली नगरी के सैंकड़ो गावों को जला दिया और लूट लिया था उसने कई तरह से आपकी प्रजा को कष्ट पहुंचाया अत: आपका वहां जाना किसी भी तरह से उचित नहीं है। इतना समझाने पर भी पृथ्वीराज ने कवि चन्द्र की एक ना मानी, अंत में लाचार होकर उन्हें पृथ्वीराज के साथ ही जाना पड़ा। इसके कुछ दिन बाद एक शुभ मुहुत देखकर पृथ्वीराज, चंदरबरदाई और अपने कुछ सामंतों के साथ वह भेष

बदलकर कन्नौज की ओर चल दिए उनके साथ कुछ थोड़ी सेना भी थी। जिस समय वे कन्नौज की ओर निकले थे उस समय कई सारे अपशकुन हुए थे, परन्तु पृथ्वीराज अपने सामंतों के मना करने पर भी कन्नौज की ओर अग्रसर होते चले गए, कभी कभी मनुष्य को ईश्वर भी कई तरह से समय असमय की बातें बताने की कोशिश करता है पर ये तो मनुष्यों पर निर्भर है की वो उनकी बात मानता है या नहीं। इन्ही कार्यों का नाम, शकुन और अपशकुन रखा गया है। पृथ्वीराज के सामंतों को ये एहसास हो गया था की कुछ बहुत गलत होने वाला है पर पृथ्वीराज के सामने कोई भी कुछ बोलने से कतरा रहा था। पृथ्वीराज ने कन्नौज पहुँच कर अपने बदले हुए भेष में ही कन्नौज राज्य घूमा। जयचंद के पास तीन लाख घुड़ सवार, एक लाख हाथी और दस लाख पैदल सेना थी जो की भारतवर्ष की एक बहुत ही शक्तिशाली राज्य थी। पृथ्वीराज ने जयचंद के इन सैनिक बल और दस हजारी सेना को देखा जो राज्य का स्तंभ स्वरूप कड़ी थी, इसे देखकर पृथ्वीराज का विशाल हृदय भी कांप उठा, परन्तु अब क्या हो सकता है जिस काम के लिए घर से निकले है उसे तो अब पूरा करना ही था। कवि चन्द्र पृथ्वीराज को लिए जयचंद्र के द्वार के फाटक पर पहुँच गए, जयचंद्र के पास कवि चन्द्र के आने की खबर पहुंची, जयचंद्र चंदरबरदाई के बारे में बहुत कुछ सुन रखा था, जयचन्द्र वीरों और कवियों की सम्मान में कोई कसर नहीं छोड़ता था इस लिए वो अपने दरबार के कुछ कवियों को कवि चन्द्र के पास भेज कर पहले उनकी परीक्षा करवाई और फिर दरबार में बुला लिया। दरबार में कवि चन्द्र ने जयचंद्र के पूछे हुए कितने ही सवालों का जवाब दिया। चन्द्रबरदाई ने कहा–'जहाँ वंश छतीस आवे हुंकारे. तहां एक चहूवान पृथ्वीराज टारे.. कवि चन्द्र के ये अंतिम पद जयचंद्र के हृदय में तीर सा जा चुभे उसके नेत्र लाल हो गए। वह भयानक रूप से क्रोधित हो उठा, कवि चन्द्र ने पृथ्वीराज की प्रशंसा में इतने जोरदार शब्द कहे थे की वहां मौजूद सभी लोग स्तब्ध होकर कवि चन्द्र और जयचंद को देखने लगे थे। जयचंद इर्श्यन्वित हो उठा उसके छाती में सांप लोटने लगे उसने एक लम्बी ठंडी सांस भरी और कहा–'पृथ्वीराज अगर मेरे सामने आये तो बताऊँ'। पृथ्वीराज चन्द्रबरदाई के सेवक के रूप में पहले से ही पीछे खड़े थे, जयचंद की बातें सुनकर पृथ्वीराज भी बहुत क्रोधित हो उठे यद्यपि उन्होंने अपने आप को उस समय बहुत संभाला लेकिन उनके नेत्रों का रंग ही गुस्से से बदल गया, जयचंद ये देखकर मन ही मन संदेह करने लगा की कहीं ये ही तो पृथ्वीराज

नहीं, लेकिन फिर सोचा पृथ्वीराज जैसा तेजस्वी पुरुष चन्द्रबरदाई का सेवक बन कर यहाँ क्यों आएगा, इस भ्रम में वो कुछ नहीं कहा। इसी बीच एक और घटना घटी। जयचंद की दासियाँ दरबार में पान लेकर आई, उन दसियों में कर्नाटकी भी थी। कर्नाटकी ने ये प्रतिज्ञा ली थी की वो पृथ्वीराज के अलावा सभी के सामने घूंघट करेगी। वो जैसे ही पृथ्वीराज के सामने आई उसने पृथ्वीराज को पहचान लिया और वैसे ही घूंघट को हटा दिया। यह देखकर दरबार में सन्नाटा छा गया। सभों को ये यकीन होने लगा की पृथ्वीराज दरबार में चंदरबरदाई के साथ अवश्य ही मौजूद है। वे सभी एक दुसरे से काना फूसी करने लगे। जयचंद के कितने सामंतों ने तो ये कह दिया की पृथ्वीराज इनके साथ ही है इसलिए इन्हें बंदी बनाकर रख लिया जाए, परन्तु जयचंद ने सभी को रोक लिया। कवि चन्द्र बहुत ही तीक्ष्ण बुद्धि वाले थे,दरबार का बदला हुआ रुख देखकर उन्होंने तुरंत कहा–'करि बल कलह सुमंत्री मासों, नाहीं चहुवान सरन्न विचासो' सेन सुवर कही कवि समुझाई, अब तू कलह करन इहां आई। इतना कह कर कवि चन्द्र ने इशारों में उसे समझा दिया की 'तू हमारा काम खराब कर रही है,क्या तू यहाँ युद्ध करवाने के लिए आई है।' कवि का इशारा समझ कर कर्नाटकी ने आधा माथा ढक लिया। जब इसका कारण कर्नाटकी से पूछा गया तब उसने कहा की कवि चन्द्र पृथ्वीराज के बचपन के साथी है इसलिए मैं उनका आधा लाज रखती हूँ, इस तरह से ये बात उस समय तो दब कर रह गयी लेकिन जयचंद्र का संदेह दूर नहीं हुआ था। इसके बावजूद उसने कवि चन्द्र की बहुत खातिरदारी की, उसने नगर के पश्चिम भाग में कवि चन्द्र के रहने का प्रबंध कराया और अतिथि सत्कार किया। उसने अपने सेवकों से उनपर नजर रखने के लिए भी भी कह दिया। उसके सेवक ने उसे कवि चन्द्र की हर सूचना जयचंद को देना शुरू कर दिया, उसने कहा की कवि चन्द्र के साथ एक विचित्र नौकर है उसके ठाठ बात, रहन सहन, शान शौकत को कवि चन्द्र भी नहीं पा सकता है। पृथ्वीराज यद्यपि नौकर बनकर वहां गए थे लेकिन जिस मकान पर वे रुके थे वहां पर उनका सम्मान अन्य सामंत एक राजा के रूप में ही कर रहे थे, वो एक ऊँचे आसन में बैठे थे, उन्हें बैठे हुए जयचंद के सेवक ने देख लिया था, और जाकर जयचंद को इसका समाचार दे दिया की कविचंद्र के साथ पृथ्वीराज भी अवश्य ही आये हुए है, जयचंद को तो पहले से ही संदेह था अब तो उसे पूरा विश्वास हो गया था। उसने अपने खास खास सैनिकों को एकत्र किया और चन्द्र बरदाई को विदाई देने के लिए हाथी,

घोड़े और बहुत सा रत्न लेकर उनकी और रवाना हो गए। उसने अपने सैनिकों को समझा दिया की कवि चन्द्र का कोई भी साथी भागने नहीं पाए। जयचंद अपने साथियों के साथ चंदरबरदाई के पास पहुँच गया, थोड़ी देर तक उन्होंने शिष्टाचार की बातें की उसके बाद जयचंद ने कवि चन्द्र के सेवक बने पृथ्वीराज को पान देने का आदेश दिया, पृथ्वीराज चौहान ने उन्हें पान दिया पर बाएं हाथ से ऐसे अशिष्टता को देखकर जयचंद जल भुन गया पर ऊपर से प्रसन्नता दिखाते हुए वो कुछ नहीं बोला, इस तरह की अनेक बातें उस समय हुई, जयचंद पृथ्वीराज को गौर से देखने लगा परंतु पृथ्वीराज ने इस तरह से अपना भेष बदल रखा था की जयचंद के बार बार देखने पर भी वो पृथ्वीराज को नहीं पहचान पाया। जयचंद को विश्वास होते हुए भी उस समय कुछ न बोल पाया क्योंकि अगर वो सेवक पृथ्वीराज न निकला तब उसकी बड़ी बदनामी होती और लज्जित भी होना पड़ता, इस डर से वो चुप रहना ही उचित समझा और अपने महल लौट आया। जयचंद क्रोध से अपने मंत्री से कहने लगा की हमें पृथ्वीराज को पकड़ कर मार डालना चाहिए, इससे संयोगिता की आश भी टूट जायगी और मेरा अपमान का बदला भी पूरा हो जायेगा। राजमंत्री सुमंत ने कहा की इतने बड़े प्रतापी राजा को पकड़ कर मारना कदापि संभव नहीं है और पृथ्वीराज यहाँ चंदरबरदाई के साथ क्यों आयेंगे। इस विषय में आपको चंदरबरदाई से ही सीधे सीधे पूछ लेना चाहिए.वो कदापि झूठ नहीं बोलेंगे। जयचंद को अपनी मंत्री की बात अच्छी लगी क्योंकि उन्हें मालूम था की चंदरबरदाई कभी झूठ नहीं बोलते है। अतः उन्होंने चंदरबरदाई को बहुत ही आदर के साथ बुलाकर पूछा की क्या पृथ्वीराज तुम्हारे साथ है, चंदरबरदाई ने इसका जवाब बहुत ही खूबसूरती से अपनी ओजस्वनी भाषा में पृथ्वीराज की कृती कथा का वर्णन करते हुए कह दिया की वे अभी कन्नौज में ही हैं उनके साथ ग्यारह लाख योद्धाओं को मार गिराने वाले ग्यारह सौ सैनिक और सामंत भी हैं। इतना सुनते ही जयचंद ने कवि चन्द्र को विदा किया और मंत्री सुमंत को अपनी सेना को तयार करने का आदेश दे दिया। जयचंद के सैनिकों ने तुरंत ही पृथ्वीराज के निवास स्थल को घेरने के लिए चल पड़ी जैसे ही ये बात पृथ्वीराज के एक सामंत लाखिराय को मिली वो तुरंत ही उनसे युद्ध करने के लिए अग्रसर हो गए। उन्होंने बहुत ही वीरता से युद्ध किया इस युद्ध में पृथ्वीराज का सामंत लाखिराय मारा गया और जयचंद का मंत्री सुमंत और सहसमल समेत कई सामंत भी मारे गए। भांजे और अपने राजमंत्री की मौत और

हार का समाचार सुनकर जयचंद और भी क्रोधित हो उठा और अपने हिन्दू और मुसलमान सेना को आक्रमण करने का आदेश भी दे दिया, और साथ ही वो स्वयं भी युद्ध क्षेत्र में जा पहुंचा। युद्ध आरम्भ हो गया, इसबार पृथ्वीराज ने अपनी सेना का भार पंगुराय को देकर स्वयं पृथ्वीराज संयोगिता को लाने के लिए चले गए। पृथ्वीराज के सामंत ने उन्हें अकेले जाने से रोका पर पृथ्वीराज उनका कहना न मानकर घोड़े में बठकर अकेले ही कन्नौज जा पहुंचे. पृथ्वीराज तो उधर चले गए और इधर दिल्ली में शत्रु सेना चन्द्र के निवास स्थल तक जा पहुंची। जयचंद्र दिल्ली में अपनी सेना का प्रबंध कर लौट आया। जयचंद की सेना ने चौहान सेना को चारों ओर से घेर लिया बहुत ही भयानक युद्ध होने लगा। जयचंद्र के लगभग दो हजार योद्धा मारे गए, पृथ्वीराज के भी कई सामंत और सैनिक मारे गए। पृथ्वीराज घूमते फिरते ठीक उसी स्थान में जा पहुंचे जहाँ संयोगिता थी। महल की दासियाँ झांक झांक कर पृथ्वीराज को देखने लगीं। अब वे गंगातट में बैठ कर मछलियों का तमाशा देखने लगे। संयोगिता अपने सहेलियों के साथ पहले से ही पृथ्वीराज को गंगातट में बैठे हुए देख रही थी। संयोगिता पृथ्वीराज को पहचानती नहीं थी। संयोगिता पृथ्वीराज का कामदेव सा रूप देखकर अपने सुध बुध भूल चुकी थी। उनमे से कुछ सहेलियों ने उन्हें बताया की लगता है यही महाराज पृथ्वीराज चौहान है, क्या उनका परिचय पुछा जाए. संयोगिता ने कहा की मेरा भी मन यही कहता है की यही मेरे प्राणेश्वर पृथ्वीराज हैं, मेरी हाल तो सांप–छुछुंदर सी हो गयी है। इधर जब मैं अपने माता पिता को देखती हूँ तो उनके प्रति वेदना उत्पन्न हो जाती है और जब पृथ्वीराज के बारे में सोचती हूँ तो उनसे मिलने की इच्छा होती है। इसी बीच पृथ्वीराज के घोड़े के गले की माला की एक मोती टूटकर गंगा में लुढ़कता हुआ जा गिरा। मछलियाँ उसे खाने का पदार्थ समझ कर एक दुसरे को हटाती हुई उस मोती की ओर लपक पड़ी और उसे खाने का प्रयत्न करने लगी। इसे देखकर पृथ्वीराज उस माला के सभी मोती को गंगा में एक एक कर डालने लगे, संयोगिता भी ये सारी चीजें देख रही थी, उसने अब अपनी दासी को पृथ्वीराज के पास एक मोतियों से भरा थाल देकर भेज दिया, और वो दासी ठीक पृथ्वीराज के पीछे खड़ी हो गयी, अब वो दासी पृथ्वीराज को मुट्टी भर भर के मोतियाँ देने लगी और पृथ्वीराज मछलियों में खोए सभी मोतियाँ गंगा में डालते चले गए, जब सारे मोती खत्म हो गए तब दासी ने अपने गले का हार खोलकर पृथ्वीराज को दे दिया। हाथ में हार देखकर पृथ्वीराज चौंक गये, जब

उन्होंने पीछे मुड़ कर देखा तो उन्होंने एक स्त्री को देखा और फिर पृथ्वीराज उससे पूछने लगे की तू कौन है? तब दासी ने अपना परिचय देते हुए कहा की मैं महाराज जयचंद की राजकुमारी संयोगिता की दासी हूँ, पृथ्वीराज ने भी अपना परिचय दे दिया, इतना सुनते ही उस दासी ने पृथ्वीराज को संयोगिता के तरफ इशारा कर दिया, संयोगिता उस समय खिड़की से पृथ्वीराज को ही देख रही थी, संयोगिता को देखते ही पृथ्वीराज की बहुत ही विचित्र दशा हो गयी। दासी ने भी संयोगिता को इशारे में सारी बातें बता दी। संयोगिता ने सभी से सलाहकर पृथ्वीराज को महल में बुला लिया और यहीं पर उन्होंने गंधर्व विवाह किया। अब वहां से घर जाने का समय हो गया था क्योंकि उन्हें मालूम था की उनके सामंत अभी भी युद्ध कर रहे थे, घर जाने के नाम से ही संयोगिता व्याकुल हो उठी और विलाप करने लगी, उनकी दशा बहुत ही दींन हो गयी। पृथ्वीराज भी बहुत व्याकुल हो उठे पर उन्हें वहां ठहरना उचित न लगा,इतने में ही गुरुराम पृथ्वीराज को सामने से आते हुए दिखाई दिए, इन्हें देखकर पृथ्वीराज के जी में जी आया, गुरुराम को पृथ्वीराज की तलाश में भेजा गया था। गुरुराम ने पृथ्वीराज को कहा की आप तो यहाँ शृंगाररस में डूबे हुए है परन्तु क्या आपको पता है की लक्खिराय, इंदरमन, कुरंग, दुर्जनराय, सलाख सिंह, भीम राय, और न जाने कितने ही सामंत मारे जा चुके है, इतना कहकर उन्होंने कान्हा को दिया पत्र उनके हाथों में थमा दिया, पत्र पड़कर पृथ्वीराज वहां से चल दिए। पृथ्वीराज को रास्ते में ही जयचंद की सेना ने घेर लिया। इस स्थान में पृथ्वीराज ने वीरता दिखाते हुए बखूबी उतने सारे सैनिकों का मुकाबला किया। गुरुराम ब्राह्मण होते हुए भी तलवार निकाल कर युद्ध में कूद पड़े, वे दोनों लड़ते लड़ते कान्हा के पास जा मिले। कान्हा से मिलते ही पृथ्वीराज ने सारी कहानी कान्हा से जा कहे, इस पर कान्हा ने कहा ये क्या महाराज, ये आप क्या कर आये, ये काम तो आप ने बहुत ही अनुचित किया,दुल्हिन को वहीं छोड़ आये, या तो आपको उनका हाथ ही नहीं पकड़ना था, और अगर पकड़ लिया था तो छोड़ कर न आना था। पृथ्वीराज कान्हा की बात मान कर फिर लौट आये। साथ में वीरवर गोयन्दराय भी थे। पृथ्वीराज महल में जाकर संयोगिता को लेकर फिर अपने स्थान की ओर बढ़े। ये समाचार सारे कन्नौज में जंगल की आग की तरह तुरंत ही फैल गयी की पृथ्वीराज संयोगिता को लिए जा रहे रहे है। जयचंद की सेना पृथ्वीराज को पकड़ने के लिए चल पड़ी। इस समय कन्नौज राज्य में जयचंद का रावण नामक एक सरदार था, उसने

जयचंद के आदेशानुसार सारे कन्नौज में ये बात फैला दी की पृथ्वीराज जहाँ मिल जाए उसे पकड़ कर मार दिया जाए। जयचंद ने पृथ्वीराज को पकड़ने के लिए अपनी समस्त सेना को जल्द से जल्द उपस्थित होने का आदेश दे दिया। उसकी तय्यारी देखते ही सारे कन्नौज वाशी कहने लगे थे की आज पृथ्वीराज का जिन्दा कन्नौज से निकल जाना असंभव है। राह में ही जयचंद की सेना का सामना पृथ्वीराज से फिर से हो गया। जयचंद की सेना को देखकर गोयन्दराय ने इस समय अतुल्य प्रकारम दिखाया, उसने दोनों हाथों में तलवार लेकर जयचंद की सेना में इस तरह टूट पड़ा और उन्हें काटने लगा की जैसे कोई गाजर मूली काटता हो। गोयन्दराय ने अकेले ही शत्रु की सेना में हलचल मचा दी, उसने जयचंद के कई सैनिकों को अकेले ही मार गिराया। अंत में गोयन्दराय इस वीरता के बावजूद वीरगति को प्राप्त किया, पृथ्वीराज संयोगिता को एक किनारे में कर खुद भी युद्ध में उतर गए और वीरता के साथ लड़ने लगे। पृथ्वीराज के अलाव पंज्जूराय,केहरीराय, कएंथिर परमार,पिपराय,आदि भी युद्ध में पराकर्म दिखाने लगे। पंज्जुराय भी मारा गया, लेकिन मरने से पहले उसने जयचंद की मुसलमान सेना को बहुत हानि पहुँचाया। अब पुयांदिर कान्हा के साथ युद्ध भूमि में आकर पृथ्वीराज की मदद करने लगा, एक एक कर पृथ्वीराज के कई सामंत मरने लगे, पुयांदीर ने भी शाम तक युद्ध किया और वीरगति को प्राप्त किये। रात हो चुकी थी लेकिन आज युद्ध थमने का नाम नहीं ले रहा था। अब कान्हा ने अपना बहुत ही पराक्रम दिखाया। आज के युद्ध में कान्हा ने जैसा प्रक्रम दिखाया है उसे देखकर चंदरबरदाई ने बहुत ही ज्वलंत भाषा में लिखा है की कान्हा की तलवार का घाव खाकर मेघ के समान शरीर वाले हाथी और शत्रु के सेना मेघ के सामान ही गरज उठते थे। धीरे धीरे रात गहरी हुई और युद्ध थम गया, सब सामंतों ने संयोगिता समेत पृथ्वीराज को बीच में किया और बैठकर धीरे धीरे ये विचारने लगे की आगे क्या करना है।सभी सामंतों ने चंदरबरदाई को दोष देने लगे की इसी के सच बोलने के गुण के कारण हम पर इतनी बड़ी विपदा आई है। पृथ्वीराज ने सबको समझाया। इस समय सभी सामंतों की लाश को एक जगह एकत्र किया जाने लगा, पृथ्वीराज उन्हें देखकर अपने आप को रोक नहीं पाए और और जिस जगह में लाश रखी थी उस जगह जाकर उनसे लिपट लिपट कर रोने लगे और अपना माथा पटकने लगे। पृथ्वीराज की दुर्गति देखकर सारा माहोल शोक में डूब गया, पृथ्वीराज का रो रो कर जब बहुत ही बुरा हाल हो गया तब चन्द्रबरदाई ने उन्हें समझाने को

कोशिश की कि जो होना था वो तो हो गया अब आगे के लिए क्या विचार है। सभी सामंतों ने ये विचार किया की अभी जैसे बन पड़े महाराज को बेदाग दिल्ली पहुंचा देना चाहिए, इसके बाद हम दुश्मन के सेना को समझ लेंगे। अगर हम सबको भी वीरगति को प्राप्त करना पड़े तो कोई बात नहीं सीधे स्वर्ग पहुंचेंगे। अब सामंत उन्हें समझाने लगे की आप संयोगिता को लेकर रात्रि के अँधेरे में निकल जाए, सभी सामंत पृथ्वीराज को समझा कर थक गए पर वो एक न माने, उनके सामंत जितना समझाते वो उतना ही उनपर बिगड़ते। उनकी ये हालत देखकर सभी सामंत बहुत दुखी हुए। सुबह होते ही पृथ्वीराज घोड़े पर सवार हुए संयोगिता उनके पीछे जा बैठी,सारे सिपाहीगण और सामंत उन्हें चारो ओर से घेरे हुए दिल्ली की ओर अग्रसर हुए, इधर कन्नौज की सेना उनको राह में गिरफ्तार करने के लिए बहुत ही वेग से बड़ी। कन्नौज सेना पृथ्वीराज को पकड़ना चाहती और सभी सामंतगण उनकी रक्षा किये जा रहे थे। पृथ्वीराज की सेना एक घेरा बनाये हुए दिल्ली की ओर चली जा रही थी, जयचंद की सेना बराबर उनके पीछा करती जा रही थी, इस तरह से युद्ध करते करते कान्हा भी वीरगति को प्राप्त किया। इस युद्ध में पृथ्वीराज के चौसठ सामंत वीरगति को प्राप्त किये और बहुत ही कठिनता से दिल्ली पहुँच गए। इस प्रकार से पृथ्वीराज अपने राज्य की इतने मजबूत स्तंभों को गंवाकर संयोगिता का हरण किया।

4

भारत के अंतिम हिन्दू राजा का अन्त

अपने साम्राज्य के विस्तार और सुव्यवस्था पर पृथ्वीराज की पैनी दृष्टि हमेशा जमी रहती थी। अब उनकी इच्छा पंजाब तक विस्तार करने की थी, किन्तु उस समय पंजाब पर मोहम्मद शाहबुद्दीन गौरी का राज था। 1190 ई. तक सम्पूर्ण पंजाब पर उस का अधिकार हो चुका था। वह भटिंडा से अपना राजकाज चलाता था। पृथ्वीराज यह बात भली-भांति जानता था कि मोहम्मद गौरी से युद्ध किये बिना पंजाब में चौहान साम्राज्य स्थापित करना असंभव था। यही विचार कर उसने गौरी से निबटने का निर्णय लिया। अपने इस निर्णय को मूर्त रूप देने के लिए पृथ्वीराज एक विशाल सेना लेकर पंजाब की ओर रवाना हो गया। तीव्र कार्यवाही करते हुए उसने हांसी, सरस्वती और सरहिंद के किलों पर अपना अधिकार कर लिया। इसी बीच उसे सूचना मिली की अनहीलवाड़ा में विद्रोहियों ने उनके विरुद्ध विद्रोह कर दिया है। पंजाब से वह अनहीलवाड़ा की ओर चल पड़ा। उनके पीठ पीछे गौरी ने आक्रमण करके सरहिंद के किले को पुनः अपने कब्जे में ले लिया। पृथ्वीराज ने शीघ्र ही अनहीलवाड़ा के विद्रोह को कुचल दिया। अब उसने गौरी से निर्णायक युद्ध करने का निर्णय लिया। उसने अपनी सेना को नए ढंग

से सुसज्जित किया और युद्ध के लिए चल दिया। रावी नदी के तट पर पृथ्वीराज के सेनापति समर सिंह और गौरी की सेना में भयंकर युद्ध हुआ, परन्तु कुछ परिणाम नहीं निकला। यह देख कर पृथ्वीराज गौरी को सबक सिखाने के लिए आगे बढ़ा। थानेश्वर से 14 मील दूर और सरहिंद के किले के पास तराइन नामक स्थान पर यह युद्ध लड़ा गया। तराइन के इस पहले युद्ध में राजपूतों ने गौरी की सेना के छक्के छुड़ा दिए। गौरी के सैनिक प्राण बचा कर भागने लगे, जो भाग गया, उसके प्राण बच गए, किन्तु जो सामने आया, उसे मार डाला गया। सुल्तान मोहम्मद गौरी युद्ध में बुरी तरह घायल हुआ। अपने ऊँचे तुर्की घोड़े से वह घायल अवस्था में गिरने ही वाला था कि युद्ध कर रहे उसके एक सैनिक की दृष्टि उस पर पड़ी। उसने बड़ी फुर्ती के साथ सुल्तान के घोड़े की लगाम संभाल ली वह कूद कर उस पर चढ़ गया और घायल गौरी को युद्ध के मैदान से निकाल कर ले गया। नेतृत्वविहीन सुल्तान की सेना में खलबली मच चुकी थी। तुर्क सैनिक राजपूत सेना के सामने से भाग खड़े हुए। पृथ्वीराज की सेना ने 80 मील तक इन भागते तुर्कों का पीछा किया। पर तुर्क सेना ने वापस आने की हिम्मत नहीं की। इस विजय से पृथ्वीराज चौहान को 7 करोड़ रुपये की धन-सम्पदा प्राप्त हुयी। इस धन-सम्पदा को उसने अपने बहादुर सैनिकों में बाँट दिया। विजय से सम्पूर्ण भारतवर्ष में पृथ्वीराज की धाक जम गयी।

जयचंद का देशद्रोह

पृथ्वीराज चौहान द्वारा राजकुमारी संयोगिता का हरण करके इस प्रकार कन्नौज से ले जाना राजा जयचंद को बुरी तरह कचोट रहा था। उसके हृदय में अपमान के तीखे तीर से चुभ रहे थे। वह किसी भी कीमत पर पृथ्वीराज का विध्वंस चाहता था। भले ही उसे कुछ भी करना पड़े। विश्वसनीय सूत्रों से उसे पता चला की मोहम्मद गौरी पृथ्वीराज से अपनी पराजय का बदला लेना चाहता है। बस, फिर क्या था जयचंद को मानो अपने मन की मुराद मिल गयी। उसने गौरी की सहायता करके पृथ्वीराज को समाप्त करने का मन बनाया। जयचंद अकेले पृथ्वीराज से युद्ध करने का साहस नहीं कर सकता था। उसने सोचा इस तरह पृथ्वीराज भी समाप्त हो जायेगा और दिल्ली का राज्य उसको पुरस्कार स्वरूप दे दिया जायेगा। राजा जयचंद की आँखों पर प्रतिशोध और स्वार्थ का ऐसा पर्दा पड़ा कि

वह अपने देश और जाति का स्वाभिमान भी त्याग बैठा था। राजा जयचंद के देशद्रोह का परिणाम यह हुआ कि जो मोहम्मद गौरी तराइन के युद्ध में अपनी हार को भुला नहीं पाया था, वह फिर पृथ्वीराज का मुकाबला करने के षड्यंत्र करने लगा। राजा जयचंद ने दूत भेजकर गौरी को सैन्य सहायता देने का आश्वासन दिया। देशद्रोही जयचंद की सहायता पाकर गौरी तुरंत पृथ्वीराज से बदला लेने के लिए तैयार हो गया। जब पृथ्वीराज को सूचना मिली कि गौरी एक बार फिर युद्ध की तैयारियों में जुटा हुआ है, तो उन पर कोई प्रभाव नहीं पड़ा। मोहम्मद गौरी की सेना से मुकाबला करने के लिए पृथ्वीराज के मित्र और राज, कवि चंद बरदाई ने अनेक राजपूत राजाओं से सैन्य सहायता का अनुरोध किया, परन्तु संयोगिता के हरण के कारण बहुत से राजपूत राजा पृथ्वीराज के विरोधी बन चुके थे। वे कन्नौज नरेश के संकेत पर गौरी के पक्ष में युद्ध करने के लिए तैयार हो गए। 1192 ई. में एक बार फिर पृथ्वीराज और गौरी की सेना तराइन के क्षेत्र में युद्ध के लिए आमने-सामने खड़ी थी। दोनों ओर से भीषण युद्ध शुरू हो गया। इस युद्ध में पृथ्वीराज की ओर से 3 लाख सैनिकों ने भाग लिया था, जबकि गौरी के पास एक लाख बीस हजार सैनिक थे। गौरी की सेना की विशेष बात यह थी कि उसके पास शक्तिशाली घुड़सवार दस्ता था। पृथ्वीराज ने बड़ी ही आक्रामकता से गौरी की सेना पर आक्रमण किया।

उस समय सेना में हाथियों द्वारा सैन्य प्रयोग किया जाता था। गौरी के घुड़सवारों ने आगे बढ़कर राजपूत सेना के हाथियों को घेर लिया और उनपर बाण वर्षा शुरू कर दी। घायल हाथी न तो आगे बढ़ पाए और न पीछे हटे, बल्कि उन्होंने घबराकर अपनी ही सेना को रौंदना शुरू कर दिया। तराइन के द्वितीय युद्ध की सबसे बड़ी त्रासदी यह थी कि देशद्रोही जयचंद के संकेत पर राजपूत सैनिक अपने राजपूत भाइयों को मार रहे थे। दूसरे पृथ्वीराज की सेना रात के समय आक्रमण नहीं करती थी, लेकिन तुर्क सैनिक रात को भी आक्रमण करते थे। परिणामस्वरूप इस युद्ध में पृथ्वीराज की हार हुई और उसको तथा राज कवि चंद बरदाई को बंदी बना लिया गया। देशद्रोही जयचंद का इससे भी बुरा हाल हुआ। उसको मारकर कन्नौज पर गौरी ने अधिकार कर लिया। पृथ्वीराज की हार से गौरी का दिल्ली, कन्नौज, अजमेर, पंजाब और सम्पूर्ण भारतवर्ष पर अधिकार हो गया। अपने योग्य सेनापति कुतुबुद्दीन ऐबक को भारत का गवर्नर बना कर गौरी पृथ्वीराज और चंद बरदाई को युद्धबन्दी के रूप में अपने गृह राज्य गौर की ओर रवाना हो गया।

पृथ्वीराज चौहान और मोहम्मद गौरी के बीच शत्रुता एवं युद्ध

मोहम्मद गौरी की चित्ररेखा नामक एक दरबारी गायिका रूपवान एवं सुन्दर स्त्री थी। वह संगीत एवं गान विद्या में निपुण, वीणा वादक, मधुर भाषिणी और बत्तीस गुण लक्षण वाली नारी थी। गौरी का एक कुटुम्बी भाई था, मीर हुसैन। वह शब्दबेधी बाण चलाने वाला, वचनों का पक्का और संगीत का प्रेमी तथा तलवार का धनी था। चित्ररेखा गौरी को बहुत प्रिय थी, किन्तु वह मीर हुसैन को अपना दिल दे चुकी थी। हुसैन भी उस पर मुग्ध था। इस कारण गौरी और हुसैन में अनबन हो गई। गौरी ने हुसैन को कहलवाया, "चित्ररेखा तेरे लिये मौत है, यदि तू इससे अलग नहीं रहा तो इसके नतीजे भुगतने होंगे।" इसका हुसैन पर कोई प्रभाव नहीं हुआ और वह अनवरत चित्ररेखा से मिलता रहा। इस पर गौरी क्रोधित हुआ और हुसैन को कहलवाया कि वह अपना जीवन चाहता है, तो यह देश छोड़ कर चला जाए, अन्यथा उसे मार दिया जाएगा। इस बात पर हुसैन ने अपनी स्त्री, पुत्र आदि एवं चित्ररेखा के साथ अपफगानिस्तान को त्यागकर पृथ्वीराज की शरण ली। उस समय पृथ्वीराज नागौर में थे। शरणागत का हाथ पकड़कर सहारा और सुरक्षा देकर पृथ्वी पर धर्म-ध्वजा फहराना हर क्षत्रिय का धर्म होता है। इधर मोहम्मद गौरी ने अपने सिपहसालार आरिफ खां को मीर हुसैन को मनाकर वापस स्वदेश लाने के लिए भेजा, किन्तु हुसैन ने आरिफ को स्वदेश लौटने से मना कर दिया। इस प्रकार पृथ्वीराज द्वारा मीर हुसैन को शरण दिये जाने के कारण मोहम्मद गौरी और पृथ्वीराज के बीच दुश्मनी हो गई।

पृथ्वीराज चौहान और मोहम्मद गौरी के बीच 18 बार युद्ध हुआ, जिसमें पृथ्वीराज ने मोहम्मद गौरी को 17 बार परास्त किया। जब-जब भी मोहम्मद गौरी परास्त होता, उससे पृथ्वीराज द्वारा दण्ड-स्वरूप हाथी, घोड़े लेकर छोड़ दिया जाता। मोहम्मद गौरी द्वारा 15वीं बार किये गए हमले में पृथ्वीराज की ओर से पजवनराय कछवाहा लड़े थे तथा उनकी विजय हुई। गौरी ने दण्डस्वरूप 1000 घोड़े और 15 हाथी देकर अपनी जान बचाई। कैदखाने में पृथ्वीराज ने गौरी को कहा, "आप बादशाह कहलाते हो और बार-बार अपना मान-मर्दन करवाकर घर लौटते हो। आपने कुरान शरीफ और करीम के कर्म को भी छोड़ दिया है, किन्तु हम अपने क्षत्रिय धर्म के अनुसार प्रतिज्ञा का

पालन करने को प्रतिबद्ध हैं। आपने कछवाहों के सामने रणक्षेत्र में मुंह मोड़कर नीचा देखा है।'' इस प्रकार पृथ्वीराज चौहान ने उदारवादी विचारधारा का परिचय देते हुए गौरी को 17 बार क्षमादान दिया।

18वीं बार मोहम्मद गौरी ने और अधिक सैन्य बल के साथ पृथ्वीराज चौहान के राज्य पर हमला किया, तब पृथ्वीराज ने संयोगिता से विवाह किया ही था, इसलिए अधिकतर समय वे संयोगिता के साथ महलों में ही गुजारते थे। उस समय पृथ्वीराज को गौरी की अधिक सशक्त सैन्य शक्ति का अंदाजा नहीं था। उन्होंने सोचा पहले कितने ही युद्धों में गौरी को मुंह की खानी पड़ी है, इसलिए इस बार भी उनकी सेना गौरी से मुकाबला कर विजय हासिल कर लेगी, परन्तु गौरी की अपार सैन्य शक्ति एवं पृथ्वीराज की अदूरदर्शिता के कारण गौरी की सेना ने पृथ्वीराज के अधिकतर सैनिकों को मौत के घाट उतार दिया और कई सैनिकों को जख्मी कर दिल्ली पर अपना कब्जा जमा कर पृथ्वीराज को बंदी बना लिया। गौरी द्वारा पृथ्वीराज को बंदी बनाकर अफगानिस्तान ले जाया गया और उनके साथ घोर अभद्रतापूर्ण व्यवहार किया गया। गौरी ने यातनास्वरूप पृथ्वीराज की आँखें निकलवा लीं और कई मन वजनी लोहे की बेड़ियों में जकड़कर एक घायल शेर की भांति कैद में डलवा दिया। इसके परिणाम स्वरूप दिल्ली में मुस्लिम शासन की स्थापना हुई और हजारों क्षत्राणियों ने पृथ्वीराज की रानियों के साथ अपनी मान-मर्यादा की रक्षा हेतु चितारोहण कर अपने प्राण त्याग दिये।

इधर पृथ्वीराज का राजकवि चंद बरदाई पृथ्वीराज से मिलने के लिए काबुल पहुंचा। वहां पर कैदखाने में पृथ्वीराज की दयनीय हालत देखकर चंद बरदाई के हृदय को गहरा आघात लगा और उसने गौरी से बदला लेने की योजना बनाई। चंद बरदाई ने गौरी को बताया कि हमारे राजा एक प्रतापी सम्राट हैं और शब्दबेधी बाण चलाने में पारंगत हैं, यदि आप चाहें, तो इनके शब्दबेधी बाण से लोहे के सात तवे बेधने का प्रदर्शन आप स्वयं भी देख सकते हैं। इस पर गौरी तैयार हो गया और उसके राज्य में सभी प्रमुख ओहदेदारों को इस कार्यक्रम को देखने हेतु आमंत्रित किया। पृथ्वीराज और चंद बरदाई ने पहले ही इस पूरे कार्यक्रम पर गुप्त मंत्रणा कर ली थी कि उन्हें क्या करना है। निश्चित तिथि को दरबार लगा और गौरी एक ऊँचे स्थान पर अपने मंत्रियों के साथ बैठ गया। चंद बरदाई के निर्देशानुसार लोहे के सात बड़े-बड़े तवे निश्चित दिशा और दूरी पर लगवाए गए। चूँकि पृथ्वीराज की आँखें निकाल दी गई थीं और

वे अंधे थे, अतः उनको कैद एवं बेड़ियों से आजाद कर निश्चित स्थान पर लाया गया और उनके हाथों में धनुष बाण थमा दिया। इसके बाद चंद बरदाई ने पृथ्वीराज की वीर गाथाओं का गुणगान करते हुए विरुदावली गाई तथा गौरी के बैठने के स्थान को इस प्रकार चिन्हित कर पृथ्वीराज को अवगत करवाया–

''चार बांस, चौबीस गज, अंगुल अष्ठ प्रमाण।
ता ऊपर सुल्तान है, मत चूके चौहान॥''

अर्थात् चार बांस, चौबीस गज और आठ अंगुल जितनी दूरी के ऊपर सुल्तान बैठा है, इसलिए चौहान चूकना नहीं, अपने लक्ष्य को हासिल करो।

इस संदेश से पृथ्वीराज को गौरी की वास्तविक स्थिति का आकलन हो गया। तब चंद बरदाई ने गौरी से कहा कि पृथ्वीराज आपके बंदी हैं, इसलिए आप इन्हें आदेश दें, तब ही यह आपकी आज्ञा प्राप्त कर अपने शब्दबेधी बाण का प्रदर्शन करेंगे। इस पर ज्यों ही गौरी ने पृथ्वीराज को प्रदर्शन की आज्ञा का आदेश दिया, पृथ्वीराज को गौरी की आवाज़ से उसकी दिशा मालूम हो गई और उन्होंने तुरन्त बिना एक पल की भी देरी किये, अपने एक ही बाण से गौरी को मार गिराया। गौरी ऊँचाई से नीचे गिरा और उसके प्राण पंखेरू उड़ गए। चारों और भगदड़ और हा-हाकार मच गया। इस बीच पृथ्वीराज और चंद बरदाई ने पूर्व निर्धारित कार्यक्रम के अनुसार एक-दूसरे को कटार मार कर अपने प्राण त्याग दिये। आज भी पृथ्वीराज चौहान और चंद बरदाई की समाधि काबुल में विद्यमान हैं। इस प्रकार भारत के अन्तिम प्रतापी सम्राट का 1192 में अन्त हो गया।

मोहम्मद गौरी और उसका भारत आगमन

शहाब-उद-दीन मुहम्मद गोरी 12वीं शताब्दी का अफगान सेनापति था जो 1202 ई. में गोरी साम्राज्य का शासक बना। सेनापति की क्षमता में उसने अपने भाई गियास-उद-दीन गोरी (जो उस समय सुलतान था) के लिए भारतीय उपमहाद्वीप पर गोरी साम्राज्य का बहुत विस्तार किया और उसका पहला आक्रमण मुल्तान (1175 ई.) पर था। पाटन (गुजरात) के शासक भीम द्वितीय पर मोहम्मद गौरी ने 1178 ई. में आक्रमण किया किन्तु मोहम्मद गौरी बुरी तरह पराजित हुआ।

मोहम्मद गौरी और पृथ्वीराज चौहान के बीच तराईन के मैदान में दो युद्ध हुए। 1191 ई. मे हुए तराईन के प्रथम युद्ध मे पृथ्वीराज चौहान की विजय हुई

किन्तु अगले ही वर्ष 1192 ई. मे पृथ्वीराज चौहान को तराईन के द्वितीय युद्ध में मोहम्मद गौरी ने बुरी तरह पराजित किया। मोहम्मद गौरी ने चंदावर के युद्ध (1194 ई.) में दिल्ली के गहड़वाल वंश के शासक जयचंद को पराजित किया। मोहम्मद गौरी ने भारत में विजित साम्राज्य का अपने सेनापतियों को सौंप दिया और वह गजनी चला गया। बाद मे गोरी के गुलाम कुतुबुद्दीन ऐबक ने गुलाम राजवंश की नीव डाली।

भारत आगमन

पृथ्वीराज चौहान की उम्र तब सोलह वर्ष की हो चुकी थी। इस समय वे नागौर के पास अट्टूपुर में शिकार खेल रहे थे। इसी समय मीर हुसैन नाम का एक गजनवी मुसलमान जो चंद बरदाई के अनुसार मुहम्मद गौरी का चचेरा भाई था, चित्ररेखा नाम की एक वेश्या को अपने साथ लेकर आ पहुंचा। पृथ्वीराज चौहान ने जब विदेशी को अपने नगर में देखा, तो उसने अपने सामंतों से विचार-विमर्श करना उचित समझा और अंत में पृथ्वीराज ने ये फैसला किया कि क्षत्रिय धर्म के अनुसार शरणागत को ठुकराया नहीं जाता और उन्होंने उसे आश्रय दे दिया। अतः पृथ्वीराज ने उसे अपनी सभा के दाहिने ओर स्थान दिया और उसे बहुत ही सम्मान से रखा। चंद बरदाई के अनुसार पृथ्वीराज से गौरी के बैर का कारण यही था। लेकिन अन्य इतिहासकारों की माने, तो गौरी भारत केवल लूट-मार करने के लिए आया था। उन्होंने किसी भी वेश्या के बारे में कोई जिक्र नहीं किया है।

अगर चंद बरदाई का कहना सही है, तो ये बात माननी पड़ेगी कि एक वेश्या के कारण घोर अनर्थ हो गया। शहाबुद्दीन ने अपने भाई के पीछे एक भेदिया भी छोड़ रखा था, ताकि वह यह जान सके कि भारतवासी उसके साथ कैसा बर्ताव करते हैं। उसके गुप्तचर ने देखा की पृथ्वीराज चौहान ने उसे बहुत इज्जत के साथ रखा हुआ है और ये सारा हाल मोहम्मद गौरी को सुना दिया। यह सुनते ही वह अपने सरदारों के साथ विचार करने लगा, उसने अपने एक सरदार ततार खां को अजमेर भेज दिया और कहलवा दिया कि अगर तुम चित्ररेखा को लौटा देते हो, तो देश में आकर रह सकते हो ततार खां ने मीर हुसैन को बहुत समझाना चाहा, पर उसने एक नहीं मानी। अंत में उसने हार मानकर पृथ्वीराज को मोहम्मद गौरी का वो पत्र दे दिया, जिसमे लिखा था कि तुम मीर हुसैन को अपने राज्य से निकाल दो, वरना मैं तुम पर आक्रमण कर

दूंगा, इतना सुनते ही पृथ्वीराज चौहान के साथ-साथ सारे सामंत क्रोधित हो उठे और एक स्वर में कह उठे शरणागत को त्यागना क्षत्रिय धर्म के विपरीत है। मोहम्मद गौरी जो चाहे कर ले, हम मीर हुसैन को नहीं निकाल सकते हैं। आखिरकार ततार खां को लाचार होकर वहां से जाना पड़ा। उसने गजनी पहुँच कर सारा हाल गौरी को सुनाया। इतना सुनते ही गौरी ने अपने सभी सरदारों को बुला भेजा और पृथ्वीराज से अपने अपमान का बदला कैसे लिया जाए इस पर विचार-विमर्श होने लगा। ततार खां ने भारत पर आक्रमण करने की राय दी, पर दूसरे ने ये राय दी कि हम भारत को जानते नहीं हैं। इसलिए इस समय आक्रमण करना उचित नहीं होगा, क्योंकि शत्रु को जाने बगैर युद्ध करने में कोई बुद्धिमानी नहीं है। इतना सुनते ही उसके दूत भी बोल उठे कि हाँ, ये बात सत्य है, क्योंकि पृथ्वीराज, उसके सामंत और उसके सैनिक कोई साधारण पुरुष नहीं हैं। गौरी कुछ देर तक शांत बैठा रहा, फिर अपने दूत से बोला, "तुम तो भारत गए हो, तुम मुझे भारत के बारे में बताओ।"

दूत ने उसे भारत के बारे में बताना शुरू किया कि संसार में भारत जैसा कोई दूसरा देश नहीं है, यहाँ सुन्दरता का भंडार है, यहाँ की भूमि उर्वरता से भरी पड़ी है, वहाँ कई महल हैं, जिनकी सुन्दरता का वर्णन मैं बोल कर नहीं कर सकता। यह देश जन, संपत्ति और वैभव से भरा पड़ा है। इस पर गौरी ने कहा कि तब तो यह देश धर्म प्रचार के लिए बहुत ही सही है। इतना कह कर वह चुप हो गया। इसके बाद उस दूत ने कहा कि मैं लगभग आधा भारत घूम चुका हूँ, मैंने कोई भी तीर्थ स्थल नहीं छोड़ा है, पर वहां एक बात मुझे देखने को मिली है कि वहां पर हिन्दू समाज कई भागों में बंटा हुआ है-ब्राह्मण, क्षत्रिय, शुद्र। मैं सबसे मिला, पर वे सब अपने काम में अद्‌भुत हैं, अगर मैं दूसरे शब्दों में कहूं, तो भारत एक जन्नत है। इसपर गौरी ने कहा कि तो फिर उस जन्नत से लौट क्यों आये? इसपर उस दूत ने कहा कि मैं तो बस, यहाँ पर आपको रास्ता दिखाने के लिए आया हूँ, बिना मुस्लिम धर्म के प्रचार किये उस देश की उन्नति नहीं हो सकती है, पर यह बात सही है कि हिन्दुओं की शक्ति असीमित है, उन्हें पराजित नहीं किया जा सकता, वहां की प्रजा तो अपने राजा के प्रति इतनी भक्त है कि उसके एक आदेश से वो जहर तक पी लेते हैं अतः आप हिंदू को कमजोर न समझें इतना कहकर दूत शांत हो गया। गौरी ने कहा कि मानता हूँ कि यह सब ठीक है, पर हिन्दुओं में जितनी वीरता है, उतनी ही उनमें फूट भी भरी पड़ी है, इसलिए मैं इन बातों पर विचार नहीं कर

सकता, विचार करने की बात तो यह है कि कासिम ने केवल बीस वर्ष की उम्र में ही हिन्दुओं पर विजय प्राप्त की थी। महमूद ने भारत पर अठारह बार आक्रमण किया, तब हिन्दुओं की ताकत कहाँ चली गयी थी! उनके पास ताकत अवश्य थी, पर कुसंगत और कुविचार उनमें उस समय भी भरे पड़े थे, कासिम ने जब देवलपुरी पर आक्रमण किया था, तब हिन्दुओं ने कहा था कि जब तक उनके मंदिर पर ध्वजा लहराती रहेगी, तब तक उन्हें कोई नहीं हरा पायेगा, कासिम ने सबसे पहले उस ध्वजा को ही काट दिया और तब हिन्दुओं ने यह सोच लिया कि अब उनकी हार निश्चित है और बिना परिश्रम के ही कासिम ने उन पर विजय प्राप्त कर ली थी, इतिहास से ये साबित होता है कि हिन्दुओं को हराया जा सकता है और भारत में धर्म प्रचार संभव है। इसके बाद गौरी ने अपने सभी सरदारों की सहमति ली और इस्लाम धर्म के प्रचार हेतु भारत पर आक्रमण करने का फैसला लिया गया।

पृथ्वीराज चौहान से पराजित होकर मोहम्मद गौरी रह-रहकर अपने दुर्भाग्य को कोस रहा था। गौरी स्वयं को बहुत ही अपमानित अनुभव कर रहा था। यह उसका सौभाग्य रहा और राजपूतों का प्रमाद कि जब वह युद्ध क्षेत्र में घायल पड़ा, अपने जीवन की अंतिम घड़ियां गिन रहा था, तब उसे अपने 'सद्गुण' के कारण राजपूतों ने अपनी नंगी तलवारों की भेंट नहीं चढ़ाया और वे विजयोत्सव में मग्न हो गये, जिससे गौरी को अपने सैनिकों के कंधों पर सवार होकर अपने देश जाने का अवसर मिल गया।

अपने देश में लौटने पर अपमान और पीड़ा के उन क्षणों को स्मरण कर गौरी की आत्मा सिहर उठती थी, जो उसने गोविंदराय के हाथों युद्ध-क्षेत्र में सहे थे। उसकी आत्मा उसे धिक्कारती थी और भारत की ओर कभी भविष्य में पुनः न जाने के लिए उससे बार-बार सौगंध उठवाती थी। अपने अंतःकरण के न्यायालय में वह स्वयं ही मुजरिम था और स्वयं ही मुंसिफ भी। निर्णय बार-बार उसके विरुद्ध आता था और मारे भय के वह बुदबुदा उठता था, 'नहीं जाऊंगा, नहीं जाऊंगा फिर हिंदुस्तान की ओर।' गौरी यह समझ नहीं पा रहा था कि वह कैसे उस पीड़ा और अपमान के जीवन से बाहर निकले, क्योंकि वह जितना ही अधिक उससे निकलना चाहता था, आत्मा पर भय का साम्राज्य उतना ही गहरा होता जाता था। किसी राजदरबारी का साहस भी नहीं हो रहा था कि गौरी को इस समय किसी प्रकार से ढाढ़स बंधायें या उसका मनोबल बढ़ायें। बहुत सोच-विचार करने के बाद वह हिंदुस्तान पर पुनः चढ़ाई करने की

योजना बनाने लगा और एक वर्ष के अथक प्रयासों के उपरांत वह अगले ही वर्ष पुनः तराइन के युद्ध क्षेत्र में आ धमका।

मोहम्मद गौरी पृथ्वीराज चौहान से मिली अब तक की पराजयों से भयभीत था, तभी तो उसे भारत के किसी 'जयचंद' के आने की प्रतीक्षा करनी पड़ी।

भयमुक्त किया 'जयचंदों' ने

भयभीत गौरी को भयमुक्त किया भारत के उन 'जयचंदों' ने, जो किसी भी कारण से भारत के सम्राट पृथ्वीराज चौहान से शत्रुता रखते थे और उसे अपमानित एवं पराजित कराने के लिए विदेशी आक्रांता शत्रु तक से हाथ मिलाने के लिए उद्यत बैठे थे। गौरी भारत के राजपूतों की एकता और पृथ्वीराज चौहान की वीरता से इतना भयभीत था कि वह चौहान को अपराजेय योद्धा मान चुका था। उसे अपने गुप्तचर विभाग से भी जो सूचनाएं मिल रही थीं। वो उसका मनोबल तोड़ने वाली तो थीं, परंतु किसी भी प्रकार से उसका प्रोत्साहन नहीं कर पा रही थीं। इसलिए यदि कोई उससे उस समय हिंदुस्तान चलने की बात भी कहता, तो वह पागलों की भांति चीख पड़ता था, "नहीं जाऊंगा, नहीं जाऊंगा।. अब हिंदुस्तान।" यह थी हमारे क्षत्रिय धर्म की धाक, जिसके समक्ष शत्रु भी अपनी चतुराई भूल बैठता था।

जयचंद चला राष्ट्रघात के लिए

जयचंद को गौरी से मिलने का अवसर उचित प्रतीत होने लगा। वह कुटिल स्वभाव का शासक था और कई कारणों से पृथ्वीराज चौहान से घृणा करता था। इसलिए अब पृथ्वीराज चौहान के विनाश के लिए विदेशी शासकों तक से हाथ मिलाने की योजना बनाने लगा था। उसके भीतर षड्यंत्रों के विचारों की आंधी तेजी से उमड़ने लगी, जिससे एक अप्रत्याशित और विनाशकारी तूफान अपनी लीला करने लगा। उसकी राष्ट्रभक्ति और क्षत्रिय धर्म दोनों ही इस विनाशकारी तूपफान की भेंट चढ़ गयी। यह सर्वमान्य सत्य है कि जब किसी शासक के भीतर इस जज़्बे का पतन हो जाता है, तो वह निम्नतम स्तर तक चला जाता है। इसलिए जयचंद भी अपने वैचारिक पतन का परिचय देते हुए गौरी को भारत पर पुनः आक्रमण करने के लिए आमंत्रण देने के लिए स्वयं चल दिया। उसे भारत माता ने रोका, उसकी अंतरात्मा ने रोका, उसके धर्म

ने रोका, उसकी संस्कृति ने रोका, परंतु वह इन सबकी उपेक्षा करते हुए और इन सब बाधाओं को गिराते हुए या पार करते हुए गद्दारी के रास्ते पर चल पड़ा।

राष्ट्रघाती बनने चल दिया था। इससे पूर्व ऐसी पापपूर्ण मनोवृत्ति कभी किसी शासक की अपने देश के प्रति नहीं देखी थी। कदाचित इसीलिए उसे भारत की 'जयचंदी परंपरा' का अग्रदूत कहा जाता है।

अपने भीतर के सभी अंतर्द्वन्द्वों को चीरता हुआ और अपने कई राजदरबारियों के परामर्श की अवहेलना करता हुआ जयचंद गौरी के द्वार पर जा पहुंचा। अपने दुर्भाग्य को कोसने वाले गौरी ने समय को पहचान लिया और यहीं से उसका दुर्भाग्य सौभाग्य में परिवर्तित होने के लिए अंगड़ाई लेने लगा।

इतिहास के विलक्षण क्षण

इतिहास के ये विलक्षण क्षण थे, जब एक अभागे का भाग्य करवट ले रहा था और एक भाग्यशाली का दुर्भाग्य उसका हाथ पकड़ रहा था। इतिहास ने दोनों को अपना-अपना खेल खेलने के लिए खुला छोड़ दिया। मिल-बैठकर दोनों शत्रुओं ने योजना बनाई कि पृथ्वीराज चौहान को कैसे परास्त किया जाए और यह भी कि जयचंद को अपने इस राष्ट्रघाती कर्म का पुरस्कार क्या मिलेगा? जयचंद ने पहली वार्ता में ही गौरी के राजमहल के एकांत में बैठकर अपने राष्ट्र के प्रति अपनी 'गद्दारी' का पुरस्कार निश्चित करना चाहा। इतिहास उसे घृणा की दृष्टि से निहार रहा था और वह था कि पहली बार में ही मां को और मां के सम्मान को दांव पर रख गया। जयचंद ने गौरी से साहस करके पूछ ही लिया कि हमें हमारे सहयोग के बदले क्या दिया जाएगा?

पुरस्कार सुनिश्चित हो गया

गौरी ने बड़ी चालाकी से स्वयं को संभालते हुए तथा जयचंद को समझाते हुए, उत्तर दिया कि जयचंद हम हिंदुस्तान को फतह कर वहां रहना नहीं चाहेंगे, हमारे हृदय का शूल केवल पृथ्वीराज चौहान है। हम उसे हर स्थिति में पराजित कर देना चाहते हैं, उसके पश्चात् हिंदुस्तान के बादशाह आप होंगे। जयचंद ने सोचा कि काम बन गया। सारे हिंदुस्तान का बादशाह बनाने का आश्वासन गौरी से मिलने पर उसका दिल बल्लियों उछलने लगा। गौरी को पृथ्वीराज चौहान की तथा अन्य देसी राजपूत नरेशों की दुर्बलता से

अवगत कराने लगा। गौरी ज्यों-ज्यों भारत की अंतर्दशा को जान रहा था, त्यों-त्यों उसके मन का मुर्झाया कमल खिलता जा रहा था। वह भीतर से तो प्रसन्न था, परंतु बाहर से स्वयं को सामान्य दिखाने का सफल प्रयास कर रहा था, क्योंकि वह जानता था कि सामने जो व्यक्ति जयचंद के रूप में बैठा है, यद्यपि वह इस भूल में है कि वे हमें खरीदने आया है, परंतु हमें उसकी इस भ्रांति को बनाये रखकर उसे ही खरीदना है अतः गौरी बड़ी सावधानी से अपने पासे फेंक रहा था। दांव पर मां को रखने वाला एक कृतघ्न तनिक भी दुखी नहीं था। आर्य पुत्र और अमृत पुत्र के नाम से पुकारे जाने वाले क्षत्रिय धर्म के लिए ये कलंकित करने वाले क्षण थे,जब एक 'आर्यपुत्र' और 'अमृत पुत्र' के गौरवप्रद नामों से संबोधित किया जाने वाला व्यक्ति मां के लिए 'अनार्य पुत्र' और 'विष पुत्र' बन चुका था।

गौरी के राजभवनों में एक बार पुनः प्रसन्नता छा गयी। दु:ख, प्रायश्चित, अपमान और लज्जा की तपिश से झुलसी पड़ी मोहम्मद गौरी के हृदय की फसल जयचंद की कृतघ्नता से उसी प्रकार लहलहा उठी, जैसे आषाढ़ के माह में सूर्य की गर्मी से रेगिस्तान में झुलसी फसल पहली बारिश से लहलहा उठती है। उसके हताश जीवन में जयचंद एक बसंत बनकर आया और वह फिर से आशावान हो उठा। उसने भारत से मिलने वाली अकूत संपदा का लालच दिखाकर इस्लाम की सेवा के लिए सैनिकों को एक बार पुनः भारत की ओर बढ़ने का निर्देश दिया।

हमारे देश की अस्मिता और सम्मान का प्रतीक बन चुका पृथ्वीराज चौहान जयचंद और गौरी की योजना से पूर्णतः अनभिज्ञ था। पृथ्वीराज चौहान को भी दुर्बलताओं ने घेर लिया था। उसके कई रणबांकुरों ने अभी तक के युद्धों में अलग-अलग वीरगति प्राप्त कर ली थी, जिससे उसकी शक्ति तो क्षीण हुई थी, परंतु वह इसे मानने को तत्पर नहीं था। पृथ्वीराज चौहान का साथ उसके मित्र भी छोड़ रहे थे। पहले के युद्धों में जितने देशी नरेशों ने उसका साथ दिया था, अब उनमें से कई पीछे हटने लगे थे। कूटनीति का तकाजा तो यही था कि वह अपने संगठन को सुदृढ़ता प्रदान करता और किसी भी 'जयचंद' को विदेशी शत्रु से मिलने से रोकने का प्रयास करता। इसके उपरांत भी इस काल में भारत मां का शेर होने का सम्मान केवल पृथ्वीराज चौहान को ही मिल सकता है।

गौरी की युद्ध की तैयारी

गौरी ने 1,20,000 सैनिकों की नई सेना बनायी और अपने सैनिकों को भारत पर चढ़ाई करने के लिए उत्साहवर्धक शब्दों में संबोधित किया। उसके सैनिकों ने भारत की ओर प्रस्थान किया। निजी महत्वाकांक्षा की पूर्ति के लिए मोहम्मद गौरी की सेना अब भारत में प्रवेश कर चुकी थी। गौरी की सेना लाहौर की ओर से भारत की सीमाओं में घुसी।

गौरी का छद्मी दूत

गौरी ने पृथ्वीराज चौहान के पास एक अपना छद्मी दूत बनाकर भेजा, जिसका नाम किवाम-उल-मुल्क था। इसे भेजने के पीछे गौरी की बड़ी गहरी चाल थी। उसकी योजना थी कि किवाम-उल-मुल्क गौरी की ओर से दिये गये एक झूठे जागीरदारी पट्टे को पृथ्वीराज चौहान को दिखायेगा और उसको अपना दुख सुनाएगा कि गौरी के राज में किस प्रकार तंग किया जा रहा है? तब बहुत संभव है कि पृथ्वीराज चौहान उसे सेना सहित दिल्ली में प्रवेश की अनुमति दे देगा। यदि एक बार किवाम-उल-मुल्क की सेना इस योजना के अनुसार दिल्ली में प्रविष्ट कर गयी, तो बस, फिर दिल्ली को परास्त करने में देर नहीं लगेगी।

गौरी की इस योजना को पृथ्वीराज चौहान के योग्य सलाहकारों ने समझ लिया कि किवाम-उल-मुल्क की बातों में चालाकी है। इतना ही नहीं कलह और कटुता के उस युग में भी जितने हिंदू राजा पृथ्वीराज चौहान के साथ थे, उन सबको भी सूचित एवं सचेत कर दिया गया कि किवाम-उल-मुल्क की बातों में न आकर उससे सभी सावधान रहें। चौहान के परामर्शदाता सचेत हो गये और उन्होंने आने वाली विपत्ति को भी समझ लिया। सहयोगी हिंदू राजाओं के पास युद्ध के लिए तैयार रहने का संदेश भी भेज दिया गया।

लगभग दर्जन-भर हिंदू राजा सम्राट पृथ्वीराज चौहान के नेतृत्व में युद्ध करने के लिए भगवा ध्वज के नीचे एकत्र होने लगे। उन सबको भगवा ध्वज अपने प्राणों से भी प्रिय था और मां भारती की सेवा भी उनका सबसे बड़ा जीवन-व्रत था। प्राण भले ही चले जायें पर मां की आन न जाने पाए, उनकी मुख्य चिंता यही थी। पृथ्वीराज चौहान अपनी सेना को लेकर आगे बढ़ा। यद्यपि उसके कई

पुराने साथी और देशी राजाओं में से भी कई आज युद्ध में उसके साथ नहीं थे, परंतु उसका साहस उसके साथ था, उसका उत्साह उसके साथ था और उसका राष्ट्रप्रेम उसके साथ था। बस, इन्हीं भावों को हृदय में समाहित कर पृथ्वीराज चौहान युद्धक्षेत्र की ओर बढ़ा। शत्रु पक्ष का विशाल सैन्य दल भी उस महान सम्राट के साहस को हिला नहीं सका वह अपने पराक्रम को दिखाने के लिए तराइन की युद्धभूमि में एक बार पुन: जीत का सेहरा अपने सिर बंधवाने के लिए आ डटा। केवल जीतने के उत्साह के साथ युद्ध करना भी श्रेष्ठ वीरों का ही कार्य होता है इसलिए युद्ध की चुनौती को स्वीकारना ही राष्ट्र धर्म था, जिसे उसने स्वीकारा और इसीलिए उसे इतिहास ने सम्माननीय पद प्रदान किया।

तराइन के युद्ध और पृथ्वीराज का बंदी बनना

पंजाब के विलय के बाद मोहम्मद गौरी ने लाहौर को राजपूतों के विरुद्ध अपनी सैनिक गतिविधियों का अड्डा बनाया। दिल्ली और अजमेर के शक्तिशाली शासक पृथ्वीराज चौहान को चुनौती देने से पूर्व उसने तीन वर्ष तक गहन सैन्य तैयारी की। सन् 1189 में उसने भटिंडा (सरहिन्द, जो चौहान राज्य की रक्षा-चौकी थी, पर तूफान की तरह आक्रमण कर दिया और घिरे हुए सशस्त्र सैनिकों को दिल्ली में सैन्य कुमुक आने से पूर्व आत्म-समर्पण करने के लिए विवश कर दिया। मोहम्मद गौरी ने एक तुर्की सामन्त के नेतृत्व में 12, 000 अश्वारोही सैनिकों को गजनी से नई सेना के साथ लौटकर आने तक लगभग दो माह राजतपूतों को रोकने के निर्देशों के साथ नियुक्त किया।

तराइन का प्रथम युद्ध (सन् 1191)

तराइन का प्रथम युद्ध 1191 ई. में तराइन के मैदान में लड़ा गया था। यह युद्ध हिन्दू राजपूत राजा पृथ्वीराज चौहान और भारत पर हमला करने वाले मुस्लिम आक्रमणकारी शहाबुद्दीन मुहम्मद गोरी के मध्य हुआ। इस युद्ध में मुहम्मद गोरी की करारी हार हुई और उसकी सेना भाग खड़ी हुई। गोरी स्वयं बुरी तरह घायल हो गया और उसे अपनी जान बचाकर भारत भूमि से भागना पड़ा।

पृथ्वीराज तथा गोरी की महत्वाकांक्षा

राजपूत राजा पृथ्वीराज चौहान ने अपने समय के विदेशी आक्रमणकारी शहाबुद्दीन मुहम्मद गोरी को कई बार पराजित किया। युवा पृथ्वीराज ने आरम्भ

से ही साम्राज्य विस्तार की नीति अपनाई थी। किंवदंतियों के अनुसार मुहम्मद गोरी ने 18 बार पृथ्वीराज पर आक्रमण किया, जिसमें से 17 बार उसे पराजित होना पड़ा। किसी भी इतिहासकार को किंवदंतियों के आधार पर अपना मत बनाना कठिन होता है। इस विषय में इतना निश्चित है कि शहाबुद्दीन मुहम्मद गोरी और पृथ्वीराज चौहान के मध्य कम-से-कम दो भीषण युद्ध अवश्य हुए थे। अपनी-अपनी महत्वाकांक्षाओं और साम्राज्य विस्तार की नीति के कारण पृथ्वीराज चौहान और शहाबुद्दीन मुहम्मद गोरी के बीच युद्ध अवश्यंभावी हो गया था।

युद्ध का कारण

तराइन का प्रथम युद्ध 'सरहिन्द', वर्तमान भटिंडा (पंजाब) पर दोनों के दावों को लेकर आरम्भ हुआ। तराइन के मैदान में वर्ष 1191 ई. में जो युद्ध हुआ, उसमें मुहम्मद गोरी की सेना के पाँव उखड़ गए और स्वयं गोरी की जान एक युवा खिलजी घुड़सवार ने बचाई। पृथ्वीराज चौहान अब भटिंडा की ओर मुड़ा और तेरह महीनों के घेरे के बाद उसे अपने कब्जे में कर लिया। लेकिन इसके बावजूद उसने पंजाब से गोरियों को खदेड़ने का कोई प्रयास नहीं किया। शायद उसे ऐसा लगा हो कि तुर्कों के बार-बार हो रहे आक्रमणों में से यह भी एक हो और गोरी शासक बस पंजाब पर शासन कर संतुष्ट रहें। बताया जाता है कि तराइन की दूसरी लड़ाई के पूर्व पृथ्वीराज चौहान, मुहम्मद गोरी को दिए एक प्रस्ताव में पंजाब को उसके हाथों छोड़ने के लिए तैयार था।

गोरी की हार

1191 ई. में जब पृथ्वीराज से मुहम्मद गोरी की विशाल सेना का सामना हुआ, तब राजपूत वीरों की विकट मार से मुस्लिम सैनिकों के पैर उखड़ गये। स्वयं शहाबुद्दीन मुहम्मद गोरी भी पृथ्वीराज चौहान के अनुज के प्रहार से बुरी तरह घायल हो गया। यदि उसका खिलजी सेवक उसे घोड़े पर डाल कर युद्ध भूमि से भगाकर न ले जाता, तो वहीं उसके प्राण पखेरू उड़ जाते। उस युद्ध में गोरी की भारी पराजय हुई और उसे भीषण हानि उठाकर भारत से भागना पड़ा। भारतीय राजा के विरुद्ध युद्ध अभियान में यह उसकी दूसरी बड़ी पराजय थी, जो अन्हिलवाड़ा के युद्ध के बाद सहनी पड़ी थी।

इस युद्ध से पहले पृथ्वीराज चौहान कई हिन्दू राजाओं से लड़ाइयाँ कर चुका था। चंदेल राजाओं को पराजित करने में उसे अपने कई विख्यात सेनानायकों और वीरों को खोना पड़ा था। जयचंद्र के साथ होने वाले संघर्ष में भी उसके बहुत से वीरों की हानि हुई थी। फिर उन दिनों पृथ्वीराज अपने वृद्ध मन्त्री पर राज्य भार छोड़ कर स्वयं संयोगिता के साथ विलास क्रीड़ा में लगा हुआ था। उन सब कारणों से उसकी सैन्य शक्ति अधिक प्रभावशालिनी नहीं थी, फिर भी उसने मुहम्मद गोरी के दाँत खट्टे कर दिये थे।

तराइन का द्वितीय युद्ध (सन् 1192)

तराइन का द्वितीय युद्ध वर्ष 1192 ई. में पृथ्वीराज चौहान और शहाबुद्दीन मुहम्मद गोरी के मध्य लड़ा गया। तराइन के इस युद्ध को भारतीय इतिहास का एक विशेष मोड़ माना जाता है। इस युद्ध में मुस्लिमों की विजय और राजपूतों की पराजय हुई। इस विजय से बाहरी आक्रमणकारियों के पाँव भारत में काफी लम्बे तक जम गये। क्योंकि इस युद्ध से पूर्व भी पृथ्वीराज के कई हिन्दू राजाओं से युद्ध हो चुके थे और इन राजाओं से उसके आपसी सम्बन्ध सौहार्दपूर्ण नहीं थे, जिस कारण अधिकांश राजपूत राजाओं ने तराइन के द्वितीय युद्ध में पृथ्वीराज का साथ नहीं हुआ।

गोरी की तैयारी

तराइन की दूसरी लड़ाई को भारतीय इतिहास का एक निर्णायक मोड़ माना जाता है। तराइन के प्रथम युद्ध में मिली करारी हार के बाद बदला लेने के लिए शहाबुद्दीन मुहम्मद गोरी दूसरे युद्ध के लिए बहुत तैयारियाँ करके आया। कहा जाता है कि वह 1,20,000 सैनिकों के साथ मैदान में उतरा, जिसमें बड़ी संख्या में बख्तरबंद घुड़सवार और 10,000 धनुर्धारी घुड़सवार शामिल थे। यह सोचना उचित नहीं होगा कि पृथ्वीराज चौहान ने अपनी ओर से शासन में लापरवाही की या उसे स्थिति का अंदाजा तभी लग सका, जब बहुत देर हो चुकी थी।

पृथ्वीराज द्वारा मदद का अनुरोध

यह सही है कि इस अंतिम अभियान का सेनाध्यक्ष स्कंन्द, कहीं और फँसा था। जैसे ही पृथ्वीराज ने गोरियों के खतरे को भाँपा, उसने उत्तर भारत

के सभी राजाओं से सहायता का अनुरोध किया। बताया जाता है कि कई राजाओं ने उसकी मदद के लिए अपने सैनिक भेजे, लेकिन कन्नौज का शासक जयचन्द्र चुप रहा। माना जाता है कि जयचन्द्र की पुत्री संयोगिता पृथ्वीराज से प्रेम करती थी और पृथ्वीराज उसे भगा लाया था। इसलिए जयचन्द्र इस अपमान को सहन नहीं कर पा रहा था। किंतु अब अनेक इतिहासकार इस कथन को स्वीकार नहीं करते। यह कहानी बहुत बाद में कवि चंदबरदाई ने लिखी, जो कि पृथ्वीराज चौहान के दरबार के राजकवि थे और उसके वर्णन में कई एक असंभाव्य घटनाएँ हैं। यथार्थ में इन दोनों राज्यों के बीच पुरानी दुश्मनी थी और इस कारण कोई आश्चर्य की बात नहीं कि जयचन्द्र ने पृथ्वीराज का साथ नहीं दिया।

मुहम्मद गोरी की विजय

कहा जाता है कि पृथ्वीराज चौहान की सेना में तीन सौ हाथी तथा 3,00,000 सैनिक थे, जिनमें बड़ी संख्या में घुड़सवार भी थे। दोनों तरफ की सेनाओं की शक्ति के वर्णन में अतिशयोक्ति भी हो सकती है। संख्या के हिसाब से भारतीय सेना बड़ी हो सकती है, किंतु तुर्क सेना बड़ी अच्छी तरह संगठित थी। वास्तव में यह दोनों ओर के घुड़सवारों का युद्ध था। शहाबुद्दीन मुहम्मद गोरी की जीत श्रेष्ठ संगठन तथा तुर्की घुड़सवारों की तेजी और दक्षता के कारण ही हुई। भारतीय सैनिक बड़ी संख्या में मारे गए। तुर्की सेना ने हांसी, सरस्वती तथा समाना के किलों पर कब्जा कर लिया। इसके बाद उन्होंने अजमेर पर चढ़ाई की और उसे जीता। कुछ समय तक पृथ्वीराज को एक जागीरदार के रूप में राज करने दिया गया, क्योंकि उस काल के ऐसे सिक्के मिले हैं, जिनकी एक तरफ पृथ्वीराज तथा दूसरी तरफ श्री मुहम्मद साम का नाम खुदा हुआ है। पर इसके शीघ्र ही बाद षड़यंत्र के अपराध में पृथ्वीराज को मार डाला गया और उसके पुत्र को गद्दी पर बैठाया गया। दिल्ली के शासकों को भी उसका राज्य वापस कर दिया गया, लेकिन इस नीति को शीघ्र ही बदल दिया गया। दिल्ली के शासक को गद्दी से उतार दिया और दिल्ली गंगा घाटी पर तुर्कों के आक्रमण के लिए आधार स्थान बन गई। पृथ्वीराज चौहान के कुछ भूतपूर्व सेनानियों के विद्रोह के बाद पृथ्वीराज के लड़के को भी गद्दी से उतार दिया गया और उसकी जगह अजमेर का शासन एक तुर्की सेनाध्यक्ष को सौंपा दिया गया। इस प्रकार दिल्ली का क्षेत्र और पूर्वी राजस्थान तुर्कों के शासन में आ गया।

विशेष तथ्य

पृथ्वीराज चौहान की सहायता के लिए कुछ राजाओं ने तो अपनी सेनाएँ भेज दी थीं, किंतु उस समय का गहड़वाल वंशीय कन्नौज नरेश जयचंद्र उससे तटस्थ ही रहा। किवदंती है कि पृथ्वीराज से विद्वेष रखने के कारण जयचंद्र ने ही मुहम्मद गोरी को भारत पर आक्रमण करने के लिए आमन्त्रित किया था। इस किंवदंती की सत्यता का कोई प्रामाणिक आधार नहीं है। अत: जयचंद्र पर देशद्रोह का दोषारोपण भी अप्रामाणिक ज्ञात होता है। उसमें केवल इतनी ही सत्यता है कि उसने उस अवसर पर पृथ्वीराज की सहायता नहीं की थी। पृथ्वीराज के राजपूत योद्धाओं ने उस बार भी मुस्लिम सेना पर भीषण प्रहार कर अपनी वीरता का परिचय दिया था, किंतु देश के दुर्भाग्य से उन्हें पराजित होना पड़ा। इस प्रकार 1192 ई. के उस युद्ध में मुहम्मद गोरी की विजय और पृथ्वीराज की पराजय हुई थी। युद्ध में पराजित होने के पश्चात पृथ्वीराज की किस प्रकार मृत्यु हुई, इस विषय में इतिहासकारों के विभिन्न मत मिलते हैं। कुछ के मतानुसार वह बंदी बना कर दिल्ली में रखा गया था और बाद में गोरी के सैनिकों द्वारा मार दिया गया। कुछ का मत है कि उसे बंदी बनाकर गजनी ले जाया गया था और वहाँ पर उसकी मृत्यु हुई। ऐसी भी किंवदंती है कि पृथ्वीराज का दरबारी कवि और सखा चंदबरदाई अपने स्वामी की दुर्दिनों में सहायता करने के लिए गजनी गया था। उसने अपने बुद्धि कौशल से पृथ्वीराज द्वारा मुहम्मद गोरी का संहार कराकर उससे बदला लिया था। फिर मुहम्मद गोरी के सैनिकों ने उन दोनों को मार डाला। इस किंवदंती का कोई ऐतिहासिक आधार नहीं हैं, अत: वह प्रामाणिक ज्ञात नहीं होती।

तराइन के युद्ध का महत्त्व

इस युद्ध में सफलता पाने के बाद शहाबुद्दीन की अवधारणा भारतीय साम्राज्य स्थापित करने का सपना पूरा होना स्वाभाविक हो गया। चौहानों की शक्ति के टूटने के कारण शहाबुद्दीन का प्रभाव अंतर्वेद तथा पूरबी राजपूताना पर जमना सुगम हो गया। हांसी, कुहराम तथा सरसुती पर उसका अधिकार हो गया और दिल्ली के निकट इंद्रप्रस्थ में कुतुबुद्दीन ऐबक की अध्यक्षता में एक सेना रख दी गयी जिसका कर्त्तव्य यह था कि वह दिल्ली और अजमेर के अधीन हिन्दू शासकों को संधि की शर्तें स्वीकार करने पर मजबूर करें। शहाबुद्दीन के

मन में एक प्रभावशाली विचार यह विकसित हुआ कि अजमेर और दिल्ली तथा अन्य सभी राजपूत राज्य पर एक साथ अधिकार करने की चेष्टा करना बुद्धिमत्तापूर्ण नहीं समझा। उसकी नीति थी कि इतना ग्रास भरो जितना चबाकर निगल सको न कि यह कि पहले लोभ में आकर भरते जाओ और फिर वमन करने के लिये विवश होओ। अस्तु, उसने दिल्ली में तोमर राजपूतों को करद शासक के रूप में स्वीकार कर लिया। इसी प्रकार अजमेर का शासन उसने पृथ्वीराज के पुत्र गोविदंराज को सौंप दिया परन्तु उसे वार्षिक कर देना स्वीकार करना पड़ा और वादा करना पड़ा कि जो गढ़ तथा इलाके शहाबुद्दीन ने अपने सीधे शासन में ले लिए हैं उनको वापस पाने की वह कोई चेष्टा नहीं करेगा। इन दो करद राजाओं की नियुक्ति द्वारा उसने राजपूतों की एकता तो तोड़ना चाहा। साथ ही उसने शासन का भार उन्हीं पर छोड़ कर अपना दायित्व हलका कर लिया। जीते हुए राज्य की ठीक व्यवस्था कर लेने पर आगे बढ़ने में उसे कोईं कठिनाई नहीं होगी। इस भांति शहाबुद्दीन द्वारा दिया गया इन राजपूतों को शासन अधिकार की एक प्रकार की कूटनीति ही थी। यह सब व्यवस्था करके शहाबुद्दीन गजनी वापस लौट गया और भारतीय राज्य की राज्य का भार कुतुबुद्दीन ऐबक पर छोड़ गया।

तराइन से चंदवार तक (1192-94 ई.)

तराइन के युद्ध में सफलता पाने के बाद दूसरा युद्ध चन्दवार नामक स्थान पर सन 1194 में हुआ था, परन्तु इन दोनों युद्धों के बीच में अनेक घटनायें हुई जिनके कारण क्रमश: तुर्की साम्राज्य का प्रभाव-क्षेत्र बढ़ता गया। तोमरों और चौहानों में से एक भी सचमुच तुर्कों की अधीनता में रहने के लिये प्रस्तुत नहीं था। अस्तु, दिल्ली और अजमेर षड्यन्त्र के केन्द्र बनने लगे। पहले एक चौहान सेना ने हांसी का घेरा डाला परन्तु ऐबक ने इस प्रयत्न को विफल कर दिया और चौहान का सेनानायक युद्ध में मारा गया। पृथ्वीराज के भाई हरिराज ने अपने भतीजे गोविदराज को अजमेर से मार भगाया और रणथंभौर का घेरा डाला। परन्तु कुतुबुद्दीन ऐबक के आने पर ये दोनों ही स्थानों से हट जाना पड़ा। दिल्ली का तोमर शासक भी विद्रोह की तैयारी कर रहा था परन्तु ऐबक ने जब दिल्ली का घेरा डाला तो उसे दुर्ग तुर्कों के हवाले कर देना पड़ा। फिर भी उसे यह सुविधा मिल गई कि वह अपने समर्थकों के साथ वहां से चला जाय। पृथ्वीराज के भाई हरिराज ने जब अजमेर को अपने अधीन में कर लिया तब

तोमर शासक ने भी विद्रोह किया परन्तु वह पराजित हुआ। इन युद्धों के कारण दिल्ली पर अधिकार हो गया और अजमेर पर तुर्कों का प्रभाव बढ़ गया तथा चौहान और तोमर विरोधियों की शक्ति कुछ कम हो गई। इसी दौरान कुतुबुद्दीन ने गढ़वालों के खिलाफ युद्ध शुरू कर दिया और उसने यमुना नदी को लांघकर मेरठ और बरन पर अपना राज्य स्थापित कर लिया। ये दोनों क्षेत्र गढ़वालों के ही क्षेत्र में सम्मिलित थे और यहाँ पर उनके करद सामंत शासन करते थे। बरन के सामंत चंद्रसेन ने बहुत उग्र विरोध किया और 1194 ई. में जब ऐबक गजनी से लौटा तो उसे फिर वहाँ जाना पड़ा। इस बार उसने कोयल (वर्तमान अलीगढ़) पर भी अधिकार कर लिया। इस भांति 1193-94 में गहड़वाल राज्य पर तुर्कों का राजा जयचंद्र को विदित हो गया होगा कि शीघ्र ही उसपर आक्रमण होगा।

शहाबुद्दीन मुहम्मद गोरी और पृथ्वीराज चौहान की शक्ति का मूल्यांकन

लाहौर और पंजाब पर विजय प्राप्त करने के पश्चात् शहाबुद्दीन ने चौहानों पर आक्रमण करने की योजना बनानी प्रारम्भ कर दिया। उसने लाहौर को केन्द्र बनाकर पंजाब में अपनी शक्ति सुदृढ़ की। तीन वर्ष की तैयारी के बाद उसने 1189 ई. में भटिण्डा पर प्रथम बार धावा किया। 1190-91 ई. में उसने उसका घेरा डाला। पृथ्वीराज की चौकसी कुछ ढीली प्रतीत होती है क्योंकि इसके पूर्व कि वह सहायता भेजने का प्रबन्ध करे राजपूत सेना ने किला शत्रु के हवाले कर दिया। जियाउद्दीन तुलाक को 12000 सैनिकों के साथ वहाँ छोड़कर शहाबुद्दीन गजनी वापस चल पड़ा। उसकी इच्छा थी कि वह एक नई और बड़ी सेना लेकर अगले वर्ष दिल्ली की ओर बढ़ेगा। परन्तु इसके पूर्व कि वह भारत से लौटे, पृथ्वीराज एक विशाल सेना लेकर भटिण्डा वापस लेने के लिए पहुँच गया। शहाबुद्दीन को यह सूचना मिली तो वह मार्ग से ही उलटे पैर लौट पड़ा। तराइन के मैदान में शहाबुद्दीन और पृथ्वीराज की सेना एक दूसरे के सामने आकर डट गयी और दोनों सेनाओं के मध्य घमासान युद्ध प्रारम्भ हो गया। प्रोफेसर हबीबुल्ला के अनुसार यह स्थान थानेश्वर अथवा कर्नाल के पास न होकर भटिण्डा और सिरसा के बीच में होना चाहिए। इस संबंध में उन्होंने कनिंघम के मत को स्वीकार करते हुए यह माना है कि भटिण्डा और सिरसा के बीच स्थित तोरवन ग्राम ही प्राचीन तराइन का वर्तमान रूप है। इस युद्ध में

शहाबुद्दीन की सेना के दोनों पार्श्व परास्त हो गए और वे रणस्थल छोड़कर भाग निकले। शहाबुद्दीन ने केन्द्रीय भाग का नेतृत्व करते हुए जब प्रत्याक्रमण किया तो वह गोविंदराय के भाले की चोट खाकर पीछे हटने पर बाध्य हो गया। एक खिलजी सैनिक ने किसी प्रकार उसके प्राणों की रक्षा की परन्तु शहाबुद्दीन की पराजय हुई। इतना दु:ख उसे उस समय भी नहीं हुआ था जब कि गुजरात के शासक ने उसे हराया था। उसकी सेना का राजपूतों ने चालीस मील तक पीछा किया और पुन: भटिण्डा की घेराबन्दी करना शुरू कर दिया। पृथ्वीराज के सैनिकों ने इस घेराबन्दी के 13 माह के पश्चात् भटिण्डा पर पुन: अधिकार जमा लिया।

शहाबुद्दीन अपनी प्राणों की रक्षा करते हुए जब गजनी पहुंचा तो वह अपने सेनापतियों पर अत्यधिक क्रोधित हुआ। फरिश्ता कहता है कि सुलतान का आक्षेप था कि उसकी पराजय अफगान, खिलजी और खुरासानी नायकों की लापरवाही के कारण हुई है। उसने उनकी बहुत भर्त्सना की और उनको अपमानित करके कैद में डाल दिया। साल भर तक वह इसी चिन्ता में रहा कि किस प्रकार पराजय की कालिमा को धोकर फिर धवल यश प्राप्त करे। 1192 ई. में वह एक लाख बीस हजार घुड़सवारों की विशाल सेना लेकर गजनी से चला। चलने के पूर्व कुछ लोगों ने बन्दी सरदारों की रिहाई के लिए प्रार्थना की और कहा कि उन्हें एक बार और अवसर देना चाहिए। यदि इस बार उनका कार्य संतोषजनक न हो तो वह उन्हें जो दण्ड उचित समझे दे। शहाबुद्दीन ने सोचा कि इस प्रार्थना को स्वीकार कर लेना हितकर है क्योंकि जो लोग इस दया की माँग कर रहे थे वे लोग यह सोचकर संतुष्ट होंगे कि उनकी प्रार्थना स्वीकार कर ली गई। साथ ही जिन लोगों को मुक्तिदान दिया जायगा वे इस बार प्राणपण से अपने आत्मसम्मान को पुन: प्राप्त करने के लिये उद्योग करेंगे और प्राण रहते पीछे हटने का नाम न लेंगे। अस्तु, उसने बंदियों को चेतावनी देकर मुक्त कर दिया और उनको सेना में उचित पद दे दिये।

इसके पश्चात् उसने लाहौर जाकर अपनी सेनाओं का पुन: आंकलन किया और उन्हें सम्पूर्ण रूप से तैयार होने का आदेश दिया। उसी बीच उसने पृथ्वीराज के पास किवामुल्मुल्क नामक एक दूत भेजा। इस दूत द्वारा पृथ्वीराज को जब आधिपत्य स्वीकार करने का संदेश मिला तो वह आगबबूला हो गया। उसने कहला भेजा कि राजपूत भागते हुए सैनिक को अभयदान देने के अभ्यस्त हैं। अस्तु, उसे अपने सैनिकों के प्राण बचाने हो तो वह अपने देश को लौट

जाय। कहते हैं कि इस बीच में शहाबुद्दीन तराइन के निकट तक फिर आ गया और वहीं डेरा डाल दिया। उसने पृथ्वीराज की दुर्बलताओं का पता लगाकर आक्रमण करने के इरादे से फिर कूटनीतिक चाल चली और कहला भेजा कि मैं तो अपने बड़े भाई का सेवक हूँ। उनकी आज्ञा के बिना न युद्ध कर सकता हूँ और न पीछे लौट सकता हूँ। हाँ, आप कुछ दिन युद्ध स्थगित रखें तो मैं उनका आदेश मँगा सकता हूँ। शहाबुद्दीन द्वारा की गयी इस प्रकार की प्रार्थना से पृथ्वीराज को यह एहसास हुआ कि शहाबुद्दीन युद्ध करने से घबरा रहा है और यहां भागने के लिए एक बहाना बना रहा है। अस्तु, उसने सोचा कि अब कोई चिन्ता की बात नहीं है। यदि यह पत्रव्यवहार ऐतिहासिक दृष्टि से विश्वसनीय हो तो पृथ्वीराज ने बड़ी भूल की। शत्रु की कमजोरी का लक्षण देखते ही उसे उस पर टूट पड़ना चाहिये था। ऐसा न करके, कहते हैं, वह प्रतीक्षा करता रहा। शहाबुद्दीन ने इस बीच में आवश्यक सूचना प्राप्त कर ली, अपनी युद्धनीति स्थिर कर ली और तब अचानक वह अपने दूत से संदेश भेजवाया कि हमारे बड़े भाई युद्ध करने के लिये निर्देश दिया है तुम युद्ध करने के लिए तैयार हो जाओ। यह संदेश भेजने के तत्काल बाद उसने अपने सैन्य बलों के साथ पृथ्वीराज के ऊपर धावा बोल दिया। शहाबुद्दीन ने अपनी सेना में से चार दस-दस हजार की टुकड़ियों को आदेश दिया कि वे शत्रु दल पर, दाहिने, बायें और संभव हो तो पीछे से तेजी से आक्रमण करें और उसपर तीरों की वर्षा करें परन्तु शत्रु की पकड़ से दूर रहें ताकि वह अपने हाथियों का उचित उपयोग न कर सके और न संगठित ढंग से उनका सामना कर सके। शत्रु का दबाव प्रबल पड़ने पर उनको पीछे हट जाने का आदेश था और ऐसे व्यवस्थित ढंग से अव्यवस्थित प्रतीत होना था कि शत्रु को धोखा हो कि तुर्क हार कर भाग रहे हैं। दिन भर इसी प्रकार भीषण संग्राम होता रहा। अब शहाबुद्दीन ने अपनी सेना के बारह हजार सर्वश्रेष्ठ घुड़सवारों के दस्ते की अध्यक्षता करते हुए बड़ा उग्र आक्रमण किया। यह सैनिक अभी तक उचित अवसर की ताक में केवल विश्राम करते रहे थे। राजपूतों ने इस प्रकार की कोई कोतल सेना नहीं रखी थी। अस्तु उनके दिनभर के अविश्रांत युद्ध से थके सैनिक इस आक्रमण की बाढ़ को रोकने में असमर्थ हो गये और उनके पैर उखड़ने लगे। पृथ्वीराज की सेना भाग चली। चौहान नरेश को सरदारों ने परामर्श दिया कि वह राजधानी की ओर भागकर दूसरी सेना को संगठित करने का उद्योग करे। अस्तु वह घोड़े पर चढ़कर भागा। उसको भागता देखकर राजपूत सेना का

धैर्य पूरी तरह से छूट गया और तुर्कों ने विपुल नरसंहार किया तथा उनके घुड़सवारों ने पृथ्वीराज का पीछा करके उसे सरसुती (सिरसा) के पास बन्दी बना लिया और कुछ समय बाद उनको मार दिया गया।

अंतिम सफर

युद्धबंधी के रूप में पृथ्वीराज गौरी के सामने ले जाया गया। जहाँ उसने गौरी को घूर कर देखा। गौरी ने उसे आँखें नीची करने के लिए कहा। पृथ्वीराज ने कहा कि राजपूतों की आँखें केवल मृत्यु के समय नीची होती हैं। यह सुनते ही गौरी आग बबूला होते हुए उठा और उसने सैनिकों को लोहे के गर्म सरियों से उसकी आँखें फोड़ने का आदेश दिया। पृथ्वीराज को अपमानित करने के लिए रोज दरबार में लाया जाता था। जहाँ गौरी और उसके साथी पृथ्वीराज का मजाक उड़ाते थे। उन दिनों पृथ्वीराज अपना समय अपने मित्र कवि चंद बरदाई के साथ बिताता था। चंद बरदाई ने पृथ्वीराज रासो नाम से उसकी जीवनी कविता में पिरोई थी। चंद बरदाई ने 'पृथ्वीराज' को गौरी से रोज-रोज होने वाले अपमान का बदला लेने के लिए प्रेरित किया। पृथ्वीराज भी इस अपमान से बहुत व्यथित था। उन दोनों को यह अवसर जल्द ही प्राप्त हो गया। गौरी ने तीरंदाजी का एक खेल अपने यहाँ आयोजित करवाया। पृथ्वीराज ने भी खेल में शामिल होने की इच्छा जाहिर की, परन्तु गौरी ने कहा की वह कैसे बिना आँखों के निशाना साध सकता है। पृथ्वीराज ने कहा कि यदि उनका आदेश हो पर गौरी ने कहा एक राजा ही राजा को आदेश दे सकता है, तब चंद बरदाई ने पृथ्वीराज के राजा होने की गाथा सुनाई। गौरी सहमत हो गया और उसको दरबार में बुलाया गया। वहां गौरी ने पृथ्वीराज से उसके तीरंदाजी कौशल को प्रदर्शित करने के लिए कहा। चंद बरदाई ने पृथ्वीराज को कविता के माध्यम से प्रेरित किया।

पृथ्वीराज मध्यकालीन भारतीय इतिहास के सबसे प्रसिद्ध हिन्दू राजपूत राजाओं में एक थे। उनका राज्य राजस्थान और हरियाणा तक फैला हुआ था। वे बहुत ही साहसी, युद्ध कला में निपुण और अच्छे दिल के राजा थे।

यह तथ्य बेहद रोमांचक है कि मोहम्मद गौरी को मार गिराने के बाद पृथ्वीराज चौहान और चंदबरदाई ने तुर्कों के हाथों मारे जाने से खुद को खत्म कर लेना बेहतर समझा। अत: दोनों ने एक दूसरे को कटार मार खुशी-खुशी मृत्यु को वरण कर लिया। इस प्रकार पूरी होती है महान प्रतापी सम्राट की गौरव गाथा, जो आज भी करोड़ों भारतीयों के दिलों में बसी है।

पृथ्वीराज ने मुहम्मद गोरी को कैसे मारा

पृथ्वीराज की सेना बड़ी संख्या में मारी गयी, कुछ जान बचाकर भाग खड़ी हुई! पृथ्वीराज चौहान अपने राज कवि चंदबरदाई के साथ कैद कर लिए गए! सम्राट पृथ्वीराज चौहान की दोनों आँखें निकलवा दी गयी! इतिहास कहता है की पृथ्वीराज चौहान लड़ाई में शहीद हो गए थे और महारानी संयुक्त पति के साथ सती हो गयी थी! लेकिन पृथ्वीराज चौहान नाम से एक पिक्चर बनी थी जिसमें दिखाया गया था की गौरी ने लड़ाई जीतने के उपलक्ष में एक समारोह का आयोजन किया जिसमें उसने अपने सैनिकों और वफादार मददगारों को पारितोषिक और महंगा से महँगा इनाम देकर सम्मानित किया! सबको कुछ न कुछ मिला! अब बारी आई जयचंद की, जयचंद को उम्मीद थी की सुलतान गौरी उसे कोई बड़ी जागीर या इज्जतदार ओहदा देकर सम्मानित करेगा! वह गौरी के सामने पेश हुआ अपना इनाम लेने के लिए! गौरी ने कहा, 'तुमने मुझे दिल्ली पर आक्रमण करने के लिए बुलाया, अपनी सेना और रसद द्वारा हमारी मदद की! मुझे हिन्दुस्तान बुलाकर तमने अपने लड़की और दामाद के साथ साथ अपने देश, कौम और अपनी जनता को ही धोखा दे दिया! वास्तव में तुम्हें तो इस गद्दारी के लिए बड़ा इनाम मिलना चाहिए! जो शक्स अपने देश, कौम जाति और धर्म का न हो सका, जो अपने दामाद लड़की का न हो सका वह भला हमारा विश्वसनीय कैसे हो सकता है, जो अपनों से गद्दारी कर सकता है वह हमें भी धोखा दे सकता है! 'सुलतान ने अपने गुलाम को तलवार देते हुए कहा, 'इस गद्दार को इनाम इसकी गर्दन उतार कर दो' इस तरह जयचंद को अपनी गद्दारी का उचित इनाम दिया गया! यह ! सन्देश है देश के उन गद्दारों के लिए जो देश की धरती में जन्मे, देश का अन्न खाते हैं, अपना कैरियर बनाते हैं, और चंद पैसों के खातिर दुश्मन/आतंकवादियों से मिल कर देश में दहशत गर्दी अराजकता फैलाते हैं!

हाँ तो सबको कुछ न कुछ देकर अपने गुलाम कुतुबद्दीन को दिल्ली की गद्दी पर बिठाकर, सुलतान मोहमद गौरी पृथ्वीराज चौहान और कवि चन्द्रवरदाई को लेकर सेना के साथ गौर देश लौट गया बहुत सारा धन दौलत के साथ! वहां उसे पता चला की पृथ्वीराज चौहान शब्द भेदी बाण चलाने में माहिर हैं! भारत में अभी तक तीन ही शब्द भेदी बाण चलाने वालों का वर्णन मिलता है! त्रेता में चक्रवर्ती सम्राट महाराज दशरथ जिन्होंने जंगल में शिकार खेलते वक्त

सरवण कुमार पर (सम्राट दशरथ का भांजा था) जो अपने अंधे माँ पिता जी के लिए चश्मे पर पानी भर रहा था, उसे मृग समझ कर शब्दभेदी वाण चला कर मार डाला था! उसके माँ पिता जी ने ही चक्रवर्ती सम्राट को शाप दिया जैसे हम अपने पुत्र के वियोग में तड़प-तड़प कर मर रहे हैं वैसे ही तुम भी तड़प-तड़प कर पुत्र वियोग में मरोगे'! दूसरा द्वापर में एक भील ने मृग समझ कर शब्दभेदी वाण श्री कृष्ण भगवान के पाँव के छते पर मारा था जिससे भगवान् के शरीर का रक्त बड़ी तेज गति से निकल गया था और बाद में उसी के कारण श्री कृष्ण भगवान बैकुण्ड चले गए थे! जब भील को पता लगा की उसने गलती से भगवान् श्री कृष्ण के पाँव पर शब्दभेदी वाण मारा है तो उसे बड़ी ग्लानी हुई, उसने भगवान के चरणों में अपना सिर रख कर माफी माँगी! भगवान ने कहा कि नहीं तुम्हारी कोई गलती नहीं है तुमने केवल अपना बदला मुझसे लिया है'! भील को सुनकर बड़ा अटपटा सा लगा, उसने पूछा, 'भगवन एक नाचीज, चिड़िया जैसे निष्पाप प्राणियों को मार कर उदर पूर्ती करने वाला भील भला साक्षात भगवान् से क्या बदला ले सकता है?' तब भगवान ने कहा, त्रेता में मैं राम अवतार के रूप में धरती पर आया था, तुम बाली थे! तुमने ब्रह्मा जी की अटूट तपस्या की थी और उन्होंने तुम्हे वरदान दिया था की मैं तुम्हारी तपस्या से अति प्रशन्न हूँ और तुम्हे वरदान देता हूँ की तुम बहुत शक्तिशाली होगे और अब से जो भी तुम्हारा दुश्मन तुम्हारे साथ आमने सामने होकर लड़ेगा उसकी आधी शक्ती तुम्हारे पास आ जाएगी! क्यों की तुमने अपने छोटे भाई सुग्रीब की पत्नी को उससे छीन कर अपनी पत्नी बनाकर बड़ा घोर पाप किया था और बिना अपराध के सुग्रीब को अपने राज्य से निकाल बाहर दिया था, सुग्रीब मेरा मित्र था, उसकी रक्षा करना मेरा कर्तव्य था! सामने से मैं वार कर नहीं सकता था और तुम्हे दंड देना भी आवश्यक था, इसलिए जब तुम दोनों भाई 'बाली-सुग्रीब' आपस में लड़ रहे थे मैंने छिप कर वाण मारा और तुम्हे यमलोक पहुंचा दिया! आज उसी का बदला तुमने मुझसे लेकर हिसाब बराबर कर दिया है! इस कलयुग में तीसरा शब्द भेदी वाण चलाने वाला था प्रतापी सम्राट पृथ्वी राज चौहान! आज गौर देश में पृथ्वीराज चौहान अपने शब्द भेदी बाण चलाने का इम्तहान देने जा रहे थे! मोहम्मद गौरी एक बहुत ऊंचे स्थान पर बैठा था! पृथ्वीराज चौहान और उनके राज कवि चन्द्रवरदाई उनके साथ ही नीचे जमीन पर बैठे हुए थे! छह गज ऊँचाई पर घंटा टंगा हुआ था! महाराज पृथ्वीराज चौहान अंधे कर दिए गए थे! उन्हें केवल घंटे की आवाज पर ही

निशान लगाना था! पूरी दूरी डिग्री, बांये और दाहिने का हिसाब लगाकर कवि ने सबको सुनाकर अपने सम्राट पृथ्वी राज चौहान को यह जानकारी दी, 'चार बांस चौबीस गज अंगुल अष्ट प्रमाण ता ऊ पर सुलतान है मत चुके चौहान!' चौहान ने अपनी अँगुलियों में गणना की और जैसे ही घंटा बजा बजाय घंटे के सीधे सुलतान को ही निशाना बना दिया! धनुष से शब्दभेदी बाण छूटा और जा कर सीधे लगा सुलतान मोहम्मद गौरी के सीने पर! बाण लगते ही गौरी अपने तख्त से लुढ़कर सीधे नीचे आ गया और उसके प्राण पखेरू उड़ गए! उसके मरते ही उसकी सेना में हलचल मच गयी और पुलिस और सेना पृथ्वीराज और चन्द्रवरदाई को मारने उनकी ओर भागने लगे, लेकिन उनके आने से पहले ही दोनों ने छुरियों से जो पहले ही उन्होंने अपने पास तैयार रखी थी एक दूसरे के सीने पर घोंप दी और इससे पहले की किसी तुर्क का हाथ उन तक पहुंचता वे दोनों स्वर्गवासी हो गए!

5

पृथ्वीराज रासो में पृथ्वीराज का यशोगान

चंदबरदाई (जन्म : संवत 1205 तदनुसार 1148 ई0, लाहौर वर्तमान में पाकिस्तान में–मृत्यु : संवत 1249 तदनुसार 1191 ई0 गजनी) हिन्दी साहित्य के वीर गाथा कालीन कवि तथा पृथ्वीराज चौहान के मित्र थे। उन्होंने अपने मित्र का अन्तिम क्षण तक साथ दिया।

जीवनी

चंदबरदाई का जन्म लाहौर में हुआ था, वह जाति का राव या भाट था। बाद में वह अजमेर-दिल्ली के सुविख्यात हिंदू नरेश पृथ्वीराज का सम्माननीय सखा, राजकवि और सहयोगी हो गया था। इससे उसका अधिकांश जीवन महाराजा पृथ्वीराज चौहान के साथ दिल्ली में बीता था। वह राजधानी और युद्ध क्षेत्र सब जगह पृथ्वीराज के साथ रहा था। उसकी विद्यमानता का काल 13 वीं शती है। चंदवरदाई का प्रसिद्ध ग्रंथ पृथ्वीराजरासो है। इसकी भाषा को भाषा-शास्त्रियों ने पिंगल कहा है, जो राजस्थान में ब्रजभाषा का पर्याय है। इसलिए चंदवरदाई को ब्रजभाषा हिन्दी का प्रथम महाकवि माना जाता है। रासो की रचना महाराज पृथ्वीराज के युद्ध-वर्णन के लिए हुई है। इसमें उनके

वीरतापूर्ण युद्धों और प्रेम-प्रसंगों का कथन है। अत: इसमें वीर और श्रृंगार दो ही रस है। चंदबरदाई ने इस ग्रंथ की रचना प्रत्यक्षदर्शी की भाँति की है अंत: इसका रचना काल सं. 1220 से 1250 तक होना चाहिए। विद्वान रासो को 16वीं अथवा उसके बाद की किसी शती का अप्रमाणिक ग्रंथ मानते हैं।

हिन्दी के पहले कवि

चंदबरदाई को हिंदी का पहला कवि और उनकी रचना पृथ्वीराज रासो को हिंदी की पहली रचना होने का सम्मान प्राप्त है। पृथ्वीराज रासो हिंदी का सबसे बड़ा काव्य-ग्रंथ है। इसमें 10,000 से अधिक छंद हैं और तत्कालीन प्रचलित 6 भाषाओं का प्रयोग किया गया है। इस ग्रंथ में उत्तर भारतीय क्षत्रिय समाज व उनकी परंपराओं के विषय में विस्तृत जानकारी मिलती है, इस कारण ऐतिहासिक दृष्टि से भी इसका बहुत महत्व है।

वे भारत के अंतिम हिंदू सम्राट पृथ्वीराज चौहान तृतीय के मित्र तथा राजकवि थे। पृथ्वीराज ने 1165 से 1192 तक अजमेर व दिल्ली पर राज किया। यही चंदबरदाई का रचनाकाल भी था।

गोरी के वध में सहायता

इनका जीवन पृथ्वीराज के जीवन के साथ ऐसा मिला हुआ था कि अलग नहीं किया जा सकता। युद्ध में, आखेट में, सभा में, यात्रा में, सदा महाराज के साथ रहते थे और जहाँ जो बातें होती थीं, सब में सम्मिलित रहते थे। यहां तक कि मुहम्मद गोरी के द्वारा जब पृथ्वीराज चौहान को परास्त करके एवं उन्हे बंदी बना करके गजनी ले जाया गया तो ये भी स्वयं को वश में नही कर सके एवं गजनी चले गये। ऐसा माना जाता है कि कैद में बंद पृथ्वीराज को जब अन्धा कर दिया गया तो उन्हें इस अवस्था में देख कर इनका ह्रदय द्रवित हो गया एवं इन्होंने गोरी के वध की योजना बनायी। उक्त योजना के अंतर्गत इन्होंने पहले तो गोरी का ह्रदय जीता एवं फिर गोरी को यह बताया कि पृथ्वीराज शब्दभेदी बाण चला सकता है। इससे प्रभावित होकर मोहम्मद गोरी ने पृथ्वीराज की इस कला को देखने की इच्छा प्रकट की। प्रदर्शन के दिन चंद बरदायी गोरी के साथ ही मंच पर बैठे। अंधे पृथ्वीराज को मैदान में लाया गया एवं उनसे अपनी कला का प्रदर्शन करने को कहा गया। पृथ्वीराज के द्वारा जैसे ही एक घण्टे के ऊपर बाण चलाया गया गोरी के मुँह से अकस्मात ही वाह!

वाह!! शब्द निकल पड़ा बस फिर क्या था चंदबरदायी ने तत्काल एक दोहे में पृथ्वीराज को यह बता दिया कि गोरी कहाँ पर एवं कितनी ऊँचाई पर बैठा हुआ है। वह दोहा इस प्रकार था–

चार बाँस चौबीस गज, अंगुल अष्ट प्रमान! ता ऊपर सुल्तान है, मत चूके चौहान!!

इस प्रकार चंद बरदाई की सहायता से पृथ्वीराज के द्वारा गोरी का वध कर दिया गया। इनके द्वारा रचित पृथ्वीराज रासो हिंदी भाषा का पहला प्रामाणिक काव्य माना जाता है।

पृथ्वीराज रासो

पृथ्वीराज रासो हिन्दी भाषा में लिखा गया एक महाकाव्य है, जिसमें पृथ्वीराज चौहान के जीवन–चरित्र का वर्णन किया गया है। यह कवि चंदबरदाई की रचना है, जो पृथ्वीराज के अभिन्न मित्र तथा राजकवि थे। इसमें दिल्लीश्वर पृथ्वीराज के जीवन की घटनाओं का विशद वर्णन है। यह एक विशाल महाकाव्य है। यह तेरहवीं शती की रचना है। माताप्रसाद गुप्त इसे 1400 वि. के लगभग की रचना मानते हैं। पृथ्वीराज रासो की ऐतिहासिकता विवादग्रस्त है।

परिचय

पृथ्वीराजरासो रासक परंपरा का एक काव्य है। जैसा इसके नाम से ही प्रकट है, दिल्ली के अंतिम हिंदू सम्राट् पृथ्वीराज के जीवन की घटनाओं को लेकर लिखा गया हिंदी का एक ग्रंथ जो चंद का लिखा माना जाता रहा है। पहले इस काव्य के एक ही रूप से हिंदी जगत् परिचित था, जो संयोग से रचना का सबसे अधिक विशाल रूप था इसमें लगभग ग्यारह हजार रूपक आते थे। उसके बाद रचना का एक उससे छोटा रूप कुछ प्रतियों में मिला, जिसमें लगभग साढ़े तीन हजार रूपक थे। उसके भी बाद एक रूप कुछ प्रतियों में प्राप्त हुआ जिसमें कुल रूपकसंख्या बारह सौ से अधिक नहीं थी। तदनंतर दो प्रतियाँ उसकी ऐसी भी प्राप्त हुई जिनमें क्रमश: चार सौ और साढ़े पाँच सौ रूपक ही थे। ये सभी प्रतियाँ रचना के विभिन्न पूर्ण रूप प्रस्तुत करती थीं। रचना के कुछ खंडों की प्रतियाँ भी प्राप्त हुई हैं, जिनका संबंध उपर्युक्त प्रथम दो रूपों से रहा है। अत: स्वभावत: यह विवाद उठा कि उपर्युक्त विभिन्न पूर्ण रूपों का विकास किस प्रकार हुआ। कुछ विद्वानों ने इससे सर्वथा भिन्न मत प्रकट किया। उन्होंने कहा कि सबसे बड़ा रूप ही रचना का मूल रूप रहा होगा

और उसी से उत्तरोत्तर अधिकाधिक छोटे रूप संक्षेपों के रूप में बनाकर प्रस्तुत किए गए होंगे। इन्होंने इसका प्रमाण यह दिया कि रचना का कोई रूप, यहाँ तक कि सबसे छोटा रूप भी, अनैतिहासिकता से मुक्त नहीं है। किंतु इस विवाद को फिर यहीं पर छोड़ दिया गया और इसको हल करने का कोई प्रयास बहुत दिनों तक नहीं किया गया। इसका प्रथम उल्लेखनीय प्रयास 1955 में हुआ। जब एक विद्वान ने पृथ्वीराज रासो के तीन पाठों का आकार संबंध (हिंदी अनुशीलन, जलन-मार्च 1955) शीर्षक लेख लिखकर यह दिखाया कि पृथ्वीराज और उसके विपक्ष के बलाबल को सूचित करनेवाली जो संख्याएँ रचना के तीन विभिन्न पाठों सबसे बड़े (बृहत्), उससे छोटे (मध्यम) और उससे भी छोटे (लघुतम) में मिलती हैं उनमें समानता नहीं है और यदि समग्र रूप से देखा जाय तो इन संख्याओं के संबंध में अत्युक्ति की मात्रा भी उपर्युक्त क्रम में ही उत्तरोत्तर कम मिलती है। यदि ये पाठ बृहत् मध्यम लघु लघुतम क्रम में विकसित हुए होते, तो संक्षेप क्रिया के कारण बलाबल सूचक संख्याओं में कोई अंतर न मिलता। इसलिये यह प्रकट है कि प्राप्त रूपों के विकास का क्रम लघुतम लघुमध्यम बृहत् है। प्रबंध की कृष्टि से यदि हम रचना की उक्ति शृंखलाओं और छंद शृंखलाओं तथा प्रसंग शृंखलाओं पर ध्यान दें तो वहाँ भी देखेंगे कि ये शृंखलाएँ लघुतम लघुमध्यम बृहत् क्रम में ही उत्तरोत्तर अधिकाधिक टूटी हैं और बीच बीच में इसी क्रम से अधिकाधिक छंद और प्रसंग प्रक्षेपकर्ताताओं के द्वारा रखे गए हैं। किंतु रचना का प्राप्त सबसे छोटा (लघुतम) रूप भी इन शृखलात्रुटियों से सर्वथा मुक्त नहीं है, इसलिये स्पष्ट ज्ञात होता है कि रासो का मूल रूप प्राप्त लघुतम रूप से भी छोटा रहा होगा।

हिन्दी साहित्य का महाकाव्य

इस पुस्तक के बारे में संदेह यह है कि यह रचना डिंगल की है अथवा पिंगल की। यह ग्रंथ एक से अधिक रचयिताओं का हो सकता है। पृथ्वीराज रासो ढाई हजार पृष्ठों का संग्रह है। इसमें पृथ्वीराज व उनकी प्रेमिका संयोगिता के परिणय का सुन्दर वर्णन है। यह ग्रंथ ऐतिहासिक कम काल्पनिक अधिक है। पृथ्वीराज रासो तथा आल्हाखण्ड हिन्दी साहित्य के आदि काल के दो प्रसिद्ध महाकाव्य हैं। पृथ्वीराज रासो को हम साहित्यिक परम्परा का विकसनशील महाकाव्य और आल्हाखण्ड को लोक-महाकाव्य की संज्ञा दे सकते हैं। रासो का वृहत्तम रूपान्तर जो नागरीप्रचारिणी सभा से प्रकाशित है, 69 समय (सर्ग)

का विशाल ग्रन्थ है। इसमें अन्तिम हिन्दू सम्राट पृथ्वीराज चौहान के जीवन-वृत्त के साथ सामन्ती वीर-युग की सभ्यता, रहन-सहन, मान-मर्यादा, खान-पान तथा अन्य जीवन-विधियों का इतना क्रमवार और सही वर्णन हुआ है कि इसमें तत्कालीन समग्र युगजीवन अपने समस्त गुण-दोषों के साथ यथार्थ रूप में चित्रित हो उठा है।

कथा

पृथ्वीराजरासो की कथा संक्षेप में इस प्रकार है—पृथ्वीराज जिस समय दिल्ली के सिंहासन पर था, कन्नौज के राजा जयचंद ने राजसूय यज्ञ करने का निश्चय किया और इसी अवसर पर उसने अपनी कन्या संयोगिता का स्वयंवर भी करने का संकल्प किया। राजसूय का निमंत्रण उसने दूर दूर तक के राजाओं को भेजा और पृथ्वीराज को भी उसमें सम्मिलित होने के लिये आमंत्रित किया। पृथ्वीराज और उसके सामंतों को यह बात खली कि बहुवचनों के होते हुए भी कोई अन्य राजसूय यज्ञ करे और पृथ्वीराज ने जयचंद का निमंत्रण अस्वीकार कर दिया। जयचंद ने फिर भी राजसूय यज्ञ करना ठानकर यज्ञमंडप के द्वार पर द्वारपाल के रूप में पृथ्वीराज की एक प्रतिमा स्थापित कर दी। पृथ्वीराज स्वभावतः इस घटना से अपमान समझकर क्षुब्ध हुआ। इसी बीच उसे यह भी समाचार मिला कि जयचंद की कन्या संयोगिता ने पिता के वचनों की उपेक्षा कर पृथ्वीराज को ही पति रूप में वरण करने का संकल्प किया है और जयचंद ने इसपर क्रुद्ध होकर उसे अलग गंगातटवर्ती एक आवास में भिजवा दिया है।

इन समाचारों से संतप्त होकर वह राजधानी के बाहर आखेट में अपना समय किसी प्रकार बिता रहा था कि उसकी अनुपस्थिति से लाभ उठाकर उसके मंत्री कैवास ने उसकी एक करनाटी दासी से अनुचित संबंध कर लिया और एक दिन रात को उसके कक्ष में प्रविष्ट हो गया। पट्टराज्ञी को जब यह बात ज्ञात हुई, उसने पृथ्वीराज को तत्काल बुलवा भेजा और पृथ्वीराज रात को ही राजभवन में आ गया। जब उसे उक्त दासी के कक्ष में कैवास को दिखाया गया, उसने रात्रि के अंधकार में ही उन्हें लक्ष्य करके बाण छोड़े। पहला बाण तो चूक गया किंतु दूसरे बाण के लगते ही कैंवास धराशायी हो गया। रातो रात दोनों को एक गढ्डे में गड़वाकर पृथ्वीराज आखेट पर चला गया, फिर दूसरे दिन राजधानी को लौटा। कैंवास की स्त्री ने चंद से अपने मृत पति का शव

दिलाने की प्रार्थना की तो चंद ने पृथ्वीराज से यह निवेदन किया। पृथ्वीराज ने चंद का यह अनुरोध इस शर्त पर स्वीकार किया कि वह उसे अपने साथ ले जाकर कन्नौज दिखाएगा। दोनों मित्र कसकर गले मिलते ओर रोए। पृथ्वीराज ने कहा कि इस अपमानपूर्ण जीवन से मरण अच्छा था और उसके कविमित्र ने उसकी इस भावना का अनुमोदन किया। कैंवास का शव लेकर उसकी विधवा सती हो गई।

चंद के साथ थवाइत्त (तांबूलपात्रवाहक) के शेष में पृथ्वीराज ने कन्नौज के लिए प्रयाण किया। साथ में सौ वीर राजपूत सामंतों सैनिकों को भी उसने ले लिया। कन्नौज पहुँचकर जयचंद के दरबार में गया। जयचंद ने उसका बहुत सत्कार किया और उससे पृथ्वीराज के वय, रूप आदि के संबंध में पूछा। चंद ने उसका जैसा कुछ विवरण दिया, वह उसके अनुचर थवाइत्त में देखकर जयचंद कुछ सशंकित हुआ। शंकानिवारणार्थ उसने कवि को पान अर्पित कराने के बहाने अन्य दासियों के साथ एक दासी को बुलाया जो पहले पृथ्वीराज की सेवा में रह चुकी थी। उसने पृथ्वीराज को थ्वाइत्त के वेष में देखकर सिर ढँक लिया। किंतु किसी ने कहा कि चंद पृथ्वीराज का अभिन्न सखा था इसलिये दासी ने उसे देख सिर ढँक लिया और बात वहीं पर समाप्त हो गई। किंतु दूसरे दिन प्रात: काल जब जयचंद चंद के डेरे पर उससे मिलने गया, थवाइत्त को सिंहासन पर बैठा देखकर उसे पुन: शंका हुई। चंद ने बहाने करके उसकी शंका का निवारण करना चाहा और थवाइत्त से उसे पान अर्पित करने का कहा। पान देते हुए थवाइत्त वेशी पृथ्वीराज ने जो वक्र दृष्टि फेंकी, उससे जयचंद को भली भाँति निश्चय हो गया कि यह स्वयं पृथ्वीराज है और उसने पृथ्वीराज का सामना डटकर करने का आदेश निकाला।

इधर पृथ्वीराज नगर की परिक्रमा के लिये निकला। जब वह गंगा में मछलियों को मोती चुगा रहा था, संयोगिता ने एक दासी को उसको ठीक ठीक पहचानने तथा उसके पृथ्वीराज होने पर अपना (संयोगिता का) प्रेमनिवेदन करने के लिये भेजा। दासी ने जब यह निश्चय कर लिया कि वह पृथ्वीराज ही है, उसने संयोगिता का प्रणयनिवेदन किया। पृथ्वीराज तदनंतर संयोगिता से मिला और दोनों का उस गंगातटवर्ती आवास में पाणिग्रहण हुआ। उस समय वह वहाँ से चला आया किंतु अपने सामंतों के कहने पर वह पुन: जाकर संयोगिता को साथ लिवा लाया। जब उसने इस प्रकार संयोगिता का अपहरण किया, चंद ने ललकारकर जयचंद से कहा कि उसका शत्रु पृथ्वीराज उसकी कन्या का

वरण कर अब उससे दायज के रूप में युद्ध माँग रहा था। परिणामत: दोनों पक्षों में संघर्ष प्रारंभ हो गया।

दो दिनों के युद्ध में जब पृथ्वीराज के अनेक योद्धा मारे गए, सामंतों ने उसे युद्ध की विधा बदलने की सलाह दी। उन्होंने सुझाया कि वह संयोगिता को लेकर दिल्ली की ओर बढ़े और वे जयचंद की सेना को दिल्ली के मार्ग में आगे बढ़ने से रोकते रहें जब तक वह संयोगिता को लेकर दिल्ली न पहुँच जाए। पृथ्वीराज ने इसे स्वीकार कर लिया और अनेक सामंतों तथा शूर वीरों यौद्धाओं की बलि के बाद अनंतर संयोगिता को लेकर दिल्ली गया। जयचंद अपनी सेना के साथ कन्नौज लौट गया।

दिल्ली पहुँचकर पृथ्वीराज संयोगिता के साथ, विलासमग्न हो गया। छह महीने तक आवास से बाहर निकला ही नहीं, जिसके परिणामस्वरूप उसके गुरु, बांधव, भत्य तथा लोक में उसके प्रति असंतोष उत्पन्न हो गया। प्रजा ने राजगुरु से कष्ट का निवेदन किया तो राजगुरु चंद को लेकर संयोगिता के आवास पर गया। दोनों ने मिलकर पृथ्वीराज को गोरी के आक्रमण की सूचिका पत्रिका भेजी और संदेशवाहिका दासी से कहला भेजा–'गोरी रत्तुअधरा तू गोरी अनुरत्त।' राजा की विलासनिद्रा भंग हुई और वह संयोगिता से विदा होकर युद्ध के लिये निकल पड़ा।

शहाबुद्दीन इस बार बड़ी भारी सेना लेकर आया हुआ था। पृथ्वीराज के अनेक शूर योद्धा और सामंत कन्नोज युद्ध में ही मारे जा चुके थे। परिणामत: पृथ्वीराज की सेना रणक्षेत्र से लौट पड़ी और शाहबुद्दीन विजयी हुआ। पृथ्वीराज बंदी किया गया और गजनी ले जाया गया। वहाँ पर कुछ दिनों बाद शहाबुद्दीन ने उसकी आँखें निकलवा लीं।

जब चंद को पृथ्वीराज के कष्टों का समाचार मिला, वह गजनी अपने मित्र तथा स्वामी के उद्धार के लिये अवधूत के वेष में चल पड़ा। वह शहाबुद्दीन से मिला। वहाँ जाने का कारण पूछने पर उसने बताया कि अब वह बदरिकाश्रम जाकर तप करना चाहता था किंतु एक साध उसके जी में शेष थी, इसलिये वह अभी वहाँ नहीं गया था। उसने पृथ्वीराज के साथ जन्म ग्रहण किया था और वे बचपन में साथ साथ ही खेले कूदे थे। उसी समय पृथ्वीराज ने उससे कहा था कि वह सिंगिनी के द्वारा बिना फल के बाध से ही सात घड़ियालों को एक साथ बेध सकता था। उसका यह कौशल वह नहीं देख सका था और अब देखकर अपनी वह साध पूरी करना चाहता था।

गोरी ने कहा कि वह तो अंधा किया जा चुका है। चंद ने कहा कि वह फिर भी वैसा संधानकौशल दिखा सकता है, उसे यह विश्वास था। शहाबुद्दीन ने उसकी यह माँग स्वीकार कर ली और तत्संबंधी सारा आयोजन कराया। चंद के प्रोत्साहित करने पर जीवन से निराश पृथ्वीराज ने भी अपना संघान कौशल दिखाने के बहाने शत्रु के वध करने का उसका आग्रह स्वीकार कर लिया। पृथ्वीराज से स्वीकृति लेकर चंद शहाबुद्दीन के पास गया और कहा कि वह लक्ष्यवेध तभी करने को तैयार हुआ है जब वह (शहाबुद्दीन) स्वयं अपने मुख से उसे तीन बार लक्ष्यवेध करने का आह्वाहन करे। शहाबुद्दीन ने इसे भी स्वीकार कर लिया1 शाह ने दो फर्मान दिए, फिर तीसरा उसने ज्यों ही दिया पृथ्वीराज के बाण से विद्ध होकर वह धराशायी हुआ। पृथ्वीराज का भी अंत हुआ। देवताओं ने उस पर पुष्पवृष्टि की और पृथ्वी ने म्लेच्छा गोरी से त्राण पाकर हर्ष प्रकट किया। यहाँ पर पृथ्वीराजरासो की कथा समाप्त होती है।

ऐतिहासिकता

रासो की ऐतिहासिकता को लेकर, विशेष रूप से जब से प्रसिद्ध विद्वान और पुरातत्वज्ञ व्यूलर को पृथ्वीराज विजय नामक संस्कृत काव्य की खंडित प्रति मिली, बड़ा विवाद चला है। यह विवाद उसके बृहत् पाठ को लेकर चला है, किंतु रचना का लघुतम पाठ तक ऐसा नहीं है जो अनैतिहासिकता से सर्वथा मुक्त हो। उदाहरणार्थ जयचंद के द्वारा डाहल के कर्ण को दो बार पराजित और बंदी किए जाने का उल्लेख मिलता है, किंतु वह जयचंद से लगभग सवा सौ वर्ष पूर्व हुआ था। जयचंद से हुए कहे गए पृथ्वीराज के युद्ध के संबंध में कोई निश्चित ऐतिहासिका समर्थन अभी तक नहीं प्राप्त हो सका है। पृथ्वीराज अजमेर का शासक था या दिल्ली का शासक कोई गोविंदराय या खांडेराय था जो पृथ्वीराज की ओर से दोनों युद्धों से लड़ा था ओर दूसरे युद्ध में मारा गया था। मुसलमान इतिहासकारों के अनुसार गोरी से पृथ्वीराज के केवल दो युद्ध हुए थे, रासो के अनुसार कम से कम चार युद्ध हुए थे= जिनमें से तीन में शहाबुद्दीन पराजित हुआ था और बंदी किया गया था। मुसलमान इतिहासकारों के अनुसार पृथ्वीराज पराजित होने के अनंतर सरस्वती के निकट पकड़ा गया और मारा गया था, जबकि रासो के अनुसार वह शहाबुद्दीन को गजनी में उपर्युक्त प्रकार से मारकर मरा था। ये अनैतिहासिक उल्लेख और विवरण पृथ्वीराजरासो के

समस्त रूपों में पाए जाते हैं और इनमें से अधिकतर उसके ताने बाने के हैं, इसलिये उसके किसी भी पुनर्निमित रूप में भी पाए जाएँगे। इसलिये यह मानना ही पड़ेगा कि उसका कोई भी रूप पृथ्वीराज की समकालीन रचना नहीं हो सकता है।

प्रश्न यह है कि रासो किस समय की रचना माना जा सकता है। कुछ समय हुआ, प्रसिद्ध अन्वेषी विद्वान् मुनि जिनविजय को जैन भांडरों में दो जैन प्रबंध संग्रहों की एक एक प्रति मिली, जिनमें पृथ्वीराज प्रबंध और जयचंद प्रबंध संकलित थे। इन प्रबंधों में जो छंद उद्धत थे उनमें से कुछ पृथ्वीराज रासो में भी मिले, यद्यपि इन उद्धरणों की भाषा में रासो की भाषा की अपेक्षा प्राचीनता अधिक सुरक्षित थी। दोनों प्रतियों में पृथ्वीराज प्रबंध प्राय: अभिन्न था और एक प्रबंधसंग्रह की प्रति सं. 1528 की थी। इनसे मुनिजी ने यह परिणाम निकाला कि चंद अवश्य ही पृथ्वीराज का समकालीन और उसका राजकवि था। किंतु इतने से ही यह परिणाम निकालन तर्कसंगत न होगा। इन तथ्यों के आधार पर हम इतना ही कह सकते हें कि चंद को रचना का कोई न कोई रूप सं. 1528 के पहले प्राप्त था, जिससे लेकर वे छंद उक्त पृथ्वीराजप्रबंध में उद्धृत किए गए। वह रूप सं. 1528 के कितने पूर्व निर्मित हुआ होगा इसके संबंध में कुछ अनुमान से ही कहा जा सकता है, जिसके लिये निम्नलिखित आधार लिए जा सकते हैं–

1. दोनों संग्रहों की प्रतियाँ उनके संग्रहकारों के हस्तलेखों में नहीं हैं, इसलिए संग्रहकारों की कृतियाँ उनकी प्रतियों के पूर्व की होगीं।
2. दोनों संग्रहों में पृथ्वीराजप्रबंध प्राय: समान पाठ के साथ मिलता है, इसलिये दोनों प्रबंधसंग्रहों में उसे किसी पूर्ववर्ती सामान्य आधारभूत प्रबंधसंग्रह से लिया गया होगा।
3. जिस काव्य से उपर्युक्त छंद लिए गए होंगे, वह इस सामान्य आधारभूत प्रबंधसंग्रह के पूर्व कभी रचा गया होगा।

उद्धृत छंदों में से एक रासो के लघुतम पाठ की प्रतियों में नहीं मिलता है उसमें कैंवास को व्यास (बुद्धिमान) और वशिष्ठ (श्रेष्ठ) कहा गया है, जबकि रासो के समस्त रूपों में उसके कर्नाटी दासी के साथ अनुचित प्रेम की कथा दी गई है, जिससे प्रकट है कि यह छंद मूल रचयिता उपर्युक्त आधारभूत प्रबंधलेखक को प्राप्त थी, वह प्रक्षिप्त था या रचना का मूल रूप उसके भी पूर्व का होना चाहिए।

यदि मान लिया जाय कि रचना का उक्त प्रक्षिप्त रूप उसके मूल रूप के लगभग 50 वर्ष बाद का होगा, आधारभूत पूर्वज संग्रह उसके भी लगभग 25 वर्ष बाद तैयार किए गए होंगे और प्राप्त प्रतियाँ उक्त दोनों प्रबंध संग्रहों के तैयार होने के भी लगभग पचीस वर्ष बाद की होंगी, तो मूल काव्यरचना सं. 1400 के लगभग की मानी जा सकती है। समय के इस अनुमान में कहीं पर उदारता नहीं बरती गई है, इसलिये मूल रचना की तिथि इसके बहुत बाद नहीं टल सकती है। रचना की भाषा का जो रूप प्रबंधसंग्रहों के उदाहरणों में तथा रचना के लघुतम रूपों की प्रतियों में मिलता है, वह भी सं. 1400 के आस पास का ज्ञात होता है, इसलिये भाषा का साक्ष्य भी उपर्युक्त परिणाम की पुष्टि करता है।

राजनीतिक स्थिति का वर्णन

शहाबुद्दीन गौरी के आक्रमणों के समय पृथ्वीराज इतना विलासी हो गया था कि संयोगिता के महल से बाहर निकलता ही नहीं था। उसकी सहायता के लिए रावल समर सिंह दिल्ली आकर ठहरते थे, किन्तु पृथ्वीराज को इसकी सूचना लेने की भी फुर्सत नहीं थी। प्रजा में कष्ट और असन्तोष बढ़ता गया। अन्त में वह शहाबुद्दीन द्वारा बन्दी बनाकर गजनी ले जाया जाता है, जहाँ चंदबरदाई के संकेतों से गौरी को बिंधकर स्वयं भी मर जाता है। इस प्रकार रासो हमारे पतन और गम की कहानी है।

कथानक की शिथिलता

रासों में कथानक की शिथिलता, विशृंखलता तथा असन्तुलित योजना भी अत्यधिक खटकती है। कथानक का जो एक क्षीण तन्तु है, वह भी बीच-बीच में विवाह, मृगया आदि के उबा देने वाले लम्बे वर्णनों के कारण टूट जाता है। कथानक में सुनिश्चित योजना तथा समानुपातिक संघटन के अभाव का कारण कदाचित यह भी है कि उसके वर्तमान रूपान्तर में मूल रचना के अतिरिक्त प्रक्षेप भी अत्याधिक परिमाण में हुए हैं। अतः पृथ्वीराज रासो उत्कृष्ट कोटि के महाकाव्यों की श्रेणी में रखें जाने के योग्य नहीं जान पड़ता।

रामचंद्र शुक्ल के अनुसार

श्री रामचन्द्र शुक्ल ने हिन्दी साहित्य का इतिहास में लिखा है - पृथ्वीराज रासो ढाई हजार पृष्ठों का बहुत बड़ा ग्रंथ है जिसमें 69 समय (सर्ग

या अध्याय) हैं। प्राचीन समय में प्रचलित प्राय: सभी छंदों का व्यवहार हुआ है। मुख्य छंद हैं कवित्त (छप्पय), दूहा, तोमर, त्रोटक, गाहा और आर्या। जैसे कादंबरी के संबंध में प्रसिद्ध है कि उसका पिछला भाग बाण के पुत्र ने पूरा किया है वैसे ही रासो के पिछले भाग का भी चंद के पुत्र जल्हण द्वारा पूर्ण किया जाना कहा जाता है। रासो के अनुसार जब शहाबुद्दीन गौरी पृथ्वीराज को कैद करके गजनी ले गया तब कुछ दिनों पीछे चंद भी वहीं गए। जाते समय कवि ने अपने पुत्र जल्हण के हाथ में रासो की पुस्तक देकर उसे पूर्ण करने का संकेत किया। जल्हण के हाथ में रासो को सौंपे जाने और उसके पूरे किए जाने का उल्लेख रासो में है—

पुस्तक जल्हन हत्थ दै चलि गज्जन नृपकाज।
रघुनाथचरित हनुमंतकृत भूप भोज उद्ध रिय जिमि।
पृथिराजसुजस कवि चंद कृत चंदनंद उद्ध रिय तिमि

कथानक

पृथ्वीराज रासो में आबू के यज्ञकुंड से चार क्षत्रिय कुलों की उत्पत्ति तथा चौहानों के अजमेर में राजस्थापन से लेकर पृथ्वीराज के पकड़े जाने तक का सविस्तार वर्णन है। इस ग्रंथ के अनुसार पृथ्वीराज अजमेर के चौहान राजा सोमेश्वर के पुत्र और अर्णोराज के पौत्र थे। सोमेश्वर का विवाह दिल्ली के तुंवर (तोमर) राजा अनंगपाल की कन्या से हुआ। अनंगपाल की दो कन्याएँ थीं सुंदरी और कमला। सुंदरी का विवाह कन्नौज के राजा विजयपाल के साथ हुआ और इस संयोग से जयचंद राठौर की उत्पत्ति हुई। दूसरी कन्या कमला का विवाह अजमेर के चौहान सोमेश्वर के साथ हुआ जिनके पुत्र पृथ्वीराज हुए। अनंगपाल ने अपने नाती पृथ्वीराज को गोद लिया जिससे अजमेर और दिल्ली का राज एक हो गया।

संयोगिता का स्वयंवर

जयचंद को यह बात अच्छी न लगी। उसने एक दिन राजसूय यज्ञ करके सब राजाओं को यज्ञ के भिन्न-भिन्न कार्य करने के लिए निमंत्रित किया और इस यज्ञ के साथ ही अपनी कन्या संयोगिता का स्वयंवर रचा। राजसूय यज्ञ में सब राजा आए पर पृथ्वीराज नहीं आए। इसपर जयचंद ने चिढ़कर पृथ्वीराज की एक स्वर्णमूर्ति द्वारपाल के रूप में द्वार पर रखवा दी। संयोगिता का अनुराग

पहले से ही पृथ्वीराज पर था, अतः जब वह जयमाल लेकर रंगभूमि में आई तब उसने पृथ्वीराज की मूर्ति को ही माला पहना दी। इस पर जयचंद ने उसे घर से निकालकर गंगा किनारे के महल में भेज दिया। इधर पृथ्वीराज के सामंतों ने आकर यज्ञ विध्वंस किया। फिर पृथ्वीराज ने चुपचाप आकर संयोगिता से गंधर्व विवाह किया और अंत में वे उसे हर ले गए। रास्ते में जयचंद की सेना से बहुत युद्ध हुआ, पर संयोगिता को लेकर पृथ्वीराज कुशलतापूर्वक दिल्ली पहुँच गए। वहाँ भोगविलास में ही उनका समय बीतने लगा, राज्य की रक्षा का ध्यान न रह गया।

ऐतिहासिकता का अभाव

बल का बहुत कुछ ह्रास तो जयचंद तथा और राजाओं के साथ लड़ते-लड़ते हो चुका था और बड़े-बड़े सामंत मारे जा चुके थे। अच्छा अवसर देख शहाबुद्दीन चढ़ आया, पर हार गया और पकड़ा गया। पृथ्वीराज ने उसे छोड़ दिया। वह बार-बार चढ़ाई करता रहा और अंत में पृथ्वीराज पकड़कर गजनी भेज दिए गए। कुछ काल के पीछे कवि चंद भी गजनी पहुँचे। एक दिन चंद के इशारे पर पृथ्वीराज ने शब्दबेधी बाण द्वारा शहाबुद्दीन को मारा और फिर दोनों एक-दूसरे को मारकर मर गए। शहाबुद्दीन पृथ्वीराज के बैर का कारण यह लिखा गया है कि शहाबुद्दीन अपने यहाँ की एक सुंदरी पर आसक्त था, जो एक-दूसरे पठान सरदार हुसैनशाह को चाहती थी। जब ये दोनों शहाबुद्दीन से तंग हुए तब हारकर पृथ्वीराज के पास भाग आए। शहाबुद्दीन ने पृथ्वीराज के यहाँ कहला भेजा कि उन दोनों को अपने यहाँ से निकाल दो। पृथ्वीराज ने उत्तर दिया कि शरणागत की रक्षा करना क्षत्रियों का धर्म है, अतः इन दोनों की हम बराबर रक्षा करेंगे। इसी बैर से शहाबुद्दीन ने दिल्ली पर चढ़ाइयाँ कीं। यह तो पृथ्वीराज का मुख्य चरित्र हुआ। इसके अतिरिक्त बीच-बीच में बहुत-से राजाओं के साथ पृथ्वीराज के युद्ध और अनेक राजकन्याओं के साथ विवाह की कथाएँ रासो में भरी पड़ी हैं। ऊपर लिखे वृत्तांत और रासो में दिए हुए संवतों का ऐतिहासिक तथ्यों के साथ बिल्कुल मेल न खाने के कारण अनेक विद्वानों ने पृथ्वीराज रासो को पृथ्वीराज के समसामयिक किसी कवि की रचना होने में पूरा संदेह किया है और उसे सोलहवीं शताब्दी में लिखा हुआ एक जाली ग्रंथ ठहराया है। रासो में चंगेज, तैमूर आदि कुछ पीछे के नाम आने से यह संदेह और भी पुष्ट होता है। प्रसिद्ध इतिहासज्ञ रायबहादुर पंडित, गौरीशंकर हीराचंद

ओझा रासो में वर्णित घटनाओं तथा संवतों को बिल्कुल भाटों की कल्पना मानते हैं।

काव्य विशेषताएँ

पृथ्वीराज रासो वीर रस का हिंदी का सर्वश्रेष्ठ काव्य है। हिंदी साहित्य में वीर चरित्रों की जैसी विशद कल्पना इस काव्य में मिली वैसी बाद में कभी नहीं दिखाई पड़ी। पाठक रचना भर में उत्साह की एक उमड़ती हुई सरिता में बहता चलता है। कन्नौज युद्ध के पूर्व संयोगिता के अनुराग और विरह तथा उक्त युद्ध के अनंतर पृथ्वीराज चौहान और संयोगिता के मिलन और केलि विलास के जो चित्र रचना में मिलते हैं, वे अत्यंत आकर्षक हैं। अन्य रसों का भी काव्य में अभाव नहीं है। रचना का वर्णनवैभव असाधारण है। नायक नायिका के संभोग समय का षड्ऋतु वर्णन कहीं कहीं पर संश्लिष्ट प्रकृति चित्रण के सुंदर उदाहरण प्रस्तुत करता है। भाषा-शैली सर्वत्र प्रभावपूर्ण है और वर्ण्य विषय के अनुरूप काव्य भर में बदलती रहती है। रचना के इन समस्त गुणों पर दृष्टिपात किया जाए तो वह एक सुंदर महाकाव्य प्रमाणित होता है और निःसंदेह आधुनिक भारतीय आर्यभाषा साहित्य के आदि युग की विशिष्ट कृति ठहरती है।

पृथ्वीराज रासो की प्रमाणिकता पर प्रश्न

पृथ्वीराज रासो हिन्दी का प्रथम महाकाव्य माना जा सकता है। इस महाकाव्य में पृथ्वीराज चौहान के जीवन और चरित्र का वर्णन किया गया है। इसके रचयिता चंद बरदाई, पृथ्वीराज के बचपन के मित्र और उनके राजकवि थे और उनकी युद्ध यात्राओं के समय वीर रस की कविताओं से सेना को प्रोत्साहित भी करते थे।

पृथ्वीराजरासो ढाई हजार पृष्ठों का बहुत बड़ा ग्रंथ है जिसमें 69 समय (सर्ग या अध्याय) हैं। प्राचीन समय में प्रचलित प्रायः सभी छंदों का इसमें व्यवहार हुआ है। मुख्य छन्द हैं - कवित्त (छप्पय), दूहा (दोहा), तोमर, त्रोटक, गाहा और आर्या। जैसे कादंबरी के संबंध में प्रसिद्ध है कि उसका पिछला भाग बाण भट्ट के पुत्र ने पूरा किया है, वैसे ही रासो के पिछले भाग को भी चंद के पुत्र जल्हण द्वारा पूर्ण किया गया है। रासो के अनुसार जब शाहाबुद्दीन गोरी पृथ्वीराज को कैद करके गजनी ले गया, तब कुछ दिनों बाद

चंद भी वहीं गए। जाते समय कवि ने अपने पुत्र जल्हण के हाथ में रासो की पुस्तक देकर उसे पूर्ण करने का संकेत किया। जल्हण के हाथ में रासो को सौंपे जाने और उसके पूरे किए जाने का उल्लेख रासो में है–

पुस्तक जल्हण हत्थ दै चलि गज्जन नृपकाज।
रघुनाथनचरित हनुमंतकृत भूप भोज उद्धरिय जिमि।
पृथिराजसुजस कवि चंद कृत चंदनंद उद्धरिय तिमि।।

रासो में दिए हुए संवतों का ऐतिहासिक तथ्यों के साथ अनेक स्थानों पर मेल न खाने के कारण अनेक विद्वानों ने पृथ्वीराजरासो के समसामयिक किसी कवि की रचना होने में संदेह करते है और उसे 16वीं शताब्दी में लिखा हुआ ग्रंथ ठहराते हैं। इस रचना की सबसे पुरानी प्रति बीकानेर के राजकीय पुस्तकालय मे मिली है, कुल 3 प्रतियाँ है। रचना के अन्त में प्रथ्वीराज द्वारा शब्द भेदी बाण चला कर गौरी को मारने की बात भी की गयी है।

अत्यन्त प्राचीन काव्य होने के कारण न केवल रासो–काव्यों के संबंध में ही अनेक भ्रान्तियों ने जन्म लिया है, अपितु स्वयं 'रासो' शब्द के संबंध में भी अनेक भ्रामक धारणाएँ विद्वानों द्वारा व्यक्त की गई हैं।

प्रसिद्ध इतिहासकार गार्सा द तासी का मानना है कि रासो शब्द की व्युत्पत्ति राजसूय शब्द से हुई है, लेकिन न सभी चरित–काब्यों में राजसूय यज्ञ का वर्णन है और न संदेशरासक, बीसलदेव रासो आदि काव्यों में। इनमें केवल वीर रस की प्रधानता है। इसलिए यह मत स्वीकार्य नहीं है।

नरोत्तम स्वामी का मानना है कि 'रसिक' शब्द से रासो की व्युत्पत्ति हुई है। (रसिक : रासो)। उनके विचार में रसिक का अर्थ कथा या काव्य है। यह व्युत्पत्ति रासो के संबंध में तो ठीक है, लेकिन जिन काव्यों का नाम रासक या रास हैं, उनकी संगति इस मत से मेल नहीं खाती।

कुछ विद्वानों ने 'रहस्य' शब्द से और कुछ ने 'रसिया' शब्द से रासो की उत्पत्ति माना है। लेकिन रासो काव्यों में न तो गूढ़ रहस्यमयता ही मिलती है और न केवल भद्दा स्थूलश्रृंगार ही। ये काव्य न तो एकान्त रूप सेश्रृंगारी काव्य हैं और न रहस्यवादी। इसलिए ये मत भी उपयुक्त प्रतीत नहीं होते।

आचार्य शुक्ल के विचार में रासो की व्युत्पत्ति रसायन शब्द से हुई है। उन्होंने प्रमाण के लिए निम्न पंक्ति 'नाल्ह रसायन आरम्भई' प्रस्तुत की थी। उनके अनुसार रसायन का अर्थ था 'काव्य', लेकिन शुक्ल जी का मत भी आज

अमान्य हो चुका है।

पं. विश्वनाथ प्रसाद मिश्र के विचार में 'रासक' शब्द से रासो की व्युत्पत्ति हुई है। उनका कथन है कि जैसे संस्कृत का 'घोटक शब्द ब्रज में 'घोड़ो' हो जाता है, उसी प्रकार 'रासक' का 'रासो' हो गया है। उनके अनुसार रासक का अर्थ काव्य था। शुक्ल जी के मत के समान इनका मत भी विद्वानों द्वारा स्वीकार नहीं किया गया।

बैजनाथ खेतान ने रासो का अर्थ राजस्थानी भाषा में ऊधम, युद्ध अथवा प्रेमीजनों का झगड़ा बताते हुए रासो को शुद्ध राजस्थानी शब्द मानते हुए कहा है कि रासो शब्द की व्युत्पत्ति के लिए अन्यत्र जाने की जरूरत नहीं। लेकिन डा. दशरथ शर्मा ने उनके मत का विरोध करते हुए कहा है कि राजस्थानी में रासो शब्द अपने मूल अर्थ में नहीं बल्कि लाक्षणिक अर्थ में झगड़े के अर्थ में उसी प्रकार प्रयुक्त हुआ है, जिस प्रकार महाभारत शब्द लड़ाई के अर्थ में हुआ है। इसलिए रासो की व्यत्पत्ति रासो से नहीं, बल्कि किसी अन्य शब्द से मानी जानी चाहिए।

चन्द्रबली पाण्डेय ने रासो की ***पुष्पिका में*** 'रासक' शब्द देखकर यह कल्पना की कि रासो **संस्कृत** के 'रासक' शब्द से निकला है, जिसका अर्थ **उपरूपक** का एक भेद है। उनका तर्क यह है कि पृथ्वीराज रासो के आरम्भ में चन्द्र और उसकी पत्नी के मध्य उसी प्रकार का वार्तालाप विद्यमान है, जिस प्रकार उपरूपक के आरम्भ में नट-नटी के बीच वार्तालाप होता है। उनके तर्क के विरुद्ध इतना कहना ही पर्याप्त होगा कि अनेक रासो काव्यों में जैसे 'खुमान रासो' या 'बीसलदेव रासो' में यह नाटकीय पद्धति नहीं है।

आचार्य हजारीप्रसाद द्विवेदी के विचार में रासो की व्युत्पत्ति'**रासक**' शब्द से हुई हैं, जो एक **छन्द विशिष्ट** अथवा **काव्य-भेद** के लिए प्रयुक्त होता था। उनका मत है कि मूल रूप में अपभ्रंश काव्य इसी रासक छन्द तथा इसी काव्य-भेद में लिखे जाते थे। कालान्तर में किसी भी गेय छन्द वाले काव्य को रासक या रासो कहा जाने लगा जैसे बीसलदेव रासो। उनके मतानुसार आरम्भ में ये काव्य **प्रेम-प्रधान** ही होते थे, बाद में इनमें वीरों की गाथाएँ भी जोड़ दी गई।

कुल मिलाकर देखा जाए तो चन्द्रबली पाण्डे और हजारीप्रसाद द्विवेदी के मत सर्वाधिक तर्क-सम्मत प्रतीत होते हैं। इन दोनों के अतिरिक्त विश्वनाथ प्रसाद मिश्र भी रासो की व्युत्पत्ति रासक शब्द से मानते हैं। इन सभी विद्वानों

के मतों का समाहार बड़ी विद्वतापूर्ण शैली में जो अधिक तर्कपूर्ण है, डॉ. दशरथ शर्मा ने किया है। उनके अनुसार **रासो** शब्द का प्रयोग कोई आकस्मिक घटना नहीं है, उसका एक क्रमिक इतिहास है और वह इस प्रकार से है –**श्रीमद्भगवत, हरिवंश पुराण तथा विष्णु पुराण में रास** का उल्लेख मिलता है। यह रास **शृंगार-गान-अभिनय** से युक्त एक प्रकार की **नृत्य-लीला** होती थी। इन रासों के कालान्तर में तीन भेद हुए–प्रथम जिसमें नृत्य की विशेषता होती थी, **जैसे लगुड रास,** द्वितीय **श्रव्य रास,** जैसे चरचरी तथा अभिनय रास, जिनमें अभिनय की प्रधानता होती थी। इन तीनों में श्रव्य रास सबसे अधिक जनप्रिय होते थे। इसलिए जैन आचार्यों ने ऐसे प्रबन्धों की रचना की जिनमें श्रव्य रास के सभी गुण विद्यमान हों। अभिनय रास से उपरूपक का वह भेद आविर्भूत हुआ जिसे 'रासक' नाम दिया गया। इसलिए हजारीप्रसाद द्विवेदी इत्यादि ने जो रासक से रासो की उत्पत्ति मानी है, वह उचित नहीं। वस्तुत: रास शब्द से रासक शब्द बना है। जहाँ तक रासो शब्द का प्रश्न है, वह रास शब्द का ही एक बचनान्त रूप है और इसका प्रयोग प्रबंधों में अनेक बार हुआ है। प्रारंभ में ये प्रबंध काव्य या रासो काव्य गेय और अभिनेय होते थे। उनमें कभी कोमल भाव, कभी पुरुष भाव और कभी दोनों का सम्मिश्रित रूप होता था। इसी परम्परा का विकास रासो-काव्यों में हुआ। कदाचित् आरम्भिक अभिनेय तथा गेय रासों में शृंगार वर्णन के साथ-साथ वीरों की पराक्रम तथा शौर्य गाथाएँ और जोड़ दी गई तथा उन्हीं के विकसित रूप की परिणति रासो प्रबंध-काव्यों में हुई। पृथ्वीराज रासो हिन्दी साहित्य का प्रथम महान् ग्रन्थ तथा उसके रचयिता चन्द हिन्दी के प्रथम महाकवि माने जाते रहे हैं। लेकिन अब विद्वानों में रासो की प्रामणिकता के संबंध में मतभेद हो जाने से रासो तथा उनके कवि दोनों ही अपने पूर्व गौरव से वंचित होते जा रहे हैं।

रासो की प्रामणिकता के संबंध में तीन प्रकार के मत सामने आए हैं। कुछ विद्वान् जिनमें कर्नल टाड, एफ. एस. ग्राउज, गार्सा द तासी, मोतीलाल मेनारिया, जान वीम्स, हार्नले, मिश्रबन्धु, श्यामसुन्दरदास तथा मोहनलाल विष्णुलाल पंडया उल्लेखनीय हैं –इसे प्रामाणिक मानते हैं। दूसरा वर्ग जिसमें डा. बूलर, गौरीशंकर हीराचन्द ओझा, शुक्ल जी तथा डा. राजकुमार वर्मा प्रमुख हैं–इसे नकली मानता है। तीसरा वर्ग जिसमें डा. सुनीतिकुमार चटर्जी, मुनिजिन विजय, डा. दशरथ शर्मा तथा डा. हजारीप्रसाद आदि हैं इसे

अर्द्ध–प्रामाणिक मानते हैं। डा. बूलर को काश्मीर में प्राचीन ग्रन्थों की खोज करते हुए जयानक कवि रचित 'पृथ्वीराज विजय' नामक काव्य की एक खण्डित प्रति मिली जिसकी घटनाएँ, संवत्, नाम और वंशवलियाँ अधिक इतिहाससम्मत थीं तथा जो 'पृथ्वीराज रासो' में दिए गए तथ्यों से भिन्न थीं। इसलिए 'रासो' की प्रामाणिकता में संदेह प्रकट किया गया। आगे चलकर ओझा जी ने टाड इत्यादि विद्वानों के मत को अस्वीकार करते हुए इसे अप्रामाणिक सिद्ध करने के लिए अथक परिश्रम किया और निम्न तर्क प्रस्तुत किए–

1. रासो के अनुसार चौहानों की उत्पत्ति अग्निवंशीय क्षत्रियों से है। किंतु 'पृथ्वीराज विजय', जिसे डा. बूलर ने काश्मीर में उपलब्ध किया और जो निश्चय ही अधिक प्रामाणिक ग्रंथ है, क्योंकि उसमें उद्धृत घटनाएँ तथा तिथियाँ शिलालेखों से मिलती हैं, के अनुसार चौहान सूर्यवंशी क्षत्रिय हैं। फिर संवत् 1460 तक चौहानों को सूर्यवंशी क्षत्रिय मानने के भी प्रमाण हैं।
2. पृथ्वीराज रासो के अनुसार आबू के शासक जेन और सबक थे। इसका कोई उल्लेख तत्कालीन शिलालेखों में नहीं मिलता। इतिहास–सम्मत तथ्य तो यह है कि उस समय आबू पर धारावर्ष परमार का शासन था।
3. पृथ्वीराज रासो में दी हुई चौहानों की वंशावली न 'विजोलिया' के शिलालेख से मेल खाती है, न 'पृथ्वीराज विजय' में दी हुई वंशावली से और न 'हम्मीर काव्य' से। रासो के लाहौर वाले रूपांतर में चौहानों की उत्पत्ति ब्रह्मा के यज्ञ से मानी है, लेकिन लघु रूपान्तर इसके विषय में कुछ नहीं कहता।
4. रासो के अनुसार पृथ्वीरास की माता का नाम कमला था। लेकिन 'पृथ्वीराज विजय' एवं 'हम्मीर' काव्य दोनों में उसका नाम कर्पूर देवी मिलता है। इतिहास से यह भी सिद्ध हो चुका है कि पृथ्वीराज की माँ अनंगपाल की लड़की नहीं थी और न जयचंद अनंगपाल का दौहित्र। रासो के अनुसार अनंगपाल दिल्ली का राजा था और उसने पृथ्वीराज को गोद लिया था, यह तथ्य भी गलत हैं।
5. रासो में बताया गया है कि पृथ्वीराज की बहन पृथा कुमारी का विवाह मेवाड़ के राजा समरसिंह से हुआ था, लेकिन ऐतिहासिक खोजों से यह गलत सिद्ध होता है। समर सिंह के समय का प्रथम शिलालेख संवत्

1330 का और अन्तिम संवत् 1352 का मिलता है। इसलिए समरसिंह पृथ्वीराज के लगभग 109 वर्ष बाद तक रहे।

6. रासो में बताया गया है कि गुजरात के राजा भीमसिंह पृथ्वीराज के हाथों मारे गए, पर शिलालेखों में उनका जीवित रहना सं. 1272 तक अर्थात् पृथ्वीराज के 50 वर्ष बाद तक सिद्ध होता है।
7. रासो में बताया गया है कि पृथ्वीराज ने 11 वर्ष से 36 वर्ष तक की आयु में 14 विवाह किए, पर इतिहास के अनुसार पृथ्वीराज की मृत्यु 30 वर्ष की अवस्था में ही हो गयी थी।
8. जयचंद का राजसूय यज्ञ, संयोगिता स्वयंवर आदि रासों में वर्णित घटनायें भी इतिहास-सम्मत नहीं है, क्योंकि शिलालेखों में उनका कोई संकेत नहीं मिलता।
9. रासो में लिखा गया है कि चित्तौड़ के रावल समरसिंह का ज्येष्ठ पुत्र कुम्भा राज्य न मिलने पर सहायता के लिए बीदर के बादशाह के पास गया था। लेकिन उस समय तक तो मुसलमान दक्षिण में पहुँचे भी नहीं थे। इसलिए यह तथ्य भी गलत है।
10. रासो के अनुसार शहबुद्दीन गौरी का पृथ्वीराज के हाथों मारा जाना भी असत्य है, क्योंकि इतिहास के अनुसार वह तो गक्खरों द्वारा संवत् 1263 में मारा गया था।
11. रासो में लिखा है कि गौरी आबू की लड़ाई में परमार राजा द्वारा संवत् 1136 में पराजित हुआ। पर गौरी तो गद्दी पर ही संवत् 1230 में बैठा था। इस तिथि में अंतरविरोध है।

इस तरह हम कह सकते हैं कि रासो में उल्लिखित अनेक ऐतिहासिक घटनायें असत्य और कपोल-कल्पित है। अब हम रासों में दी गई तिथियों की चर्चा करें तो वह भी गलत हैं। उदाहरण के तौर पर–

1. रासो के अनुसार पृथ्वीराज का जन्म सं. 1115 में हुआ। लेकिन शिलालेखों तथा फारसी इतिहासकारों के अनुसार उसकी जन्म-तिथि सं. 1217 है। इसी तरह पृथ्वीराज की मृत्यु रासों में सं. 1158 दी गयी है, जबकि इतिहास सं. 1248 मानता है।
2. इसी प्रकार की तिथि-संबंधी अशुद्धियाँ बीसलदेव के सिंहासानारूढ़ होने, पृथ्वीराज के गोद लिए जाने, पद्माबती विवाह, संयोगिता स्वयंवर, आबू

पर भीम चालुक्य का आक्रमण, कैमास की लड़ाई और गौरी की मृत्यु आदि घटनाओं के संबंध में भी पायी जाती है।

रासों की भाषा की परीक्षा करने पर हमें और भी निराशा होती है। रासों में तीन प्रकार की भाषा हैं –

1. अनुस्वरान्त भाषा जिसमें कोई स्थिरता नहीं है।
2. आधुनिक साँचे में ढली हुई भाषा जो वर्तमान हिन्दी के अत्यंत निकट हैं।
3. कवित्तों और दोहों की भाषा जो कृत्रिमता रहित हैं। शायद यही चंद की मूल भाषा है। रासो में अरबी-फारसी के इतने अधिक शब्द हैं कि विश्वास नहीं होता कि यह इतना प्राचीन ग्रंथ है। ऐसे शब्द प्राय: दस प्रतिशत हैं और चंद के काल में इतने अरबी-फारसी शब्द किसी भी प्रकार व्यवहार में नहीं आ सकते थे। इसीलिए शुक्ल जी ने कहा था, यह ग्रन्थ न तो भाषा के इतिहास के और न ही साहित्य के जिज्ञासुओं के काम का है। इस तरह ओझा जी आदि विद्वानों ने अपनी युक्तियों द्वारा पृथ्वीराज रासो को अप्रामाणिक सिद्ध किया। डा॰ धीरेन्द्र वर्मा ने भाषा-विज्ञान की दृष्टि से भी इसे प्रामणिक नहीं माना।

रासो के समर्थकों ने इसकी प्रमाणिकता के समर्थन में कई तर्क दिए हैं। उन्होंने ओझा जी की युक्तियों के विरोध में निम्नलिखित तर्क प्रस्तुत किए। इतिहास-संबंधी भ्राँतियों के उन्होंने निम्न कारण माना है–

1. चन्द कवि था, न कि इतिहासकार। वह अपने आश्रयदाता के शौर्य एवं विलास का अतिशयोक्ति पूर्ण वर्णन किया है, जिसके कारण गलतियाँ हो जाना स्वाभविक हैं।
2. ओझा जी ने जिन्हें भ्राँति बताया है, वे भ्राँतियाँ नहीं, क्योंकि उनकी सत्यता 'नागरी प्रचारिणी सभा' द्वारा प्रकाशित पट्टे-परवानों से सिद्ध होती हैं।
3. अगर कुछ भ्राँतियाँ हैं भी, तो उनका कारण क्षेपक है, इसलिए हमें रासों की लघुतम प्रति को ही प्रामाणिक मानना चाहिए।

रासो की प्रमाणिकता को सिद्ध करने के लिए मिश्र बंधुओं ने तर्क दिए कि–

1. पृथ्वीराज रासो तथा बिजौलिया के शिलालेख में दी गई वंशावली का अंतर अत्यंत कम है।

2. शहाबुद्दीन की कई बार पराजय का उल्लेख अगर फारसी ग्रन्थों में नहीं है, तो वह फारसी इतिहासकारों की बेईमानी हैं।
3. जिन घटनाओं का रासो में उल्लेख है, इतिहास में नहीं, उनके विषय में मिश्र बंधु कहते हैं कि इतिहास यह भी तो नहीं कहता कि ये घटनायें नहीं हुई थीं।

मिश्र बंधुओं के तर्क अत्यंत कमजोर हैं। अन्तिम दो तो बहुत ही हास्यास्पद हैं, क्योंकि इतिहास केवल उन्हीं घटनाओं अथवा व्यक्तियों का उल्लेख करता है जो हुए हैं।

जहाँ तक अतिशयोक्तिपूर्ण वर्णन की बात है, वह कवि के लिए स्वाभाविक तो है, लेकिन इतिहास विरुद्ध घटनाओं तथा व्यक्तियों का वर्णन करना किसी भी तरह संगत नहीं।

डा. हजारीप्रसाद द्विवेदी का विचार है कि रासो के वे 'समय' प्रामाणिक हैं, जिनमें शुक–शुकी संवाद है, लेकिन डा. माताप्रसाद उनके विरोध में कहते हैं कि प्रक्षेपकार भी तो इन सर्गों की रचना में शुक–शुकी सम्वाद जोड़ सकते थे। उनका कहना है कि रासो का लघुतम पाठ ही प्रामाणिक है। उसमें उक्तिश्रृंखला और छंदश्रृंखला की पद्धति अपनायी गयी हैं।

जहाँ तक भाषा में अरबी–फारसी शब्दों के मिश्रण का सवाल है, डा. श्यामसुन्दर दास ने यह तर्क दिया है कि कि चंद लाहौर का रहने वाला था, इसलिए अरबी–फारसी शब्द उसकी कृति में आ जाना स्वाभाविक है। दूसरे, प्रक्षिप्त अंशों में प्रयुक्त अरबी–फारसी शब्दों की संख्या दस प्रतिशत कर दी है। यह तर्क भी कुछ अधिक पुष्ट नहीं है, क्योंकि प्रथम तो यह सिद्ध नहीं होता कि चंद के समय में लाहौर में अरबी–फारसी का प्रचुर चलन था। दूसरे, रासो के प्रत्येक समय में अरबी–फारसी के शब्द हैं और यह पता लगाना अत्यन्त कठिन है कि उसमें कितना अंश मूल और कितना प्रक्षिप्त हैं। मिश्रबंधुओं ने विविध शब्दावली के प्रयोग के संबंध में कहा था कि अर्वाचीन प्रयोग रासो की अर्वाचीनता के प्रमाण है, तो प्राचीन रूप उसकी प्राचीनता के। लेकिन जब हम एक ही छंद में शब्दों के विविध रूप देखते हैं, तो निश्चय ही कहना पड़ता है कि वे बाद में लिखे गए हैं। कई विद्वान ऐसे हैं जो इसका कारण लिपिकार का दोष माना है, लेकिन प्रत्येक प्रति में शब्द का वैसा ही रूप इस तर्क को भी खंडित कर देता है। इन्हीं सब बातों को केन्द्र में रखकर डॉ. हजारी प्रसाद द्विवेदी ने लिखा है –'अब तक यह

विश्वास किया जाता रहा है कि प्रक्षेपों के समुद्र में से मूल कविताओं के मोती चुन लेना असम्भव ही है।'

मुनि जिनविजय के 'पुरातन प्रबंध संग्रह' में रासो में पाए जाने वाले चार छंद मिले हैं, जिनकी प्रामाणिकता असंदिग्ध है। इनकी भाषा परवर्ती अपभ्रंश अथवा पुरानी हिन्दी के अत्यंत समीप है और उसमें प्राचीन ब्रज के तत्त्व भी प्रचुरता से मिलते हैं। इसलिए यह तो सिद्ध हो जाता है कि चन्द नाम के कवि पृथ्वीराज के दरबार में थे और उन्होंने पृथ्वीराज से सम्बन्धित ग्रंथ भी लिखा था। रासो का काव्य-रूप भी दसवीं शताब्दी का है और उसमें रासो काव्यों की प्रवृत्तियाँ-संवाद, कथानक-रूढ़ियाँ आदि उसे प्राचीन सिद्ध करती हैं। रासों के शब्दों का संयुक्ताक्षररूप तथा अनुस्वरांत होना भी उसके प्राचीन होने के सूचक हैं। इसलिए अब अधिकांश विद्वान् उसे अर्द्ध-प्रामाणिक मानते हैं। उनका मत है कि रासो मूल रूप में अत्यंत लघु ग्रंथ था। रासो की लघुतम प्रतियों के मिलने के बाद तो यह बात ओर भी सत्य सिद्ध हो जाती है, क्योंकि उसमें सभी अनैतिहासिक बातों की कमी है। इसलिए हमारा भी यही मत है कि रासो अपने लघुतम रूप में प्रामणिक ग्रंथ हैं। विद्वानों ने निरर्थक ही तर्क-वितर्क के द्वारा इसके संबंध में भ्रांतियाँ पैदा कर दी हैं। इस संबंध में डा. हजारी प्रसाद द्विवेदी के निम्न शब्द अत्यंत संगत हैं –'इस निरर्थक मन्थन से जो दुस्तर फेनराशि तैयार हुई है, उसे पार करके ग्रन्थ के साहित्यिक रस तक पहुँचना हिन्दी सहित्य के विद्यार्थी के लिए असम्भव-सा व्यापार हो गया है।'

पृथ्वीराज रासो का काव्यरूप

पृथ्वीराज रासो रासक परंपरा का एक काव्य है। जैसा इसके नाम से ही प्रकट है, दिल्ली के अंतिम हिंदू सम्राट् पृथ्वीराज के जीवन की घटनाओं को लेकर लिखा गया हिंदी का एक ग्रंथ जो चंद का लिखा माना जाता रहा है। पहले इस काव्य के एक ही रूप से हिंदी जगत् परिचित था, जो संयोग से रचना का सबसे अधिक विशाल रूप था इसमें लगभग ग्यारह हजार रूपक आते थे। उसके बाद रचना का एक उससे छोटा रूप कुछ प्रतियों में मिला, जिसमें लगभग साढ़े तीन हजार रूपक थे। उसके भी बाद एक रूप कुछ प्रतियों में प्राप्त हुआ जिसमें कुल रूपक संख्या बारह सौ से अधिक नहीं थी। तदनंतर दो प्रतियाँ उसकी ऐसी भी प्राप्त हुई जिनमें क्रमश: चार सौ और साढ़े पाँच सौ रूपक ही थे। ये सभी प्रतियाँ रचना के विभिन्न पूर्ण रूप प्रस्तुत करती थीं।

रचना के कुछ खंडों की प्रतियाँ भी प्राप्त हुई हैं, जिनका संबंध उपर्युक्त प्रथम दो रूपों से रहा है।

'पृथ्वीराज रासो' वीर रस का हिंदी का सर्वश्रेष्ठ काव्य है। हिंदी साहित्य में वीर चरित्रों की जैसी विशद कल्पना इस काव्य में मिली वैसी बाद में कभी नहीं दिखाई पड़ी। पाठक रचना भर में उत्साह की एक उमड़ती हुई सरिता में बहता चलता है। कन्नौज युद्ध के पूर्व संयोगिता के अनुराग और विरह तथा उक्त युद्ध के अनंतर पृथ्वीराज संयोगिता के मिलन और केलि विलास के जो चित्र रचना में मिलते हैं, वे अत्यंत आकर्षक हैं। अन्य रसों का भी काव्य में अभाव नहीं है। रचना का वर्णनवैभव असाधारण है। नायक नायिका के संभोग समय का षड्ऋतु वर्णन कहीं कहीं पर संश्लिष्ट प्रकृतिचित्रण के सुंदर उदाहरण प्रस्तुत करता है। भाषाशैली सर्वत्र प्रभावपूर्ण है और वर्ण्य विषय के अनुरूप काव्य भर में बदलती रहती है। रचना के इन समस्त गुणों पर दृष्टिपात किया जाए तो वह एक सुंदर महाकाव्य प्रमाणित होता है और निःसंदेह आधुनिक भारतीय आर्यभाषा साहित्य के आदि युग की विशिष्ट कृति ठहरती है।

मध्यकाल में लिखे गये प्रबंधकाव्य काव्यरूप की दृष्टि से मिश्रित काव्यरूप थे। उसमें कथा-काव्य, चरित काव्य, आख्यायिका, रोमानी आख्यान (पंवारा) रासो कई रूपों का मिश्रण पाया जाता है। उसमें संस्कृत महाकाव्यों के लक्षण नहीं पाये जाते, जैसे छंदों का विधान, सर्ग-योजना, नायक आदि। पृथ्वीराज रासो भी प्राकृत-अपंभ्रश भाषाओं में लिखे गये प्रबंधकाब्यों की परम्परा में लिखा गया काव्य है। उसमें शुक-शुकी तथा कवि-पत्नी के संवाद कथा-काव्य की तरह हैं। कथा का नायक कल्पित होता था जैसे बाणभट्ट की 'कादम्बरी' का नायक, जबकि आख्ययिका का नायक ऐतिहासिक होता था जैसे बाणभट्ट के 'हर्षचरित्' का, इस दृष्टि से पृथ्वीराज का जीवन-चरित वर्णित हैं।

यद्यपि कुछ आलोचकों ने पृथ्वीराज रासो को रोमांचक आख्यान कहा है क्योंकि उसके कथानक-विधान में आंतरिक गठन नहीं है, वह असम्बद्ध कथाओं का-नायक के विभिन्न विवाहों और उनसे सम्बद्ध युद्ध आदि प्रसंगों का संकलन है, इनमें विस्तार भी है। इन विवादों और युद्धों में कोई तार्किक प्रवाह या अंतः सूत्रता नहीं है।

प्रश्न उठता है कि इन सब त्रुटियों के होते हुए भी पृथ्वीराज रासों को महाकाव्य का पद और प्रतिष्ठा क्यों प्राप्त हुई। सभी विद्वान मानते हैं कि उसका

प्रामाणिक रूप उसका लघुतम पाठ है। आचार्य हजारी प्रसाद द्विवेदी तथा डा. माताप्रसाद गुप्त के अनुसार केवल दस प्रसंग ही चन्दबरदाई द्वारा लिखे गये थे, बाद में जोड़े गये अंशों के कारण ही वह वृह्दकाय बन गया। यह लघु काव्य महाकाव्य कैसे बन गया ? इसका उत्तर हमें मिलता है इतिहास में, उत्तर भारत के राजनीतिक घटना-चक्र में। पृथ्वीराज चौहान दिल्ली के सिंहासन पर विराजमान होने वाला अंतिम हिन्दू शासक था। मुहम्मद गोरी के हाथों उसकी पराजय से एक युग का अंत हो गया और अन्तिम हिन्दू राजा होने के कारण हिन्दुओं में उनके प्रति आदर, गौरव व प्यार के भाव उमड़ पड़े। वह हिन्दुओं के नायक बन गये, अनेक निजंधरी (लीजंडरी) कथाएं और किवंदत्तियां उनके साथ जोड़ दी गयीं। परिणाम यह हुआ कि जन-मानस की इस मनोवृत्ति के परिणामस्वरूप रासों के मूल पाठ में अनेक प्रक्षिप्त अंश जुड़ते चले गये। आचार्य हजारीप्रसाद द्विवेदी लिखते हैं-वह लोकचित्त की चंचल सवारी करता हुआ विकासशील महाकाव्य (epic of growth) बन गया। इस प्रकार इस छोटी सी काव्य-रचना को महाकाव्यात्मक गौरव और गरिमा प्राप्त हुई। यह युग-नायक की गाथा जातीय-राष्ट्रीय इतिहास की महत्त्व रचना बन गया।

महाकाव्यत्व का प्राण है औदात्य। औदात्य का आधार है व्यापकता एवं संघर्ष। पृथ्वीराज रासो में विस्तार भी है, व्यापकता भी है और संघर्ष भी।

'पृथ्वीराज रासो' हिन्दी का सच्चा वीर काव्य है, क्योंकि उसमें सामन्ती वीरयुग अपने सम्पूर्ण गुणों और दुर्गणों के साथ अभिव्यक्त हुआ है। सामन्ती वीर-युग की प्रमुख-प्रेरणा-शक्ति वीरता की थी तथा श्रृंगार एवं धर्म की प्रवृत्ति पूरक रूप में ही आयी। 'रासो' का प्रधान रस भी वीर है,श्रृंगार तथा शांत गौण रस हैं। रासोकार का उद्देश्य पृथ्वीराज का यश-वर्णन करना मात्र नहीं है, वह एक जातीय महाकाव्य है जिसमें 12वीं और 13वीं शताब्दी में देशी राजाओं और सामन्तों में झूठी शान तथा व्यक्तिगत स्वार्थों (कन्या-हरण, राज्य-विस्तार) के लिए होने वाले युद्धों तथा विदेशियों से होने वाले अनवरत संघर्ष एवं पराजय की कथा अत्यंत ओजस्वी शैली में कही गई है। वीर रस की प्रधानता होते हुए भी उसका उद्देश्य केवल वीर रस का आस्वाद कराना नहीं है बल्कि जातीय जीवन में प्राणों का संचार करना, उसमें स्वातन्त्रय एवं बलिदान की भावना का मंत्र फूंकना भी है। साथ ही वह देश, जाति और व्यक्ति के गौरव, प्रतिष्ठा और आत्मसम्मान के लिये मर-मिटने का अमर संदेश देता है। शरणागतवत्सलता, क्षमाशीलता, गुणग्राहकता आदि सामन्तयुगीन प्रवृत्तियों का भी प्रतिबिम्ब उसमें

पाया जाता है। इस प्रकार 'रासो' का उद्देश्य अत्यंत भव्य, अदात्त और महान् है। यह संदेश रासो में समन्वित प्रभाव में तो निहित है ही, उसके अधिकांश छंदों में भी उसकी प्रत्यक्ष अभिव्यक्ति हुई हैं।

किसी महाकाव्य में उच्च उद्देश्य और महान् प्रेरणा की प्रतिष्ठा तभी होती है जब उसके कवि की चेतना विराट् और प्रतिभा सशक्त हो। 'पृथ्वीराज रासों' राजस्थान में व्याप्त युगव्यापी विराट् चेतना एंव स्वातंत्र्य-प्रेम की अटूट परम्परा की देन है, न कि केवल किसी एक दरबारी कवि की कृति। वह केवल सामन्ती वीर-युग का महाकाव्य ही नहीं, कुछ शताब्दियों की सामाजिक भावभूमि एवं जीवन-व्यवस्था का यथार्थ प्रतिबिम्ब उपस्थित करता है। इस प्रकार महान् उद्देश्य, महत्ती प्रेरण-शक्ति और कवि की काव्य-प्रतिभा तथा विराट् चेतना सभी दृष्टियों से रासो को महाकाव्य कहा जा सकता है।

रासो के आकार की विशालता उसके महाकाव्यत्व का कारण नहीं है। यह ठीक है कि उसमें शास्त्रीय महाकाव्यों 'रघुवंश', 'किरातार्जुनीय' जैसा अर्थ-गौरव और भाव-गाम्भीर्य 'रघुवंश', 'किरातार्जुनीय' जैसा अर्थ-गौरव और भाव-गाम्भीर्य नहीं है, पर प्राचीन ज्ञान-भंडार संबंधी विषयों की योजना के कारण उसमें पर्याप्त गुरुत्व ओर गाम्भीर्य आ गया है। साथ ही यह ज्ञानराशि शुष्क कथन के रूप में नहीं, युग-जीवन की पृष्ठभूमि के रूप में उपस्थित की गयी है। न केवल युग-जीवन के विविध दृश्य ही इसमें पाये जाते हैं, अपितु राजनीति, नीतिशास्त्र, धर्म-शास्त्र, योग-दर्शन, अध्यात्म-विद्या आदि के वर्णन भी उसमें मिलते हैं। जीवन के गम्भीर पक्षों और आभ्यन्तर तथ्यों का उद्घाटन उसमें जगह-जगह सहज रूप में बिना प्रयास आ गया है। उदाहरणार्थ, आपदाओं के बीच साहस, शौर्य और निर्भयता का प्रदर्शन करने वाला जीवन में अनुरक्त पृथ्वीराज उस युग का योग्यतम व्यक्ति चित्रित किया गया है। उसके चरित्र की ऊँचाई और विशालता आधुनिक मापदण्ड पर नहीं, सामन्ती मूल्यों पर 'रासो' को गाम्भीर्य और गुरुत्व प्रदान करती है।

'रासो' के कथानक का काल बहुत लम्बा, चरित्र-वैविध्य और कार्य-क्षेत्र (मध्य एशिया से काशी-गया तथा देवगिरि से हांसी तक) बहुत व्यापक है। अतः बारहवीं-तेरहवीं शताब्दी में उत्तर-भारत के समस्त सामाजिक और राजनीतिक जीवन का प्रतिबिम्ब उसमें दिखाई देता है। 'रासो' के अनेक युद्धों, विवाहों, यात्राओं, मृगया, मंत्रणा, दूत-कर्म आदि के चित्र तत्कालीन सम्पूर्ण

समाज को प्रस्तुत कर देते हैं। महाकाव्य में महत् कार्य का अर्थ कोई ऐसी घटना है, जो किसी युग की या किसी महान् चरित्र के जीवन की सबसे महत्त्वपूर्ण घटना हो और जो अपने युग को ही नहीं आने वाली अनेक शताब्दियों को भी प्रभावित कर सके। पृथ्वीराज और मुहम्मद गौरी का अन्तिम युद्ध तथा उत्तरी भारत पर मुसलमानों का अधिकार ऐसी ही महत्त्वपूर्ण घटना है। 'रासो' में सामन्ती युग की विविध सामाजिक हलचलों में भाग लेने वाले सभी प्रकार के पात्र अपना-अपना कार्य करते दिखाई पड़ते हैं। यही नहीं, तत्कालीन लोक-विश्वासों के अनुरूप अतिप्राकृत शक्तियाँ-देवता, राक्षस, गन्धर्व, भूत, बेताल, शुक, हंस आदि भी कथा को आगे बढ़ाने में योग देते हुए दिखाई देते हैं। 'रासो' में सामन्ती वीर युग की सभ्यता, रहन-सहन, मान-मर्यादा, खान-पान, व्रत-त्यौहार आदि का इतना क्रमिक और सच्चा वर्णन हुआ है कि यह महाकाव्य उक्त वस्तु-व्यापारों का काव्यात्मक कोष प्रतीत होता है और युग का सामाजिक इतिहास।

विकासशील महाकाव्य में जीवन के बाह्य रूपों का चित्रण अधिक होता है। वे प्राय: घटना-प्रधान और वर्णनात्मक होते हैं। उनमें वस्तुओं और घटनाओं का विस्तृत एवं क्रमिक वर्णन होता है। 'रासो' में भी वर्णनात्मकता बहुत अधिक है। रासोकार ने स्वयं लिखा है-

उक्ति धर्म विशलस्य राजनीति नवं रसं।
षट् भाषा पुराणं च कुरानं च कथित मया ॥

परन्तु उसमें घटनाओं और कथा-प्रवाह का वेग इतना अधिक है कि यह वर्णनात्मक अंश उसकी तुलना में बहुत अधिक तथा अनुपातहीन प्रतीत नहीं होते। रासोकार ने महाकाव्य के शास्त्रीय नियमों का अनुसरण नहीं किया है सन्ध्या, प्रभात, चन्द्रोदय, वन-उद्यान, जल-क्रीड़ा आदि का वर्णन उसमें स्वतंत्र रूप से कहीं नहीं है। इसी प्रकार नदी, पर्वत और सागर के स्वतंत्र रूप से कहीं नहीं है। इसी प्रकार नदी, पर्वत और सागर के स्वतंत्र चित्र भी उसमें रूढ़ि-पालन के लिए नहीं लिखे गये। केवल युद्ध, नगर और दरबारी वातावरण के वर्णन ही जमकर लिखे गये हैं। इससे भी स्पष्ट है कि 'रासो' मूलरूप में वीर-काव्य ही था। प्रथम तो रासो में प्रकृति-चित्रण हुआ ही कम है और जो है भी वह उद्दीपन-रूप में या रूढ़ि-पालन के लिंए लिखा गया प्रतीत होता है। कवि की दृष्टि जितनी वस्तु-परिगणन प्रणाली पर है-भोजन, पशु, पक्षी, उद्यान के वृक्ष, नृत्य-संगीत-वाद्ययत्रों आदि के वर्णन इसके प्रमाण हैं, उतनी संश्लिष्ट

चित्रण पर नहीं। यही कारण है कि उसके वर्णन सामन्ती वीर युग की सभ्यता पर प्रकाश डालते हैं किंतु अधिक प्रभावशाली नहीं हैं।

विकसनशील महाकाव्य की कथावस्तु में कसावट, अन्विति और समानुपात या तो कम होता है या बिल्कुल नहीं होता। 'पृथ्वीराज रासो' का कथानक ऐसा ही है। उसमें नाटकीय अन्विति नहीं है। उसकी अधिकांश अवान्तर कथाएँ अपने आप में स्वतंत्र हैं। वे आधिकारिक कथा को आगे बढ़ाने में बहुत कम योग देती हैं। आधिकारिक कथा घटनाओं की भीड़ में खो गई हैं। 'रासो' का कथानक बिखरा हुआ प्रतीत होता है साथ ही किसी एक कवि की कृति न होने के कारण उसमें कथानक की सुनिश्चित योजना भी नहीं है, पर शिथिल तथा क्षीण प्रवाह युक्त कथानक होते हुए भी उसमें सक्रियता और जीवन्तता बहुत अधिक है। उसकी शक्ति कथा-प्रवाह में नहीं, बल्कि घटनाओं, संघर्षों और वर्णनों में है। इसीलिए डा. शम्भूनाथ सिंह ने उसकी तुलना समुद्र से करते हुए लिखा है, महानद की मन्द गति में जो प्रचण्ड शक्ति होती है और सागर की शत-शत तरंगों में जो महाघोष और अनवरुद्ध-अनाहत धूमधाम होती है, वही शक्ति और धूमधाम रासो में भी दिखाई पड़ती है। उसका कथानक नाटकीय संधियों से युक्त और सुसंघटित नहीं है। इसीलिए इस दृष्टि से उसकी तुलना अंग्रेजी के महाकाव्य 'Beowulf से की जा सकती है।

सभी जानते हैं कि महाकाव्य का नायक महान् होना चाहिए। भले ही वह धीरोदात्त और सर्वगुण सम्पन्न न हो, पर यदि नायक किसी महान् उद्देश्य के लिए बलिदान करता है, तो भी वह नायक हो सकता है। रासो का नायक पृथ्वीराज सामन्ती वीर-युग की दृष्टि से महान् नायक है, जिसमें वीरता, बाहुबल आदि के गुण प्रधान हैं भले ही नैतिकता न हो। वह नायक इसलिये नहीं है कि वह धीरोदात्त है, (उसके कितने ही कार्य अनैतिक और असामाजिक हैं-वेश्यागमन, छिप कर मंत्री का वध, भोगविलास की अतिशयता, बहुविवाह, कान्य-हरण आदि) बल्कि इसलिए है कि वह काव्य के महान् उद्देश्य को पूरा करने वाला और सम्पूर्ण घटनाओं तथा व्यापारों का केन्द्र-बिन्दु है। 'रासों' में चरित्र-वैविध्य नहीं है क्योंकि सभी पात्र एक सांचे में ढले वीर प्रतीत होते हैं। स्त्री-पात्रों में भी कोई पात्र इतना गरिमा-मंडित नहीं जिसकी तुलना सीता-सावित्री या मंदोदरी से की जा सके। वे सामंती युग के अनुरूप केवल पुरुष के भोग-विलास का साधन मात्र हैं। महाकाव्य की शैली गरिमामंडित और उदात्त होती है। 'रासो' अलंकृत महाकाव्य न होकर विकसनशील महाकाव्य हैं, अतः

उसमें कृत्रिम सौन्दर्य, अलंकारों की प्रयत्न-साध्य-योजना, भाषा का परिष्कार और उक्ति-वैचित्र्य नहीं है। परंतु अपनी सहजता एवं कांति के कारण उसकी शैली महाकाव्योचित है। उसमें प्रसंगानुकुल गुण मिलते हैं-वीर रस के प्रसंग में ओज-गुण है, तो शृंगार के प्रसंग में माधुर्य। अनुस्वरान्त और संयुक्त वर्ण वाले शब्दों के प्रयोग ये यह शैली और भी रसानुरूप हो गई है। फिर भी उसका सौन्दर्य अनगढ़पन और सहजता का सौन्दर्य है, हिमालय जैसा विषम और विराट् सौन्दर्य है, मुगलागार्डन जैसा प्रयत्न-साध्य, सुकोमल गीतात्मक सौन्दर्य नहीं है। यदि उत्प्रेक्षा और सांगरूपक की अधिकता है, तो उसका कारण वीरयुग का दरबारी वातावरण है।

'रासो' में परम्परागत महाकाव्यों के और भी कई लक्ष्ण मिलते हैं, जैसे सर्ग-बद्धता (69 समयों में विभक्त है), मंगलाचरण, संवाद-रूप में कथा लिखने की पद्धति (शुक-शुकी संवाद), वस्तु-निर्देश, कथानक-रूढ़ियाँ, सज्जन-प्रशंसा और दुर्जन-निन्दा, काव्य-ग्रंथ का महत्त्व और आश्रयदाता का उल्लेख आदि। इसका कारण भी यही है कि यह कृति वीर युग के पठित समाज के प्रभाव में विकसित हुई।

रस की दृष्टि से भी यह काव्य महाकाव्य कहलाने का अधिकारी है। भले ही इसका अंत करुण रस में हुआ हो, परन्तु समग्र प्रभाव की दृष्टि से वह वीर रस प्रधान काव्य है।शृंगार, करुण और शांत आदि रस उसमें अंग रूप में दिखाई पड़ते हैं। स्वयं कवि ने भी इस रचना के वीर रसात्मक प्रभाव का उल्लेख किया है-

'पृथ्वीराज गुन सुनत करय संग्राम स्यार रन'

अतः रासो को वीर-काव्य (Heroic epic) कहना ही उचित होगा, क्योंकि उसमें एक महान् वीर की जन्म से मरण पर्यन्त वीर गाथा प्रस्तुत की गयी है।

महाकाव्य में जीवनी शक्ति और प्राण्वत्ता का होना जरूरी है और 'रासो' में जीवनी शक्ति एवं प्राणवत्ता पर्याप्त मात्रा में हैं। इसका बड़े से बड़ा विरोधी भी यह बात अस्वीकार नहीं कर सकता। भले ही 'रासो' में अलंकृत महाकाव्यों के सभी लक्षण न पाये जाते हो, लेकिन वह सामन्ती वीर युग का विकसनशीन महाकाव्य है, इसमें कोई संदेह नहीं। उसमें देश-काल का विस्तार, शैली की उदात्तता, युग का सजीव प्रतिबिम्ब, राष्ट्र की समग्र चेतना का निरूपण एवं प्राणवत्ता सभी विशेषताएँ उसे अमर महाकाव्य बनाती हैं।

चूंकि रासो वीर रस प्रधान काव्य है, इसमें एक ऐतिहासिक वीर की जीवन-गाथा का वृतांत है, वीर-युग का चित्रण है। इसमें वीर-युग का व्यक्तिवाद और सामाजिक संगठन का विश्लेषण किया गया है, साथ ही शैली सामंत युग के काव्यों से मेल खाती है, इसलिए उसे सामंती वीर-युग का महाकाव्य कहना ज्यादा प्रसंगिक है।

प्रश्न–पृथ्वीराज रासो की भाषा में क्षीयमाण अपभ्रंश भाषा की प्रवृत्तियाँ और उदीयमान आधुनिक भारतीय भाषाओं का मेल है। इस कथन के आलोक में पृथ्वीराज रासो की भाषा की समीक्षा कीजिए।

उत्तर –पृथ्वीराज रासो की भाषा क्या है, इस विषय पर विद्वानों में पर्याप्त मतभेद हैं। इसकी भाषा पर सबसे पहले आचार्य रामचन्द्र शुक्ल ने विवाद आरम्भ किया। पृथ्वीराज रासो की भाषा पर टिप्पणी करते हुए आचार्य रामचन्द्र शुल्क ने लिखा है : भाषा की कसौटी पर कसते हैं तो और भी निराश होना पड़ता है क्योंकि वह बिल्कुल बेठिकाने है –उसमें व्याकरण आदि की कोई व्यवस्था नहीं। दोहों की और कुछ-कुछ कवितों (छप्पयों) की भाषा तो ठिकाने की है, पर त्रोटक आदि छोटे छंदों में तो कहीं कहीं अनुस्वरांत शब्दों की ऐसी मनमानी भरमार है जैसे किसी ने संस्कृत प्राकृत की नकल की है।

कुछ विद्वान पृथ्वीराज रासों को उसकी भाषा के आधार पर 17वीं शताब्दी की रचना मानते हैं। डॉ. धीरेन्द्र वर्मा **रासो** की भाषा के व्याकरणिक ढाँचे को ब्रजभाषा का मानते हैं। वहीं डॉ. दशरथ शर्मा तथा मीनाराम रंगा इसे 'प्राचीन राजस्थानी' मानते हैं। डा. नामवर सिंह का मानना है कि वस्तुत : अपभ्रंश के बाद प्राय: 'पश्चिमी भारत में दो मुख्य भाषाएँ पैदा हुई दक्षिणी-पश्चिमी राजस्थान में डिंगल तथा पूर्वी राजस्थान और ब्रजमंडल में पिंगल। काव्य-परंपरा की दृष्टि से डिंगल में रचना करने वाले प्राय: चारण हुए और पिंगल की कृती कवि प्राय: भाट। पृथ्वीराज रासो पूर्वी राजस्थान में मूलत: चंदबलिद्द भट्ट द्वारा अपभ्रंशोत्तर युग में रचा गया और अनेक प्रक्षेपों के साथ अपने विभिन्न रूपांतरों में भी वह पिंगल की रचना है। पश्चिमी भारत की किसी बोली पर आधारित भाषा मध्यदेश की परिनिष्ठित एवं काव्य-भाषा रही है। प्राचीन ब्रजी, पूर्वी राजस्थानी कहने से यही बात स्पष्ट होती है। सही रूप में देखा जाए तो पृथ्वीराज रासो मूलत: अपने रचना-काल की परिनिष्ठित मध्यदेशीय काव्य-भाषा में रचा गया होगा जिसका व्याकरणिक ढाँचा अनेक प्रक्षेपों के बाद भी अभी

तक सुरक्षित है।

रासो में प्रक्षेपों का घटाटोप इतना अधिक है कि भाषा का रूप विकृत हो गया है। इसका मूल कारण यह है कि 'पृथ्वीराज रासो' अपने वर्तमान रूप में किसी एक कवि की रचना नहीं है। वह विकसनशील महाकाव्य (Epic of Growth) है। अत: शब्दों के संस्कृत से लेकर आधुनिककाल तक जितने रूपांतर हुए हैं, उन सबका प्रयोग रासो में देखा जा सकता है। रासो की भाषा के अव्यवस्थित होने का एक कारण लिपिकारों और सम्पादकों की असावधानी भी है। भाषा की इसी अव्यवस्था और परिवर्तनशीलता ने रासो की भाषा का अध्ययन कठिन बना दिया है। इस संदर्भ में आचार्य शुक्ल ने झुँझलाकर कहा था–न तो यह भाषा के इतिहास के और न साहित्य के जिज्ञासुओं के ही काम का है।

सूक्ष्म रूप से देखा जाए तो 'पृथ्वीराज रासो' की भाषा के संबंध में दो मत प्रमुख हैं। एक मत के अनुसार 'पृथ्वीराज रासो' की रचना एक निश्चित भाषा में हुई है। इस मत में भी विद्वानों के दो वर्ग हैं–एक वर्ग डिंगल को रासो की काव्य-भाषा मानता है, तो दूसरा वर्ग पिंगल को। अधिक बल पिंगल पर ही दिया गया है। अपभ्रंश के बाद पश्चिमी भारत में दो मुख्य भाषाएँ प्रचलित हुई–दक्षिण-पश्चिमी राजस्थान में डिंगल तथा पूर्वी राजस्थान और ब्रजमंडल में पिंगल। चन्दबरदाई पूर्वी राजस्थान के भाट थे। राजस्थान की अनुश्रुति या परम्परा के अनुसार 'पृथ्वीराज राजो' की रचना पिंगल में हुई हैं। डॉ. उदयनारायण तिवारी का कहना है कि लन्दन की रायल एशियाटिक सोसायटी में सुरक्षित 'पृथ्वीराज रासो' की हस्तलिखित प्रति के ऊपर फारसी में लिखा है–'चन्दरबरदाई लिखित पिंगल भाषा में पृथ्वीराज का इतिहास।' इस अनुश्रुति की पुष्टि फ्रांसीसी विद्वान् गार्सा द तासी ने भी की है। उन्होंने रासो की रचना कन्नौजी बोली (ब्रज) में मानी है। रासो की भाषा के संबंध में बीम्स ने जो कुछ कहा है, उसको सार रूप में डा. धीरेन्द्र वर्मा ने लिखा है–"*(यद्यपि) शब्द-समूह में अपभ्रंशाभास और डिंगल रूपों का प्रयोग रासो में बहुत हुआ है। यह एक शैली मात्र थी जिसका प्रयोग वीर रस संबंधी स्थनों पर अनेक समकालीन कवियों ने किया है। युद्ध-प्रधान ग्रंथ होने के कारण ही रासो में इनका प्रयोग आद्योपान्त और अधिक मात्रा में मिलता है। इस शब्दावली के कारण ही रासो की भाषा के डिंगल अथवा अपभ्रंश होने का संदेह पाठकों को होने लगता है।*" सामान्य रूप से किसी ग्रंथ की भाषा का निर्धारण शब्द-समूह के आधार पर न होकर व्याकरण के ढाँचे के आधार पर होता है और इस दृष्टि

से रासो की भाषा पिंगल ही है।

रासो की भाषा के संबंध में एक दूसरा मत यह है कि चन्दबरदाई उन्मुक्त प्रकृति के कवि थे और उन्होंने छन्द-योजना और भाषा के प्रयोग में उन्मुक्त दृष्टि अपनाई। इसी उन्मुक्त दृष्टि के कारण रासो की भाषा में कई भाषाओं के शब्द आ गये हैं। विकसनशील महाकाव्य होने के कारण भी उसमें भाषा के स्तर-भेद स्वभावतः आ गये हैं। परिणामस्वरूप कुछ विद्वानों ने रासो की भाषा को पंचमेल या खिचड़ी भाषा कहा है।

अपने मत के समर्थन में ये विद्वान् चन्द की इस पंक्ति को उद्धृत करते हैं–

'षट्भाषा पुरानं च कुरानं च कथितं माया।'

चन्द की इस उक्ति में छः भाषाओं की ओर संकेत है–संस्कृत, प्राकृत, अपभ्रंश, पैशाची, मागधी और शौरसेनी। इन भाषाओं के अलावा रासो में प्राचीन राजस्थानी, गुजराती, पंजाबी आदि भारतीय आर्य-भाषाओं के तथा अरबी, फारसी और तुर्की जैसी विदेशी भाषाओं के शब्द भी मिलते हैं। उसमें देशज शब्दों की भी संख्या पर्याप्त है।

यद्यपि 'षट्भाषा' वाला पद्य किसी-न-किसी रूप में सभी रूपान्तरों में प्राप्त होता है, लेकिन मध्ययुग में संस्कृत आलंकारिका में, प्राकृत वैयाकरणों तथा कवियों में 'षट्भाषा' शब्द रूढ़ हो चला था। भिखारीदास ने षट्भाषा का उल्लेख करते हुए लिखा है–

ब्रज मागधी मिलै अमर नाग यावन भाषान।
सहज फारसी हू मिलै षड् विधि कहत बखान।।

इससे स्पष्ट होता है कि उस समय षड्भाषा का अर्थ है जीवित भाषा, जिसमें सर्जनात्मक सम्भावनाएँ हों और जो जल-बोली का स्पर्श लिए हो। इसके अलावा रासो के उक्त छन्द में भाषा वैविध्य की ओर संकेत नहीं है, बल्कि षड्भाषा में रचित साहित्य के सार-ग्रहण करने की घोषणा है। कोई भी काव्य एक निश्चित भाषा में लिखा जाता है, कोई कवि अपनी रचना को भाषाओं का अजायबघर नहीं बनाना चाहता, उसमें शैली-भेद होना तो स्वभाविक है लेकिन भाषा-भेद नहीं। इसलिए रासो की भाषा खिचड़ी भाषा न होकर एक सुनिश्चित भाषा है और वह है–पिंगल।

जो लोग 'पृथ्वीराज रासो' को पिंगल की कृति मानते हैं उन्हें भी इस आलोचना का सामना करना होता है कि उसमें व्याकरण की कोई व्यवस्था नहीं है और उसकी भाषा का रूप बिखरा हुआ है। लेकिन अगर ध्यान से देखा जाए

तो रासो में व्याकरण की व्यवस्था है। लेकिन इस बात से भी इनकार नहीं किया जा सकता है कि उसमें थोड़ी-बहुत कमजोरी भी है। हमें यह ध्यान रखना चाहिए कि रासो काव्य-ग्रन्थ है, व्याकरण ग्रन्थ नहीं। ऐसे कई उदारहण देखने को मिलते हैं जिसमें इस तरह की त्रृटियाँ विद्यमान हैं। उदाहरण के तौर पर रससिद्ध कवि गोस्वामी तुलसीदास के धर्म-ग्रन्थ की तरह पूज्य तथा सुरक्षित 'रामचरितमानस' में भी एक शब्द के अनेक रूप मिलते हैं, तो मौखिक परम्परा में रूपान्तरित इस राजप्रशस्ति-मूलक रचना में शब्द-रूपों की किंचित् अव्यवस्था स्वाभावकि ही है।

रासों में एक ही शब्द के विभिन्न रूपों को देखकर बीम्स ने उसके दो कारण बताये हैं–छन्दानुरोध और भाषा की संक्रमणशीलता। एक मूल बात यह है भी है कि रासो ऐसे युग की भाषा का प्रतिनिधित्व करता है, जिसमें तद्‌भव शब्दों का रूप स्थिर नहीं हो सका था। परिणामस्वरूप एक शब्द के अनेक रूप प्रचलित थे। रासो के तद्‌भव शब्दों में होने वाले ध्वनि-विकार संबंधी सामान्य नियम ये हैं–

छन्द के अनुरोध से लघु अक्षर को गुरु बनाने के लिए कहीं स्वर का दीर्घीकरण हुआ है, जैसे–कमलनु > कमलान्नु। कहीं समास-रचना अथवा वीप्सा में व्यंजन द्वित्व हो गया है, जैसे–दहदिसी > दहद्दिसी और कहीं शब्दान्त में अनुस्वार आया है, जैसे–कामं कला।

छन्द के अनुरोध से गुरु अक्षर को लघु बनाने के लिए कहीं ह्रस्वीकरण किया गया है, जैसे–काया-कया(कहीं द्वित्व व्यंजन का सरलीकरण हुआ है, जैसे अप्पने > अपने और कहीं अनुस्वार का अनुनासिकीकरण किया है, जैसे–कंपइ > कँपे।

छन्द के अनुरोध से संयुक्त रेफ का स्थान-विपर्यय भी कर दिया गया है, जैसे–धर्म > ध्रम्म।

छन्द के अनुरोध के इतर ध्वनि-परिवर्तनों में अपभ्रंशोत्तर युग की दो विशेषताएँ–उद्‌वृत्त स्वर का संकोचन और व्यंजन क्षित्व का सरली करण रासो में व्यापक रूप से दिखाई पड़ती हैं(जैसे नगर > नग्गर > नयर > नेर और किज्जइ > कीजइ।

इसके अतिरिक्त स्वरागम-सब्द > सबद, स्वर-लोप-भगिनी > भग्नी, घोषीकरण > अनेग (अनेक), ख और क्ष के स्थान पर ष का प्रयोग-खोरि >

षोरि, क्षिति > षिति, ण के स्थान पर न-दर्पण > द्रप्पन, ध्य और ह्य के स्थान पर झ - संध्या > संझ, सह्य, सज्झ के प्रयोग भी मिलते हें।

पृथ्वीराज रासो में छंदानुरोध से लघु को गुरु और गुरु को लघु बनाने की प्रवृत्ति है जैसे कमलनु को कमलानु और आहार को अहार। अनुस्वार की अधिकता की ही तरह व्यंजन को द्वित्व बनाने की प्रवृत्ति दिखलाई पड़ती है जैसे दिष्षियत, गज्जन। रूपगठन की दृष्टि से सर्वाधिक उल्लेखनीय बात लुप्त-विभक्तिक पदों का प्रयोग है-ले सब दासि सुजान (सभी सुजान दासियो को लेकर)। पृथ्वीराज रासो के शब्द-समूह में सर्वाधिक संख्या तद्भव शब्दों की है। इसके पश्चात् संस्कृत और फिर फारसी आदि के शब्दों की। कनवज्ज समय (लघुतम संस्करण) में कुल 3500 शब्दों का प्रयोग है। इसमें 500 शब्द तत्सम है, 20 फारसी के, शेष तद्भव हैं, कुछ देशी शब्द भी अवश्य होंगे।

रासो में सर्वनामों के प्राचीन रूप मिलते हैं(जैसे उत्तमपुरूष हूँ, ही (मैं), मुहि (मोहि), मध्यम पुरुष तुहि, तुहिं (तू), अन्यपुरुष सो (वह), ते, तेउ (वे), दूरवर्ती निश्चयावाचक वह > उह, निकटवर्ती निश्चयवाचक इह > इहु, सम्बन्धवाचक जु > जो, प्रश्नवाचक का > कौन।

व्याकरणिक दृष्टि से संज्ञा शब्दों की कारक-रचना में निर्विभक्तिक रूप, सविभक्तिक विहारी रूप तथा स-परसर्ग रूप तीनों ही विधियाँ दिखाई पड़ती हैं(जैसे - चंद, वंदु, चंदहि, चंदह। परसर्गों में ने को छोड़कर एक-एक कारक के लिए कई कारक चिन्हों का प्रयोग हुआ है। जैसे अपादान कारक के चिह्नों हैं-सम, सौं, सौं, से।

क्रियापद सामान्यतः ब्रजभाषा के हैं। अनेक स्थ्लों पर क्रिया नहीं प्रयुक्त की गई है और बहुधा धातु में हृस्व इकार लगाकर उसको इंच्दानुसार भूत, भविष्य और वर्तमानकालों के अर्थ में व्यवहार किया गया है-सुनाइ, जाइ। भूतकाल में करिग, चलिग, झरिग जैसे विशिष्ट रूप भी मिलते हैं।

'पृथ्वीराज रासो' में जहाँ श्लोक आये हैं वहाँ संस्कृत शब्द और संस्कृत वाक्य-विन्यास भी मिलता है-

उक्ति कर्म विशालस्य राजनीति नवं रसं।
षट्भाषा पुरानं च कुरानं च कथित मया।।

गाहा अथवा गाथा छन्द में प्राकृत, अपभ्रंश या अपभ्रंश-मिश्रित हिन्दी का प्रयोग है। शेष छन्दों में भाषा की कोई रोक-टोक नहीं है। रासो की भाषा को अपभ्रंश से भिन्न करने वाली हिन्दी की तीन व्यावर्तक प्रवृत्तियाँ हैं-क्षतिपूरक

दीर्घीकरण, परसर्गों का प्रयोग और संस्कृत शब्दों का प्रयोग। उदाहरण –अज्ज का आज।

कलि मज्झिल जग्गु को करइ आज
परसर्गों का बहुल प्रयोग-एक ही पंक्ति में
'के', 'ते', 'से', का प्रयोग
ससि के मुख ते महि से निकसे

शब्द–भण्डार की दृष्टि से रासो में तत्सम और तद्भव शब्दों के अतिरिक्त देशज शब्दों का भी अपरिमित भण्डार है। इनका प्रयोग अब नहीं होता, अत: उनके प्रयोग से रासो काव्य कुछ दुरूह हो उठा है। जैसे–जूक, गुदरन, बिसाहन। रासो में प्रयुक्त विदेशी शब्दों का भी बाहुल्य है। उसमें फारसी (मस्त, जवानी), तुर्की (तोप, सौमात) और अरबी (कैद, हाल, नूर) के शब्द प्रयुक्त हुए हैं। हिन्दी–इतर भारतीय भाषाओं में पंजाबी के शब्द भी खुलकर प्रयुक्त हुए हैं–रहंदी, हनंदे। इस प्रकार शब्द–भण्डार की दृष्टि से रासो में प्राचीन भारतीय भाषाओं, मध्यकालीन भारतीय भाषाओं के शब्द–समूह के अतिरिक्त विदेशी शब्दों और –देशज शब्दों का अपार भण्डाा मिलता है।

सार रूप में भाषा–वैज्ञानिक दृष्टि से पिंगल को ही रासो की काव्य–भाषा कहा जा सकता है। रासो में नवोदित भारतीय आर्य–भाषा हिन्दी की विशेषताएँ लक्षित होती हैं। इस काव्य ग्रंथ की भाषा परवर्ती काल में मध्यदेश की सामान्य काव्य–भाषा का पूर्व रूप है जिसमें प्राकृत और अपभ्रंश की प्रवृत्तियाँ भी सुरक्षित हैं।

पृथ्वीराज रासो में कथानक-रूढ़ियाँ

परम्परा का अभिमान जीवन की एक प्रेरक शक्ति है। जिस प्रकार कुल, जाति और संस्कृति की प्रेरणादायिनी शक्तियों के निर्माण के पीछे एक प्रशस्त और गौरवशाली इतिहास रहता है, वैसे ही सहित्य की सुनिश्चित परम्पराओं के पीछे भी सर्व लम्बे अतीत का उज्जवल इतिहास, अगणित मनीषियों का अपार बुद्धिवैभव और अनेकानेक प्रतिभाओं का नव–नव भावोन्मेष अपनी सजीवता, जागरूकता एवं संवेद्याता में सतत क्रियाशील परिलक्षित होता है। पूर्व–रचित साहित्य में उपलब्ध सौंदर्य की अनुपम विधाएँ, चमत्कार की अद्भुत प्रणालियाँ और संस्कृति की जीवन–मान्यताएँ इतर सहित्यिकों द्वारा अनुकृत होकर सहित्य की परम्पराएँ बन जाती हैं। ये परम्मराएँ कालान्तर में बहु–व्यवहत और

बहुजन–प्रयुक्त होकर रूढ़ियों का रूप धारण कर लेती है। अंतर केवल इतना है कि परम्परा का निर्वाह समझ–बूझ कर, विकल्प–बुद्धि द्वारा गृहीत करके किया जाता है, जबकि रूढ़ि का प्रयोग अन्धाधुन्ध, बिना तर्क के उसे यथावत् स्वीकार करके किया जाता है। परम्परा का अनुगमन इच्छानुरूप होता है, रुढ़ि का अनजाने में भी हो सकता है। कृष्ण–भक्तों में राधा–कृष्ण को नायक–नायिका रूप में चित्रित करने की परम्परा थी, परंतु रीतिकाल में यही पंरपरा रूढ़ि बन गई।

अंग्रेजी में कथानक–रूढ़ि को 'मोटिफ' की परिभाषा देते हुए शिपले लिखते हैं, 'मोटिफ'-एक शब्द अथवा विचार–क्रम है, जिसकी समान स्थिति में पुनरावृत्ति होती है अथवा जो युग की किसी एक अथवा विभिन्न कृतियों में समान मानसिक दशा उत्पन्न करने के लिए आता है।

राजस्थान के प्रसिद्ध इतिहासाकार महामहोपाध्याय गौरी शंकर हीराचन्द ओझा के अनुसार इस तरह हमने जाँच कर देखा कि पृथ्वीराज रासो बिल्कुल अनैतिहासिक ग्रंथ है। उसमें चौहानों, प्रतिहारों और सोलंकियों की उत्पत्ति संबंधी कथा, चौहानों की वंशवली, पृथ्वीराज की माता, भाई, बहिन, पुत्र और रानियों आदि के विषय की कथएँ तथा बहुत सी घटनाओं के संवत् और प्राय: सभी घटनाएँ तथा सामंतों आदि के नाम अशुद्ध और कल्पित हैं। कुछ सुनी सुनायी बातों के आधार पर इस वृहत् काव्य की रचना की गई है। भाषा की दृष्टि से यह ग्रंथ प्राचीन नहीं दीखता। (हिन्दी साहित्य उद्‌भव और विकास, हजारी प्रसाद द्विवेदी से उद्‌धृत)

आचार्य रामचन्द्र शुक्ल का विचार है ...ऐतिहासिक तथ्यों के साथ बिलकुल मेल न खाने के कारण अनेक विद्वानों ने पृथ्वीराज रासो के नायक पृथ्वीराज के समसामयिक किसी कवि की रचना होने में पूरा संदेह किया है और 16वीं शताब्दी में लिखा हुआ एक जाली ग्रंथ ठहराया है। रासो में चंगेज, तैमूर आदि पीछे के नाम आने से यह संदेह और भी पुष्ट हो जाता है।

पृथ्वीराज रासो रासक काव्य परंपरा का सर्वाधिक विख्यात काव्य है। पृथ्वीराज रासो में मध्यकालीन प्रबंध काव्यों में प्रचलित अनेक कथानक रूढ़ियों का उपयोग किया गया है। कथानक–रूढ़ियों से अभिप्राय ऐसे घटना–प्रसंगों से है जो कथानक को आगे बढ़ाने के लिए मध्यकालीन प्रबंध काव्यों में प्राय: इस्तेमाल किए जाते हैं। ऐसे घटना–प्रसंग एक प्रकार से इन प्रबंध रचनाओं में

रूढ़ि की तरह प्रयुक्त होते हैं अतएव इन्हें कथानक रूढ़ि कहा जाता है। आचार्य हजारी प्रसाद द्विवेदी ने इन कथानक रूढ़ियों पर 'हिन्दी साहित्य का आदिकाल' में सम्यक् विचार किया है। आचार्य द्विवेदी ने जिन कथानक रूढ़ियों की सूची दी है उनमें कुछ इस प्रकार है–

1. कहानी कहने वाला सुग्गा
2. स्वप्न में प्रियदर्शन, चित्र-दर्शन, कीर्ति-श्रवण से अनुराग
3. मुनिक का शाप
4. रूप परिवर्तन
5. परकाय प्रवेश
6. आकाशवाणी
7. षड्ऋतु-बारहमासा
8. हंस-कपोत से संदेश-कथन आदि।

रासों में कहानी कहने वाला सुग्गा, गुण-श्रवण से अनुराग, रूप-परिवर्तन, षड्ऋतु वर्णन आदि तो हैं ही, इनके अतिरिक्त, सेना-वर्णन, युद्ध-वर्णन, नखशिख वर्णन, कन्या-हरण, वयस्संधि वर्णन आदि कथानक रूढ़ियों का भी उपयोग किया गया है।

'पृथ्वीराज रासो' का कथानक इतिहास और कल्पना के मिश्रित सूत्रों से निर्मित है। एक ओर उसमें ऐतिहासिक व्यक्ति और उनसे सम्बद्ध ऐतिहासिक घटनाओं और प्रसंगों का वर्णन है, तो दूसरी ओर कल्पना का वैभव और उसके द्वारा प्रस्तुत किए गए चमत्कारपूर्ण प्रसंग भी हैं। रासोकार चन्दबरदाई राज्यश्रित दरबारी कवि था, अतः अपने आश्रयदाता पृथ्वीराज चौहान तथा उनसे सम्बद्ध वीरों के शौर्य, पराक्रम और प्रणय की गाथा भास्वर रंगों में चित्रित कर उन्हें अद्भुत व्यक्तित्व प्रदान करना उसके लिए स्वाभाविक था। इसके लिए उसने कथानक-रूढ़ियों का प्रयोग किया। भारत में ऐतिहासिक व्यक्तियों के संबंध में जो भी प्रबंध-काव्य लिखे गए हैं उनमें इतिहास, कल्पना और काव्य-कला का मधुर सम्मिश्रण मिलता है। कहीं-कहीं तो इतिहास की पूर्ण उपेक्षा की गयी है और कल्पना-तत्त्व ही प्रधान हो उठा है। अपने नायक के गौरव की रक्षा के लिए इन कवियों ने ऐसी घटनाओं और प्रसंगों की योजना की है जो उसके व्यक्तित्व को असाधारण बना सकें और साथ ही पाठक के लिए कथानक-रूढ़ियों का आश्रय लिया गया है। पात्रों को निजन्धरी कथाओं के पात्रों की ऊँचाई तक ले जाने की प्रवृत्ति ने भी

कथानक-रूढ़ियों के प्रयोग की प्रेरणा इन कवियों को दी है। सारांश यह है कि कथा को रसमय एवं अद्‌भुत तथा पात्र को विशिष्ट औदात्य प्रदान करने की कामना के फलस्वरूप 'पृथ्वीराज रासो' में अनेक कथानक-रूढ़ियों का प्रयोग हुआ है। रासों में कई प्रकार की रूढ़ियाँ प्रयुक्त हुई हैं। सर्वप्रथम हम उन प्रेम-संबंधी कथानक-रूढ़ियों का उल्लेख करेंगे, जिनके समावेश से कवि पृथ्वीराज के शौर्य और प्रणयपर्णू व्यक्तित्व का उद्‌घाटन कर सका है। इनमें सर्वप्रथम रूढ़ि है नायिका की प्रशंसा सुन कर नायक का उसकी खोज में जाना। यादव-कुल की कन्या शशिव्रता के रूप की प्रशंसा सुन कर पृथ्वीराज उसे पाने के लिए प्रस्थान करता है। यह कथानक-रूढ़ि अत्यन्त प्राचीन है क्योंकि निजन्धरी कथाओं में इसका बहुत प्रयोग मिलता है। इसी प्रकार शिव-पूजन के समय नायक-नायिका का मिलन, स्वप्न में नायक द्वारा नायिका के दर्शन, गन्धर्व का स्वर्ण हंस बन कर पहले शशिव्रता के पास और बाद में पृथ्वीराज के पास पहुँच कर दोनों के बीच प्रेम-संबंध स्थापित करना, शशिव्रता का पूर्व-जन्म की अप्सरा होना तथा कन्या-अपहरण आदि ऐसी ही कथानक-रूढ़ियाँ हैं जिनका प्रयोग परम्परा से भारतीय साहित्य में होता रहा है।

कथा-उपस्थापन के लिए पक्षियों के संवादों की योजना भी अत्यन्त प्राचीन काल से भारतीय कथा-साहित्य में होती रही है। 'महाभारत' में यदि परीक्षित को भागवत् सुनाने वाले शुकदेव जी महाराज हैं, तो 'कादम्बरी' में भी शुक-शुकी संवाद मिलता है। रासोकार ने भी कथा-उपस्थापन के लिए शुक-शुकी संवाद का प्रयोग किया है। हजारी प्रसाद द्विवेदी का तो यह कहना है कि 'रासो' का वही भाग प्रामाणिक है जो शुक-शुकी संवाद के रूप में प्रस्तुत किया गया है।

'रासो' में कुछ कथानक-रूढ़ियों का प्रयोग कथानक को गति देने के लिए किया गया है। पूर्व-जन्म की स्मृति, स्वप्न-दर्शन या संदेश-प्राप्ति के बाद जब नायक-नायिका एक-दूसरे से मिलने को आतुर होते हैं, उस समय पक्षी ही उनकी सहायता करते हैं और कथा को गति प्रदान करते हैं। 'रासो' में तोते और हंस का उपयोग इसी रूप में किया गया है। वहाँ तोता दो बार प्रणय-दूत के रूप में भेजा जाता है- एक तो 'पद्‌मावती समय' में समुद्र शिखर गढ़ की राजकुमारी पद्‌मावती के साथ पृथ्वीराज का प्रणय और विवाह-संबंध स्थापित करने के लिए और दूसरी बार इसका प्रयोग इंच्छिनी-संयोगिता की प्रतिद्वन्द्विता

के समय होता है जब तोता इच्छिनी की विरह-व्यथा का संवाद लेकर राजा के पास जाता है और उसकी दयनीय स्थिति की सूचना राजा को देता है। एक अन्य स्थल पर तोता भेदिये का कार्य करता है। इस प्रकार चन्दबरदाई ने पक्षियों को मानव के समान संदेशावाहक दूत या गुप्तचर के रूप में चित्रित कर परम्परा-प्राप्त कथानक-रूढ़ि का ही प्रयोग किया है और इसके द्वारा कथा को वांछित मोड़ देने तथा चमत्कार उत्पन्न करने में सफलता पायी है। सर्प के फन पर खंजन पक्षी को उड़ते देखना शुभ माना गया है। पृथ्वीराज राज्य-प्राप्ति से पूर्व यह दृश्य देखता है और पाइक को आगे के कथानक के संबंध में 'पूर्व-सूचना' प्राप्त हो जाती है, कथा की गति के संबंध में पता लग जाता है। इस प्रकार 'रासो' में पक्षियों से सम्बद्ध कथा-रूढ़ियों का पर्याप्त प्रयोग हुआ है।

नख-शिख वर्णन, षड्ऋतु वर्णन, बारहमासा वर्णन भी भारतीय काव्यों में परम्परा से चला आ राह है और नायिका के सौंदर्य-चित्रण, संयोग नायक-नायिका के उल्लास और सुख तथा वियोग में उनके विषद और विरह का वर्णन करने के लिए क्रमशः इनका उपयोग हुआ है। 'पृथ्वीराज रासो' के रचयिता ने भी अपनी रचना में इनका प्रयोग किया है। इंच्छिनी, पद्मावती, संयोगिता, शशिव्रता आदि कुमारियों का नख-शिख वर्णन और पृथ्वीराज के वियोग में बारहमासे के माध्यम से इनकी विरहव्यथा का चित्रण इसका प्रमाण है। इसी प्रकार नायक-नायिका की संयोगावस्था में षड्ऋतु वर्णन द्वारा ऋतु-परिवर्तन के साथ उनके विलास-वैभव, जल-विहार, नाना प्रकार की काम-क्रीड़ाओं में होने वाले परिवर्तन का बड़ा उद्दीपन चित्र रासोकार ने समुपस्थित किया है।

प्रकृति का उद्दीपनकारी रूप भी यहां परम्परागत ही है-एक प्रकार से रूढ़िगत ही है जिसके पीछे कवि की संवेदना और स्वतंत्र अनुभूति कम है, रूढ़ि-पालन की प्रवृत्ति अधिक है।

कतिपय कथानक-रूढ़ियाँ केवल कथा में चमत्कार लाने के लिए लायी गई हैं। परन्तु आज उन पर विश्वास नहीं होता, अतः वे कुछ लोगों के लिए हास्यास्पद हो सकती हैं, और कुछ उनके प्रयोग को कलागत दोष भी मान सकते हैं, पर जिस युग के पाठकों के लिए यह काव्य रचा गया था, उस युग में लोगों का विश्वास इन बातों में था, अतः उसी समय के युग-बोध के आलोक में उनकी समीक्षा होनी चाहिए। 'रासो' के 'कनवज्ज समय' में

लिंग-परिवर्तन इसी प्रकार की कथानक-रूढ़ि है। चौरंगी चौहान की पुत्री शिव की आराधना द्वारा पुरुष बन जाती है। ढूंढा नामक व्यक्ति को नरभक्षक बताना और उसके अघोरी कृत्यों का समावेश भी इस प्रकार का है। माणिक्यराज को संभरादेव से वरदान, अनंगपाल की कन्याको ढूंढा द्वारा फल देना जिससे संतानोत्पत्ति होती है, मन्त्र-तन्त्र का युद्ध (महोबा समय में), आकाशवाणी आदि भी चमत्कार लाने के लिए प्रयुक्त काव्य-रूढ़ियाँ हैं।

इन कथानक-रूढ़ियों का उपयोग चन्दबरदाई ने भले ही कथा-उपस्थापन, कथानक को गति देने, उसमें वांछित मोड़ देने, चमत्कार उत्पन्न करने, नायक को अलौकिक या अपार्थिव बनाने अथवा उसकी दुर्बलता के परिहार के उद्देश्य से किया हो, (मुनिक के शाप से ही पृथ्वीराज को बाद में चलकर अपनी आँखे खोनी पड़ती हैं। इसके द्वारा लेखक बताना चाहता है कि पृथ्वीराज की पराजय का कारण उसके शौर्य-पराक्रम या सेना-संगठन की त्रुटि नहीं अपितु शाप था और इस तरह उसने नायक के गौरव की रक्षा की है) परन्तु आज का आलोचक उनसे कुछ और ही निष्कर्ष निकालने की चेष्टा करता है। इन कथानक रूढ़ियों में वैज्ञानिक अध्ययन की समाजशास्त्रीय उपयोगिता भी कम नहीं है। उससे आलोचक ऐसी बातों पर प्रकाश डाल सकता है, उन सामाजिक रीति-रिवाजों, विश्वास-आस्थाओं और संस्कृति के उन तथ्यों को अनावृत्त कर सकता है जो समय की धूलि पड़ जाने से धूमिल एवं अस्पष्ट हैं और जो अभी तक दुर्भेद्य बने हुए हैं। अतः उनकी उपयोगिता अनेक दृष्टियों से हैं। वे समाजशास्त्री, सहित्य के आलोचक व इतिहासकार सभी के लिए उपादेय हो सकती है। उदाहरण के लिए 'रासो' की ऐतिहासिकता और उसमें प्रक्षिप्त अंशों के संबंध में ये कथानक-रूढ़ियाँ पर्याप्त प्रकाश डाल सकती है। डा. हजारीप्रसाद द्विवेदी के अनुसार 'रासो' में वर्णित पृथ्वीराज के वे ही विवाह-संबंध प्रामाणिक माने जाने चाहिए, जिनका शुक-शुकी संवाद में उल्लेख मिलता है, जैसे इंच्छिनी, शशिव्रता और संयोगिता का विवाह। इसी प्रकार उनके मतानुसार 'रासों' के वे ही अंश ऐतिहासिक हैं, जिनमें कवि ने डटकर कथानक-रूढ़ियों का प्रयोग किया है।

पद्मावती समय को वे इसीलिए प्रक्षिप्त मानते हैं, क्योंकि प्रथम तो शुक-शुकी संवाद में उसका स्थान नहीं है, और दूसरे सिंहलगढ़ को उत्तरदिसिह कहना इस बात का संकेत है कि यह कथा सोलहवीं शताब्दी के बाद 'रासों' में जोड़ी गई है। पद्मावती को सिंहलद्वीप की राजकुमारी बताना एेतिहासिक सत्य न होकर, कथानक-रूढ़ि

मात्र ही समझना चाहिए। इसी प्रकार त्रिया-देश और कजरी-वन को सिंहलद्वीप के साथ उलझा देना, विजयसिंह को सिंहलद्वीप का प्रथम राजा कहना और यादव-कुल का संबंध लंका के जातुधान कुल से जोड़ना मात्र काव्य-रूढ़ियाँ हैं, जो परवर्ती काल की विचारगत उलझन की सूचना देती है।

इस प्रकार 'रासो' में चन्दबरदाई ने परम्परा से प्रचलित कथानक-रूढ़ियों का प्रयोग कर जहाँ एक ओर परम्परा का निर्वाह किया है और अपने काव्य को सरस एवं कौतूहलवर्द्धक बनाने की चेष्टा की है, वहाँ दूसरी ओर आज का विवेकशील आलोचक इन कथानक-रूढ़ियों के अध्ययन द्वारा 'रासो' की प्रामणिकता पर भी बहुत कुछ प्रकाश डाल सकता है।

पृथ्वीराज रासो के काव्य-सौष्ठव

हिन्दी के आदि कवि चन्दबरइाई का 'पृथ्वीराज रासो' ऐतिहासिक-अनैतिहासिक वृत्तों से आच्छादित, पौराणिक कथाओं से लेकर कल्पित कथाओं का अक्षय तूणीर, प्राचीन काव्य-परम्पराओं तथा नवीन का प्रतिपादक, भौगोलिक वृत्तों की रहस्यमयी गुफा, प्राकृत-अपभ्रंशकालीन सफल छंदों की विराट् पृष्ठ-भूमि, हिन्दी, गुजराती और राजस्थानी भाषाओं की विराट् पृष्ठ-भूमि, हिन्दी, गुजराती और राजस्थानी भाषाओं की संक्रान्तिकालीन रचना, समकालीन युग का सांस्कृतिक प्रमाण, उत्तर भारत का आर्थिक मानचित्र, विभिन्न मतावलम्बियों के दार्शनिक तत्वों का आख्याता तथा मानव की चित्तवृत्तियों का मनोवैज्ञानिक विश्लेषक, यह अपने ढंग का एक अप्रतिम महाकाव्य है।

रासो काव्य-ग्रन्थ है और काव्य में इतिहास की अनुकृति न होकर केवल उसका आधार ग्रहण किया जाता है। अतः रासो का मूल्यांकन, जैसा कि डा. हजारी प्रसाद द्विवेदी ने कहा है काव्य-सौन्दर्य के आधार पर ही होना चाहिए। 'रासो' विशालकाय चरित-काव्य है, जिसमें प्रबन्धात्मकता, युगानुरूप जीवन-मूल्यों का चित्रण, रस-परिपाक, अद्‌भुत चित्रण-शक्ति और सुन्दर अलंकार-योजना पायी जाती है। प्रबंध-काव्य की दृष्टि से भी वह एक सफल रचना है।

'पृथ्वीराज रासो' के रचयिता चंद भी पृथ्वीराज के सखा, सामन्त और दरबारी कवि बताए जाते हैं वह अपनी वीर रस पूर्ण कविता से योद्धाओं को ही प्रोत्साहित नहीं करते थे, अपितु स्वयं भी रणांगण में उतर कर शत्रु से लोहा लेते थे। अतः रक्त-बिन्दुओं के अक्षरों में लिखे गए उनके सैन्य एवं युद्ध-संचालन

के वर्णन कोरी कल्पना मात्र न होकर प्रत्यक्ष अनुभव पर आश्रित सजीव एवं गतिशील चित्र हैं। अंशों को भी सरस बना देती है। रासोकार वस्तु-वर्णन की दृष्टि से अत्यंत सफल कवि हैं। महाभारत से प्राप्त परम्परा का आधार ग्रहण कर उसने व्यूह-वर्णन के अत्यंत सजीव चित्र प्रस्तुत किए हैं। वीर रस के उद्दीपक रूप में उसने सेनाओं, अस्त्र-शस्त्रों, घोड़ों हाथियों आदि का विशद वर्णन किया है। गौरी की सेना का एक चित्र देखिए—

रुहंगी फिरंगी हलम्बी समानी
ठठी ठट्ट बल्लोच ढालं निसानी
मंजारी चखी, मुक्ख जम्बुक लारी
हजारी हजारी इक्के जोध भारी।

सेना का पड़ाव डालते समय का चित्र अथवा रणांगण में रणोद्धत बीरों की तस्तीर भी देखने यौग्य है –

सुण्डाल काल आग्गे धरे
कढ़े दोइ कलहन्त किय
चालन्त बाण गौरे प्रबल
मानहु अन्ध कि मार दिय

वीर रस के आलम्बन, उद्दीपन, अनुभाव और संचारी भावों की सांगोपांग योजना निम्न पंक्तियों में देखिए –

हयग्गयं सजे भरं। निसान बज्जि दूभरं।।
नफेरि बीर बज्जई। मृदग झल्लरी गई।।
सुनत ईस रज्जई। तनीस राम सज्जई।।
सुभेरी झुंपक घनं। स्रवन्न कुहि झंझनं।।
उसाह मध्य ते चले। सखुन्न बंदि जे भले।।

'रासों' में युद्ध-वर्णन दो प्रकार के मिलते हैं-प्रथम तो वीर रस के जिन्हें पढ़ते ही पाठक का हृदय उत्साह से भर जाता है। पृथ्वीराज के लड़ते समय का यह दृश्य इसी प्रकार का है –

उठि राज प्रथिराज बाग लग मनों वीर नट।।
कढ़त तेग मनो वेग लगत मनों बीज झट्ट घट्ट।।
थकि रहे सूर कौतिग गिगन रगन मगन भई स्रोन धर।।

दूसरे युद्ध-वर्णन रौद्र और बीभत्स रसों के अंतर्गत आते हैं जिनमें कवि लड़ने वाले वीर सामन्तों की भावना से नहीं, वरन् युद्धस्थल के दर्शक की भावना से वर्णन करता है –

हुँकार हुक्क जोगिनिय डक्क।
मुँह मार मार बज्जै करक्क॥
नचयौ ईस गौर दरिद सीस।
षप्परि उपट्टि घुट्टे धुरीस॥

इस वर्णनों में वीरों की हुँकार, उनकी दर्पपूर्ण उक्तियाँ, युद्ध-भूमि में भूत-प्रेतों के नृत्य, योगिनियों का रुधिर-पान, कबन्धों से रक्त-पान, कबन्धों से रक्त-प्रवाह, गिद्धों का झपटना आदि पाठक के हृदय में बीभत्स रस की सृष्टि करते हैं। इन वर्णनों को पढ़ते समय क्षण भर के लिए हम भूल जाते हैं कि हम किसी पुस्तक से सैन्य एवं युद्ध के वर्णन पढ़ रहे हैं, वरन् पढ़ते समय लगता है जैसे हम सेनाओं की पदध्वनि, सैनिकों की हुँकार, हम प्रत्यक्ष सुन रहे हैं। इन चित्रों की सजीवता को देख हम कुछ समय के लिए रासो की प्रामाणिकता-अप्रामाणिकता का प्रश्न भूल काव्य-रस में अवगाहन करने लगते हैं।

छंदों का चुनाव भी कवि ने युद्ध की स्थिति के अनुकूल किया है। जहाँ की सजावट आदि का वर्णन है, वहाँ तो धीमी गति वाले और पूर्ण प्रभाव डालने वाले छंदों-कवित्त, छप्पय, कुण्डली आदि का प्रयोग किया गया है। किंतु जहाँ युद्ध तेजी पकड़ता है, वहाँ वर्णन भी द्रुत प्रभावकारी शीघ्र गति वाले पद्धरी, नाराच, बिज्जू-माली आदि छंदों में है(इन छंदों की भाषा भी ओजपूर्ण है।

रासो में वीर रस प्रधान है, परश्रृंगार भी उसके साथ आया है क्योंकि युद्ध-वीर स्वभावतः रति-प्रेमी होते हैं। पृथ्वीराज के समय में अधिकांश युद्ध कामिनी को लेकर होते थे। राजा या सामन्त का किसी सुन्दरी पर आसक्त हो जाना और फिर उसकी प्राप्ति के लिए युद्ध करना एक सामान्य घटना थी। स्वयं पृथ्वीराज ने अनेक विवाह किए थे। चन्द ने इन विवाहों तथा विलास का विशाल वर्णन किया है। रासों में विवाह से पूर्व और उसके बाद सुन्दर राजकुमारियों के नखशिख-वर्णन, काम-क्रीड़ा और सहवास के अनेक चित्र मिलते हैं। नायिका के रूप और सौन्दर्य का चित्र यदि निम्न पंक्तियों में दृष्टव्य है –

मनहु कला ससि भान कला सोलह सो बन्निय
बाल बैस ससिता समीप, अमृत रस पिन्निय

पृथ्वीराज रासो इंछिनी, पृथाकुमारी आदि रानियों के नखशिख वर्णन और सोलहश्रृंगार वर्णन से भरा पड़ा है। इन्द्रवती का सोलहश्रृंगार वर्णन देखिए –

सिंघार षोडस करे, सुहस्त द्रप्पन धरे
बसन्त बासि बासनं, तिलक्क भाल भासनं
दुनैल ऐन अंज, जल चलंत षजए
संहंत श्रोन कुण्डलं, ससी रवी कि मंडलंह

रासो में वय-संधि के चित्र भी अत्यंत आकर्षक हैं–

त्यों सरिता अरु सिंध सन्धि मिलत दुहून हिल्लोर
त्यों सैसव जल संधि में जोवन प्रापत जोरह

श्रृंगार रस को पुष्ट करने के लिए ही कवि ने षड्ऋतु और बारहमासा का वर्णन किया है। उदाहरण के लिए, कनवज्ज खण्ड में षड् ऋतुओं का ललित वर्णन मिलता है। ये चित्र यद्यपि उद्दीपन की दृष्टि से प्रस्तुत किए गए हैं, पर वे रासो-कार के ऋतु विषयक ज्ञान, निरीक्षण-शक्ति और वर्णन-कौशल के भी परिचायक हैं। संस्कृत कवियों जैसा प्रकृति का सांगोपांग और संश्लिष्ट वर्णन तो रासो में नहीं है फिर भी कुछ वर्णन बहुत ही सुन्दर बन पड़े हैं। वर्षा वर्णन का यह चित्र दृष्टव्य है –

घन-घटा बधि नभ मेघ छाय
दामिनिय दमकि जामिनिय जाय
बोलंत मोर गिरवर सुहाय
चातिग्ग रटत चिहुँ ओर नांवह

इसी प्रकार का विभावांतर्गत शरद् का वर्णन भी रासो में मिलता है। बसन्त ऋतु का एक भाव सापेक्ष्य चित्र भी द्रष्टव्य है –

भवरि अंब फुल्लिग कदंब रयनी दिध दीसं।।
भंवर भाव भुल्लै भ्रमन्त मकरन्दय सीसं।।
बहत बात प्रज्जलति मौर, अतिं बिरह अगिन किय।।
कुहुकुहुन्त कल कन्ठ पत्र राषस अति अग्गिय।।

इस प्रकार चन्दबरदाई वस्तु-वर्णन की दृष्टि से अत्यंत कुशल कवि हैं। उनके पट्टन, कन्नौज, दिल्ली और गजनी के सुन्दर नगरों और दुर्गों के वर्णन, पनघट, उत्सव, ज्योनार आदि के वर्णन भी इसके प्रमाण हैं। पट्टनपुर के पनघट का यह चित्र देखिए –

सरोवरं समानयं परीन रम्भ जानयं
बतक्क सार संमयं, अनेक हंस क्रम्मयं
भरै सुनीर कुम्भयं।

चन्द के इसी वर्णन-कौशल की प्रशंसा करते हुए **डा. हजारीप्रसाद द्विवेदी** ने लिखा है, **वे केवल कल्पना-विलासी ही नहीं, निपुण मंत्रदाता के रूप में भी सामने आते हैं। चाहे रूप और शोभा का वर्णन हो, चाहे ऋतुवर्णन की उत्फुल्लता का प्रसंग हो, या युद्ध की भेरी का प्रसंग हो, चन्दबरवाई सर्वत्र एक समान अविचलित और प्रसन्न दिखायी देते हैं। रूप और सौंदर्य के प्रसंग में तो उनकी कविता रुकना ही नहीं चाहती।**

वस्तु-वर्णन के साथ ही चन्द की भावभिव्यंजना भी अत्यंत हृदयग्राही और रसमय है। उन्होंने नारी के बाह्य रूप का ही वर्णन नहीं किया है, उसके मन में उठने वाली भावोर्मियों का भी चित्रण किया है। वयः सन्धि के समय किशोरी के मन में उठने वाली भाव-तरंगों का चित्रण पूरी मनोवैज्ञानिकता के साथ किया गया है, तो गुरुजनों के मध्य बैठी नायिका के हृदय में नायक के प्रति उठने वाले भावों का चित्रण भी –

गहलवाल पिय पाति सुगुरुजन से भरे।
लोचन मोचि सिरंग मुदमसु बहि परे॥

नायक-नायिका के प्रथम दर्शन के समय नायिका के काम-विहल होने एवं नायक के आग्रह पर उसके साथ घोड़े पर बैठते समय के भावों का चित्रण भी उत्कृष्ट भावाभिव्यंजना के उदाहरण हैं। सखी से कहने पर जब संयोगिता नदी-तट पर मछलियों को मोती चुगाते पृथ्वीराज को देखती है तो काम-विहल हो उठती है–

मदन सरलारी विविहा जिव्हा रटर्पति प्रान पानेज।
नयन प्रवाहति विवहा मह वाया कंत कथ्थयं॥

जब पृथ्वीराज उसे घोड़े पर बैठने का आग्रह करता है तो उसका मन नारी-सुलभ संकोच एवं भय से भर जाता है –

किय हय मुट्ठिहि भार हौं घटि दल संगह राज।
भरि परत जो तजि चल्यौ तब मो भावै लाज॥

इसी प्रकार जब पृथ्वीराज पहली बार शशिव्रता का हाथ पकड़ता है तो नायिका की शारीरिक और मानसिक दशा का वर्णन भी अत्यंत मनोहर है –

गहत बाल पिय पानि सु गुर जन संचरे
लोचन मोचि सुरंग सु मजु बहे खरे
अपभंगह जिय जानि सु नैन मुख वही
मनो खंजन मुख मुत्त मस्कत नरं वह।

पात्रों के मन की दुविधा, असमंजस, अंतर्द्वन्द्व के चित्रण में भी कवि की मनोविज्ञान दृष्टि झलकती है। चाहे वय:संधि के समय नायिका की दुविधा हो, चाहे पृथ्वीराज के साथ दिल्ली जाने के लिए घोड़े पर बैठती संयोगिता की दुविधा और चाहे पृथवीराज से एकांत में मिलने जाने की तैयारी करती हुई शशिव्रता के मन का द्वन्द्व हो सबका चित्रण अत्यन्त मार्मिक है।

'रासो' में विप्रलम्भश्रृंगार के चित्र विरल हैं, और जो हैं भी उनमें हृदय की वह तल्लीनता, गम्भीरता, और अनुभूति की तीव्रता नहीं आ पायी है जिसके कारण वियोग-चित्रण मर्मस्पर्शी हो उठता है। केवल एक-दो स्थल ही अपवाद हैं–

देखन्त नैन सुझ्झै न दिसि परिय भूमि सन्धार।
संजोगी जोगिन भयी जब बज्जिग धरि चाल॥

आचार्य शुक्ल ने लिखा है कि जिस कवि को जीवन के मार्मिक स्थलों की जितनी गहरी पहचान होती है और वह उनका जितना मार्मिक चित्रण करता है वह उतना ही महान कवि होता है। इस दृष्टि से भी रासो एक महान काव्य है। 'कैमास वध' में कैमास का वध होने पर उसकी पत्नी का निर्वेद भाव शोकाकुल पत्नी के हृदय की व्यथा का मार्मिक चित्र प्रस्तुत करता है –

जउ जीवन साई मघन उ नृपति बहुत बच्चनह मनु।
सुक सरोवर हंस गउ सुकिलि उडड़ अंधार मनु।

यहां निर्वेद भाव का औदात्य देखते ही बनता है, इसी खंड में कैमास का शव उसकी पत्नी को सौंपने के बाद चन्द और पृथ्वीराज का मिलन, गौरी के बंदीग्रह में चन्द और पृथ्वीराज के मिलन का चित्र मन को आनंदित कर देते हैं–

नेहनीर सकि कंठ, नैन भाल झलकमति पानि ।
बिन बोलत बोल्यों नृपनि चंद चिति बरवानि॥

यह प्रसंग कितना मार्मिक है जब अंधा नरेश अपने प्रिय सहचर चंद का स्वर सुनता है। पहले वह पहचान नहीं पाता। फिर थोड़ी देर बाद स्वर के सहारे पहचान लेता है। उल्लास होता है, लेकिन फिर न जाने कितने भाव मन में उठते हैं। शायद यह कि आज इस विरुद के उपलक्ष्य में पहले की तरह पुरस्कार देने के लिए मेरे पास कुछ नहीं है, शायद यह कि आज यह विरुद व्यंग्य की तरह चुभता है, शायद यह कि अपना यह विपन्न रूप चंद को दिखाने के लिए मैं क्यों जीवित हूँ, शायद यह कि डूबते को तिनके का सहारा मिला और बहुत दिनों के बाद परदेश में स्वजन का स्वर सुनने का सौभाग्य प्राप्त हुआ है। पृथ्वीराज कुछ नहीं बोलता।महाकाव्य में घटनाओं का ही विस्तारपूर्वक वर्णन

नहीं होता, पात्रों के चरित्र के गुण-दोष भी बताये जाते हैं। अधिकांश मध्यकालीन प्रबंध काव्यों के नायक-नायिका साँचे में ढले होते हैं—नायक आदर्श पुरुष तथा नायिका अपूर्व सुन्दरी, और आदर्श प्रेमिका। पृथ्वीराज रासों में चरित्रों के गुण भी हैं और दोष भी। पृथ्वीराज निर्भीक, उदार, दृढ़ चरित्र, वीर, पराक्रमी, साहसी, कुशल योद्धा भी है और विलास में डूब जाने वाला रसिक नायक भी। आज की भाषा में वह आदर्शोन्मुखी यथार्थवादी पात्र है। इस काव्य की संवाद-योजना भी सुखद आश्चर्य प्रदान करती है। 'कनवज्ज समय' में जयचंद और कवि का संवाद मनोरंजक एवं विदग्धतापूर्ण है। जब जयचंद कवि चंद के बरद्दिय उपाधि पर व्यंग्य (बरदाई और वरद बैल) करते हुए पूछता है वह दुबला क्यों है तो चंद उत्तर देता है।—पृथ्वीराज ने दुष्ट शत्रुओं को पराजित किया। वे वन में पत्ते, डाल, मूल, वृक्ष पकड़ कर छिप गये। अनेक दाँतों में तिनके और दूब रखकर चौहान की शरण में गए। इससे पत्तों, दूब की कमी पड़ गई और वह दुबला हो गया।

सभी कवि अपनी कविता-कामिनी को अलंकृत करते हैं। चन्द की रचना में भी अलंकारों की छटा दर्शनीय है। शब्दालंकारों में रासोकार ने अनुप्रास और यमक का प्रयोग कुशलता से किया है। कहीं म और मधु का अनुप्रास है, तो कहीं मधुरित शब्द में श्लेष है। अनुप्रास तो बहुत ही स्वाभाविक ढंग से उनके काव्य में आ गया है –

जंग जुाप जसनिम जुझार भुज सार भार भुअ।

अर्थालंकारों के अंतर्गत उपमा, उत्प्रेक्षा, रूपक, अतिशयोक्ति का प्रयोग बहुलता से हुआ है। जहाँ उपमा के प्रयोग में कवि ने काव्य-परम्परा का ध्यान रखते हुए सुप्रसिद्ध, प्रचलित उपमानों का प्रयोग किया है, वहाँ कहीं-कहीं उनके उपमान नए और कवि की मौलिक उद्भावना-शक्ति के भी परिचायक हैं। शिशु का वर्णन करते हुए उन्होंने जो उपमान प्रस्तुत किये हैं। वे अभिनव और अत्यंत प्रभावशाली हैं –

मिलि बाल जाल कवि रही केलि
बढ़ि रही दनदु जन बीज बेलि।

चंदबरदाई रूढ़ उपमानों के उपयोग से सौंदर्य-वर्णन में श्रृंगार को अद्भुत से पुष्ट भी कर सकते हैं। प्रसंग पृथ्वीराज द्वारा संयोगिता का प्रथम दर्शन है। पृथ्वीराज ने देखा –

कुंजर के ऊपर सिंह।
सिंह के ऊपर दो पर्वत।
पर्वत पर भौरे।
भौरों पर चंद्रमा।
चन्द्रमा के ऊपर एक तोता बैठा है।
जिस पर दो हिरण है हिरन पर दो धनुष और धनुष पर कंदर्प।
कुंजर उप्पर सिंघ, उप्पर हुई पव्वय।
पव्वय उप्पर भृंग भृंग उप्पर ससि सुभ्भय॥
सरि उप्पर इक कीर कीर उप्पर मृग दिट्ठौ॥
मृग उप्पर कोवंड संघ कन्द्रप्प चयट्ठौ॥

कहने की आवश्यकता नहीं कि ये नख-शिख के रूढ़ उपमान हैं जिन्हें चंद ने अपने ढंग से प्रस्तुत करके अद्भुत को शृंगार का सहायक बना दिया है। इसी प्रकार वे यथाअवसर वीभत्स और भय को वीर का सहायक बनाते हैं।

कवि ने अप्रचलित और अप्रसिद्ध उपमान भी साहस के साथ रखे हैं। ये नवीन उपमान अर्थ-सुलभता के साथ अर्थ-गौरव की भी वृद्धि करते हैं। उपमा के प्रयोगों द्वारा रासोकार ने अपना अभीष्ट सिद्ध करने में अपूर्व सफलता प्राप्त की है। उपमा के बाद 'रासो' में रूपक का स्थान है। वैसे तो उसके सभी विभेद उसमें मिलते हैं। परन्तु कवि को सांगरूपक विशेष प्रिय था और इस के प्रयोग में उसे आशातीत सफलता भी प्राप्त हुई है। रासो के आरम्भ में ही निम्नलिखित रूपक इसका प्रमाण है –

'काव्य-समुद्र कवि चन्द्र कृत मुगति समप्पन ज्ञान।
राजनीति बोहिथ सफल पार उतारन यान॥'

कवि ने शशिव्रता के कैशोर आगमन का चित्रण शिशिर में अचानक वसंत आ जाने के बिम्ब-रूपक से किया है –

पुराने पत्ते झड़ गए। कोमल अंकुर निकलने लगे। शैशव उतर रहा है और कैशोर चढ़ रहा है शीतल मंद सुगंध वायु के साथ अचानक ऋतुराज आ गया। रोमराजि, कुच, नितम्ब कोमलता वृद्धि पा गए। शीत के समान कटि बढ़ती नहीं बल्कि निरंतर क्षीण हो रही है। पत शब्द का श्लेष करते हुए कवि कहता है –'पत-पत्ता और मर्यादा, लज्जा'

पत्ते ढंक नहीं पाते तने को, वह प्रयास करने पर भी शरीर को ढंक नहीं पाती। वसंत ने वन को मत्त कर रखा है, कैशोर ने शशिव्रता के मन को मतवाला कर दिया है :

पत्त पुरातन झरिग पत्त अंकुरिय उट्ठि तुछ ।
ज्यों सैसव उत्तरीय चढ़िय बैसव किसोर कुछ ॥
सीतल मंद सुगंध आइ रितुराज अचानं ।
रोमराइ अंग कुच नितम्ब तुच्छ सरसानं ॥
बढ़्ढै न सीत कटि छीन ह्वै लज्जामान ढकत फिरै।
ढक्कह न पत्त ठकै-कहै वन बसंत मत्त जु करै ॥

इनके अतिरिक्त उसमें उत्प्रेक्षाओं की भी भरमार है, यद्यपि यहाँ भी अप्रचलित और उप्रसिद्ध उपमानों का प्रयोग कवि ने दिल खोलकर किया है।

चौहान हथ्य बाला गहिय को ओपम कवि चन्द कहि।
मानौ कि लता कंचन लहरि मत्तवीर गजराज गहि ॥

अथवा

हय संजोगि आरुँहिय पुट्ठि लग्गी सो वाय नृप ।
पति राका पूरन प्रमान अरक बैठे सु सूर बिप । ।

इनके अतिरिक्त भ्रान्ति, अतिशयोक्ति, श्लेष, दृष्टान्त, अर्थान्तरन्यास के भी सुन्दर उदाहरण मिलते हैं। इस प्रकार रस और अलंकार की सफल योजना के फलस्वरूप रासों के अनेक अंश मार्मिक और प्रभावशाली बन सके हैं।

भाषा—चन्द का भाषा पर असाधारण अधिकार है। उनमें भावों के अनुरूप भाषा को ढालने की अद्‌भुत क्षमता है। भावानुकूलता और तीव्र गति उनकी भाषा पर उनका अधिकार असाधारण है। उन्होंने पहले से चली आ रही काव्य-परंपरा को एक ऊँचाई प्रदान की। कवि में भावों के अनुरूप भाषा को मोड़ने की अद्‌भुत क्षमता है। भावानुकूलता और तीव्र सौंदर्यात्मकता चंद की भाषा की प्रमुख विशेषता है।

रासो का कवि अनुनासिक प्रयोग से प्राय: झंकार उत्पन्न करता है। चाहे शृंगार हो या वीर अनुनासिक झंकार रासो में अबाध गति से सुनाई पड़ती है। झंकार स्थिति को ध्वनित करके गुंजा देता है। द्वित्व व्यंजनों का प्रयोग प्रधानत: युद्ध-वर्णन में और सामान्यत: सर्वत्र मिलता है। रासो का कवि अपने समय की काव्य-परंपरा का रस-सिद्ध कवि है। उसने स्वयं लिखा है –

रासउ असंभु नव रस सरस छंदु चंद किय अमिय सम ।
शृंगार वीर करुन विभच्छा मय अद्‌भुतइ संत सम ॥

चंद की काव्य-भाषा में अनुस्वार द्वित्व मिश्र की ध्वनियाँ प्रवाह-अवरोध नहीं करती। वे चंद के भाषा-कौशल द्वारा अभूतपूर्व प्रवाह उत्पन्न करती है।

प्राकृत-अपभ्रंश की काव्य परपरा में चंद का ध्वनि-प्रवाह अद्वितीय है। ध्वनि-प्रवाह अपभ्रंश के महान कवि स्वयंभू में चंद से कम नहीं किंतु चंद का काव्य-प्रवाह द्वित्व एवं अनुस्वार के साथ गूंजता हुआ गतिशील होता है। चंद चाहे देव देवताओं की स्तुति करें, युद्ध का वर्णन या नारी-शरीर का सौंदर्य या विनोद-यह अनुस्वार द्वित्व सहित प्रवाह सर्वत्र दिखाई पड़ता है। वे वर्णानुप्रास के भी सिद्ध कवि हैं। उनके भाव नाद-प्रवाह में रूपांतरित हो जाते हैं। काव्य के प्रारंभिक अंश में सरस्वती वंदना में स्वर व्यंजनों की मैत्री से उत्पन्न ध्वनि की आवर्ते चंद की शैली का ठेठ उदाहरण हैं।

मुलाहार विहार सार सुबुधा अब्धा बुधा गोपिनी
सेतं चीर सरीर नीर गहिरा गोरी गिरा जोगिनी
बीना पानी सुबानि जानि दधिजा हंसा रसा आसिनी
लंबोजा चिहुरार भार जघना बिध्ना घना नासिनी

यह प्रवाह चाहे जितना स्वाभाविक लगे, इसके पीछे गहरा लोक-ज्ञान, परंपरा-ज्ञान, संवेदना एवं अभ्यास हैं।

'कनवज्ज समय' में युद्ध के इस वर्णन में युद्धमत्त सैनिकों के हाथियों और कोलाहल का निनाद सुनाई पड़ता है –

बजंत धाय सद्दकं ननद्द सद्द सुंदर ।
गसब्बि देखि अग्गि ज्यों विदोष मन्न जे दुरं ॥
उठंत दिष्ट सुर की करूर अंखि राजई ॥
मनो कि सौकि बीय दिष्ट बंकुरीति साजई ॥ साजई ।

चंदबरदाई छंद के राजा माने जाते हैं। जैसे-जैसे भाव बदलते जाते हैं, वैसे-वैसे कवि छंद की राह बदलता चलता है और आरोह-अवरोह के साथ भाषा संगीतमय लय में गुनगुनाती हुई ठुमकती चलती है।

इससे एक संगीत पैदा होता है। चंदबरदाई छंदों के अधिकारी कवि हैं। उन्होंने अपने समय में प्रचलित अधिकांश छंदों का प्रयोग किया है। सबसे ज्यादा मन लगता है छप्पयों में। चंद मार्मिक चित्रण छप्पयों में करते हैं लेकिन इसका अर्थ यह नहीं कि वे अन्य छंदों में मार्मिक उक्तियाँ नहीं कहते। गाथा का उपयोग वे प्राय: कथा को आगे बढ़ाने के लिए करते हैं।

रासों में अड़सठ प्रकार के छन्द पाये जाते है, जिनमें अधिकांश अपभ्रंश-कालीन मात्रिक छंद हैं। अभिव्यंजना के विचार से इन छंदों का चुनाव

कवि की दूरदर्शिता एवं कुशल शिल्पी होने का परिचायक है। चन्द का भाषा पर पूर्ण अधिकार था, और शब्द उनके इशारे पर नाचते चलते थे। उनकी भाषा में संस्कृत, अपभ्रंश और देशभाषा सभी के शब्द हैं। डा. विपिन बिहारी त्रिवेदी के शब्दों में भाषा-शास्त्री को यदि भारत की गौड़ी भाषाओं की अभिसंधि देखनी हो तो 'रासो' से अधिक चमत्कृत करने वाला दूसरा कोई काव्य-ग्रन्थ उसे न मिलेगा। यद्यपि यह भाषा कलात्मक सौन्दर्य की दृष्टि से कहीं-कहीं दोषपूर्ण है, तथापि विभिन्न रसों की धारा बहाने में वह सक्षम है। वस्तुत: 'रासों' का महत्व भाव-सौन्दर्य के कारण है, न कि भाषा-सौन्दर्य के कारण।

रासो का हिन्दी साहित्य के इतिहास में अविस्मरणीय स्थान है। रासो अपनी पूर्ववर्ती काव्य-धारा और परवर्ती साहित्य-विकास का सेतु है। उसमें पूर्ववर्ती काव्य-प्रवृत्तियों का संधान मिलता है तो परवर्ती प्रवृत्तियों के रूप। पृथ्वीराज रासो के महत्त्व पर प्रकाश डालते हुए डा. नामवर सिंह ने ठीक ही कहा है–

रासो मानव जीवन की विविध परिस्थितियों और भाव दशाओं का महासागर है। यही वह विशेषता है जिससे युग के सभी काव्यों में रासो को सर्वोपरि स्थान दिया गया है। निश्चय ही यह उस युग की सांस्कृतिक परिस्थितियों तथा पूर्व परम्पराओं का बृहद्‌कोश है और मध्ययुगीन भारतीय समाज का एक काव्यात्मक इतिहास है।

6

पृथ्वीराज चौहान का मूल्यांकन

विश्व के ऐसे कितने ही देश हैं जिन्होंने दिन के प्रकाश में अपनी स्वतंत्रता को खो दिया और ऐसा खोया कि फिर कभी उसे प्राप्त न कर सके। ऐसी स्थिति उन्हीं लोगों की या देशों की हुआ करती है, जो अपनी जिजीविषा और जिज्ञासा को या तो शांत कर लेते हैं या उसे खो बैठते हैं। जब हम भारत के विषय में सोचते हैं तो ज्ञात होता है कि यहां जिजीविषा और जिज्ञासा की जीवनदायिनी जीवनी शक्ति कभी नष्ट नही हुई। इसे इस उदाहरण से और भी अच्छी प्रकार समझा जा सकता है।

कहते हैं एक जैन संत थे, जिनका नाम था नान इन। वह मनुष्य की मुक्ति के सहज उपाय बताने समझाने के लिए अपने समय में बड़ी ही ख्याति प्राप्त कर चुके थे। एक बार उन्होंने अपने ज्ञान प्राप्त करने का बड़ा ही रोचक संस्मरण अपने भक्तों को सुनाया। उन्होंने बताया कि एक दिन उन्हें अपने गुरू से शिक्षा लेते लेते अधिक रात हो गयी। उसने अपने गुरू से कहा कि अंधेरे के कारण रास्ता नही सूझ रहा। ऐसे में मंदिर की सीढ़ियां कैसे उतरेगा? गुरू ने उसके हाथ पर एक दीपक रख दिया। परंतु जैसे ही नान इन मंदिर की सीढ़ियां उतरने लगा तो एक सीढ़ी उतरते ही गुरू ने दीपक को फूंक मारकर बुझा दिया। तब नान इन ने अपने गुरू से बड़ी ही विनम्रता से कहा–'गुरूदेव मेरे साथ उपहास न करें। गहन अंधकार है। सीढियां कैसे उतरेगा?' इस पर गुरू

ने कहा–दूसरे के दीपक के सहारे जो प्रकाश मिलता है, उससे अपना अंधेरा उत्तम है। अंधेरे में ही रास्ता खोजो, ऐसा करते हुए तुम्हारे भीतर स्वयं ही एक नया दीपक जलेगा। अंधेरे में टकराओगे, गिरोगे तो भी चिंता की कोई बात नही। इस सारी असुविधा पूर्ण स्थिति के मध्य तुम्हारी आत्मा निर्मित होगी। मेरे दीपक के सहारे तुम गिरोगे तो नही, परंतु तुम्हारी आत्मा खो जाएगी। इसलिए मैंने तुम्हारे हाथ पर रखा अपना दीपक बुझा दिया है।' उपनिषद के ऋषि ने भी कहा है कि जब प्रकाश के सारे माध्यम सूर्य, चंद्रमा, तारे, दिशायें शब्द इत्यादि छुप जाते हैं, या किसी भी कारण से उपलब्ध नही होते हैं, तब व्यक्ति आत्म प्रकाश के माध्यम से दिशा बोध करता है और अपना मार्ग स्वयं निर्धारित करता है। सचमुच यह अध्यात्म का विषय है। भौतिकता का इससे कोई संबंध नही है। यहां बात भी तो भारत की हो रही है, जो अध्यात्म के क्षेत्र में विश्व का गुरू रहा है। इसलिए भारत ने अपने पतन के उस काल में भी जिजीविषा और जिज्ञासा की संजीवनी बूटी का आश्रय नही छोड़ा जिस काल में उसके भटकने के और अपनी स्वतंत्रता को खो देने के पर्याप्त कारण उपलब्ध थे।

एक महान प्रेमी

महाराजा अनंगपाल की पुत्री कर्पूरी देवी का विवाह अजमेर के महाराजा सोमेश्वर के साथ हुआ था। अजमेर के राजा सोमेश्वर और रानी कर्पूरी देवी के यहां 1166 में एक पुत्र का जन्म हुआ, जो इतिहास में महान हिंदू सम्राट पृथ्वीराज चौहान के नाम से प्रसिद्ध हुआ। पृथ्वीराज ने अपने राज्य की सीमाओं को हरियाणा तक फैलाया और मुस्लिम आक्रमणों के खिलाफ राजपूतों को एकीकृत किया। महाराजा अनंगपाल के कोई पुत्र नहीं था, तो उन्होंने अपने नाती पृथ्वीराज चौहान को दिल्ली का युवराज घोषित कर दिया। बचपन से पृथ्वीराज रणकौशल में तेजतर्रार था और उसने अपने राज्य की सीमाएं तेजी से बढ़ायीं। पृथ्वीराज को कन्नौज के राजा जयचंद की पुत्री संयोगिता से प्यार हो गया, लेकिन जयचंद पृथ्वीराज से ईर्ष्या रखते थे। उसने संयोगिता के स्वयंवर में सारे भारतवर्ष के राजाओं को बुलाया, लेकिन पृथ्वीराज को नहीं बुलाया। जब संयोगिता ने किसी को भी माला नहीं पहनायी और पृथ्वीराज के चित्र को माला पहनायी, तब जयचंद तलवार लेकर उसे मारने दौड़ा। इस बीच पृथ्वीराज ने आगे बढ़कर संयोगिता को थाम लिया और घोड़े पर बैठाकर निकल गया। पृथ्वीराज

अपने साम्राज्य के विस्तार और सुरक्षा पर पैनी दृष्टि रखता था। उसकी इच्छा पंजाब तक अपने शासन की सीमाएं बढ़ाने की थी, लेकिन उस दौरान पंजाब पर मोहम्मद गौरी का राज था। उससे युद्ध किये बिना चौहान साम्राज्य स्थापित करना असंभव था। तराइन के पहले युद्ध में पृथ्वीराज ने मोहम्मद गौरी के छक्के छुड़ा दिये। इस युद्ध से पृथ्वीराज की सारे भारतवर्ष में धाक जम गयी।

इधर संयोगिता के हरण से दुखी राजा जयचंद को पीड़ा पहुंच रही थी। वह अपने अपमान का बदला किसी भी कीमत पर लेना चाहता था। इधर मोहम्मद गौरी अपनी हार का बदला लेना चाहता था। बस फिर क्या था गुपचुप जयचंद ने गौरी से संधि कर ली। तराइन के दूसरे भीषण युद्ध में देशद्रोही जयचंद के राजपूत सैनिक अपने ही राजपूत भाइयों को मार रहे थे। परिणामस्वरूप इस युद्ध में पृथ्वीराज मोहम्मद गौरी से हार गया। पृथ्वीराज और चंदबरदाई को युद्धबंदी बना लिया गया। युद्धबंदी के रूप में उसे गौरी के सामने लाया तो गौरी ने पृथ्वीराज से आंखें नीची करने के लिए कहा, तब पृथ्वीराज ने कहा कि राजपूतों की आंखें केवल मृत्यु के समय नीची होती हैं। गौरी अपमानित हुआ और सैनिकों को लोहे की गरम सलाखों से उसकी आंखें फोड़ने का आदेश दिया। आंखें फोड़ने के बाद गौरी ने उसे और चंदबरदाई को अपने कैदखाने में डाल दिया। इस बीच गौरी ने एक बार तीरंदाजी का खेल अपने यहां आयोजित करवाया, तब पृथ्वीराज ने कहा कि वह भी उसमें हिस्सा लेगा और निशाना शब्दों के जरिये भेदेगा। गौरी ने उसे अनुमति दे दी। अंतिम हिन्दू सम्राट पृथ्वीराज चौहान की नगरी अजमेर अपनी स्थापना के बाद से पहली बार 23 मार्च को अपना स्थापना दिवस मनाएगी।इस दिन का लोग दशकों से इंतजार कर रहे थे, विभिन्न इतिहासकार, पत्रकार, राजनेता इसके लिए प्रयास करते रहे और आज जाकर वह दिन भी आ गया जब इस नगर की स्थापना दिवस मनाने की प्रथा शुरू की जा रही है।

पृथ्वीराज चौहान की वीरता के किस्से तो जग जाहिर हैं ही साथ साथ उनकी प्रेम कहानी भी इतिहास के पन्नों में स्वर्ण अक्षरों में लिखी हुई है। पृथ्वीराज चौहान कन्नौज की राजकुमारी संयोगिता से बहुत प्रेम करते थे, राजकुमारी संयोगिता भी पृथ्वीराज को अपना सर्वस्व समर्पित कर चुकीं थीं।दोनों का प्रेम परवान चढ़ रहा था लेकिन दोनों के इस रिश्ते की राह इतनी आसान ना थी, कन्नौज के महाराज और संयोगिता के पिता जयचंद्र पृथ्वीराज से बैर रखते थे। दोनों के बीच की यह दुश्मनी पृथ्वीराज और संयोगिता की प्रेम कहानी पर काले बादल बनकर छाई। एक दिन जयचंद्र ने संयोगिता का स्वयंवर

आयोजित किया, जिसमे कई रियासतों के राजाओं के साथ कई राजकुमारों को भी आमंत्रित किया गया लेकिन पृथ्वीराज को इस स्वयंवर में नहीं बुलाया गया उलटा उन्हें अपमानित करने की इच्छा से जयचंद्र ने उनका एक पुतला बनवाया और दरवान के रूप में दरवाजे पर रखवा दिया।

लेकिन कहते हैं की प्रेम को कोई पहरा, कोई दीवार नहीं रोक सकती पृथ्वी और संयोगिता की प्रेम कहानी में भी यही हुआ, पृथ्वीराज बेधड़क राजकुमारी के स्वयंवर में आये और सबके सामने राजकुमारी का अपहरण करके ले गए वहां उपस्थित राजे महाराजे देखने के अलावा कुछ ना कर सके, और फिर राजधानी पहुंचकर दोनों ने विवाह कर लिया। कहते हैं इसी अपमान का बदला लेने के लिए जयचंद्र ने मोहम्मद गौरी को भारत पर आक्रमण करने का निमंत्रण दिया।मोहम्माद गौरी ने आक्रमण कर दिया और पृथ्वीराज के हाथों सत्रह बार पराजय का मुंह भी देखा।18 वीं बार मोहम्मद गौरी ने पृथ्वीराज को धोखे से बंदी बनाया और अपने देश ले गया, वहां ले जाकर उसने पृथ्वीराज को तरह-तरह से प्रताड़ना दी,यहां तक की गर्म सलाखों से पृथ्वीराज की आंखे तक फोड़ दीं। पृथ्वीराज को शब्द भेदी बाण चलाने की कला बखूबी आती थी।पृथ्वीराज के मित्र चन्द्र बरदाई ने जब इस कला का जिक्र मोहम्मद गौरी से किया तो उसने उन्हें इस कला का प्रदर्शन करने की अनुमति दे दी, उसी प्रदर्शन के दौरान चन्द्र बरदाई ने अपने शब्दों में मोहम्मद गौरी की स्थित पृथ्वीराज को बता दी और पृथ्वीराज ने बाण चलाकर मोहम्मद गौरी को खत्म कर दिया। इससे पहले के दुश्मन उन्हें मारते उन्होंने खुद ही अपनी जिन्दगी खत्म कर ली, जब संयोगिता को इस बात की खबर मिली तो उन्होंने भी सती होकर जान दे दी। आज भी पृथ्वीराज चौहान की वीरता के किस्सों के साथ संयोगिता के साथ उनकी प्रेम कहानी भी इतिहास के पन्नों में स्वर्ण अक्षरों में लिखी हुई है।

क्षात्र-शक्ति का भटकाव

पतन के उस काल में हमारी क्षात्र शक्ति के भटकाव का संकेत करना भी यहां आवश्यक और उचित प्रतीत होता है। मौहम्मद गोरी के समय में भारत का प्रमुख शासक पृथ्वीराज चौहान था। पृथ्वीराज चौहान का जन्म 1167 ई. में अजमेर के शासक सोमेश्वर सिंह की रानी कर्पूरी देवी के गर्भ से हुआ था। 1178 ई. में महाराजा सोमेश्वर सिंह की मृत्यु हो गयी तो 11 वर्ष का अल्पव्यस्क पृथ्वीराज चौहान अजमेर का शासक बना। माता ने अल्पव्यस्क

राजा की संरक्षिका की भूमिका का निर्वाह किया। लगभग 5 वर्ष तक रानी ने अपनी इस भूमिका का निर्वाह किया। सोलह वर्ष के पृथ्वीराज चौहान ने स्वतंत्रता पूर्वक शासन करना आरंभ कर दिया। पृथ्वीराज चौहान ने अगले ग्यारह वर्ष तक दिल्ली और अजमेर पर शासन किया। दिल्लीश्वर अनंगपाल तोमर के दो पुत्रियां ही थीं, जिनमें से एक अजमेर नरेश सोमेश्वर सिंह को ब्याही थी तो दूसरी कन्नौज नरेश विजयचंद्र (जयचंद के पिता) को ब्याही थी।

हर चौथे वर्ष एक विवाह

पृथ्वीराज चौहान ने अपने 27 वर्षीय जीवनकाल में लगभग हर चौथे वर्ष में एक विवाह किया। पृथ्वीराज चौहान आर्यावर्त्तीय राजाओं की परंपरा में प्रथम शासक है जिसने अपने शारीरिक सौंदर्य का और अपनी क्षात्र शक्ति का उपयोग केवल सुंदरियों को अपने राजप्रसादों में लाकर और उन्हें अपने उपभोग की वस्तु बनाकर किया। वह अपने जीवन में शारीरिक वासना की पूर्ति के लिए भटकता रहा और इसी भटकन में अपना जीवन पूर्ण कर गया। संयोगिता उसके लिए वह दीपक बन गयी जिस पर कोई 'पागल परवाना' आकर अपनी अज्ञानता से अपना जीवन होम कर देता है। सीमा पर मौहम्मद गोरी नाम का शत्रु भारी उत्पात कर रहा था और वह निरंतर हिंदुस्तान के हृदय की ओर बढ़ता आ रहा था, जबकि भारत का नरश्रेष्ठ कहा जाने वाला शासक पृथ्वीराज चौहान अपनी रानी संयोगिता के साथ अपने राजकाज को भी भूलकर वासना का खेल खेल रहा था। जब शत्रु राजधानी में घुस आया तब राजा को किसी प्रकार से अपने राजधर्म का बोध हुआ। परंतु तब तक बहुत देर हो चुकी थी? वासना ने भारत के हाथ के दीपक को बुझा दिया और धकेल दिया उसे गहन अंधकार की ओर। स्वयं संयोगिता को भी अपनी गलती का अहसास हुआ। उसने पृथ्वीराज चौहान की बड़ी रानी से कहा था–'सारा अनर्थ हमारे कारण हो गया है।'

प्रथम विवाह–पृथ्वीराज चौहान का प्रथम विवाह बाल्यकाल में ही नाहर राय की पुत्री से होना निश्चित हो गया था, परन्तु बाद में उसने अपनी पुत्री का विवाह पृथ्वीराज के साथ करने से मना कर दिया। इस पर पृथ्वीराज ने संदेश भिजवाया कि यदि यह विवाह नहीं हुआ, तो युद्ध होगा और क्षत्रिय परम्परानुसार हम कन्या का हरण करके विवाह करने को बाध्य होंगे। नाहर राय ने पृथ्वीराज की बात नहीं मानी और दोनों के बीच युद्ध हुआ, जिसमें नाहर राय की पराजय हुई तथा पृथ्वीराज ने कन्या का हरण कर विवाह किया।

पृथ्वीराज चौहान ने अपना पहला विवाह माण्डोवर नरेश की पुत्री जम्भादेवी से 1175 ई. में मात्र 8 वर्ष की अवस्था में किया। जम्भादेवी के पिता नाहरराय एक बार पृथ्वीराज चौहान के पिता सोमेश्वर सिंह के राजकीय अतिथि के रूप में आये थे। तब उन्होंने बालक पृथ्वीराज चौहान को देखकर एक फूलों की माला उसके गले में डाल दी और उसके बड़े होने पर अपनी पुत्री का विवाह उससे करने की बात कही। परंतु किन्हीं कारणों से नाहरराय जब अपनी पुत्री का विवाह कहीं और करने लगे तो ये बात सोमेश्वर सिंह को अच्छी नहीं लगी। इसलिए उन्होंने बालक पृथ्वीराज चौहान को नाहरराय पर चढ़ाई करने का निर्देश दिया। बालक पृथ्वीराज अपने योग्य सेनापतियों के बल पर नाहरराय को परास्त करने में सफल हो गया। परास्त राजा ने पृथ्वीराज के साथ अपनी पुत्री का विवाह कर दिया। राजा नाहर तो परास्त हो गया, परंतु भारत का भावी प्रमुख शासक पृथ्वीराज चौहान इससे उच्छंखल और अहंकारी हो गया। बालक को राज्य शक्ति के दुरूपयोग के लिए प्रेरित कर राजा ने भी पिता के रूप में उचित कार्य नहीं किया था। पृथ्वीराज चौहान ने बालकपन से ही एक नाहरराय के रूप में कई राजाओं को खिन्न कर लिया।

द्वितीय विवाह—पृथ्वीराज का दूसरा विवाह आबू के परमारों के यहां हुआ, राजकुमारी का नाम इच्छानी था। अपना दूसरा विवाह पृथ्वीराज चौहान ने एक दो वर्ष पश्चात ही चंद्रावती के राजा सलख की रूपवती कन्या इच्छन कुमारी से किया। इच्छन कुमारी से गुजरात का प्रतापी शासक भीमदेव विवाह करना चाहता था। परंतु भीमदेव सहित कई राजाओं को अपमानित कर पृथ्वीराज चौहान ने चंद्रावती के राजा सलख की पुत्री इच्छन कुमारी से अपना विवाह कर लिया। राजा सलख भी युद्ध में मारा गया। युद्ध में भयानक रक्तपात हुआ था। यह रक्तपात भारत के पतन की कहानी लिख रहा था, क्योंकि यह उन विदेशी आक्रांताओं के विरुद्ध नही किया जा रहा था, जो भारत की स्वतंत्रता के हन्ता थे, अपितु यह रक्तपात उन लोगों का हो रहा था जो स्वयं स्वतंत्रता के रक्षक थे। एक कामासक्त राजा भारत के पतन की कहानी लिख रहा था, जो निरंतर भयानक होती जा रही थी। तभी तो पृथ्वीराज चौहान के विषय में उसी के प्रिय दरबारी कवि चंद्रबरदाई ने लिखा है—स्त्रियों के संबंध में पृथ्वीराज चौहान की इच्छाएं जैस-जैसे पूर्ण हो जाती थीं वैसे-वैसे ही इसकी कामाग्नि और भड़कती जाती थी। मानो पृथ्वीराज चौहान के लिए एक के बाद दो और दो के तीन होते जा रहे विवाहों ने आग में घी का काम किया।

तृतीय विवाह–पृथ्वीराज चौहान ने अपना तीसरा विवाह अपने ही सामन्त चंदपुण्डीर की अत्यत रूपवती कन्या से करने का प्रस्ताव रख दिया जिसे उसने सहर्ष स्वीकार कर लिया।

चर्तुथ विवाह–पृथ्वीराज का चौथा विवाह दाहिमराज दायमा की पुत्री से हुआ और इसी रानी से पृथ्वीराज को पुत्ररत्न प्राप्त हुआ। यह रानी उसके अत्यंत विश्वसनीय मित्र कैमास की बहन थी। कैमास के पिता ने अपनी दूसरी पुत्री का विवाह भी पृथ्वीराज चौहान के साथ कर दिया।

पंचम विवाह–पृथ्वीराज का पांचवा विवाह राजा पदमसेन की पुत्री पदमावती से हुआ। पदमावती एक दिन बाग में विहार कर रही थी, तभी उसने वहाँ पर बैठे हुए एक तोते को पकड़ लिया। वह तोता पृथ्वीराज चौहान के राज्य का था और शास्त्रवेत्ता होने के कारण उसकी वाणी पर राजकुमारी मुग्ध हो गई तथा वह तोते को अपने पास रखने लगी। उस तोते ने राजकुमारी को पृथ्वीराज चौहान की वीरता एवं शौर्य की कहानी सुनाई, जिसके कारण राजकुमारी पृथ्वीराज चौहान पर मोहित हो गई तथा उस तोते के साथ ही पृथ्वीराज को यह संदेश भिजवाया कि "आप कृष्ण की भांति रुकमणी जैसा हरण कर मेरे साथ पाणिग्रहण करो, मैं आपकी भार्या हूँ।" इस प्रकार पृथ्वीराज का पांचवा विवाह हुआ।

षष्ठम् विवाह–पृथ्वीराज चौहान का छठा विवाह देवगिरि के राजा तवनपाल की पुत्री शशिवृता के साथ हुआ। तवनपाल की रानी ने पृथ्वीराज के पास संदेश भिजवाया कि "हमारी पुत्री शशिवृता ने आपको पतिरूप में वरण करने का निश्चिय किया है। उसकी सगाई कन्नौज के राजा जयचन्द राठौड़ के भाई वीरचन्द के साथ हुई है, परन्तु कन्या उसे स्वीकार नहीं करती है, अस्तु आप आकर उसका युक्ति-बुद्धि से वरण करें।"

सप्तम विवाह–पृथ्वीराज का सातवां विवाह सारंगपुर मालवा के राजा भीम परमार की पुत्री इन्द्रावती के साथ खड्ग विवाह हुआ। जब पृथ्वीराज विवाह हेतु सारंगपुर आ रहे थे, तब दूत से खबर मिली कि पाटण के राजा भोला सालंकी ने चित्तौड़ पर हमला कर दिया है। यह समाचार पाकर पृथ्वीराज ने अपनी सैन्य शक्ति के साथ चित्तौड़ की ओर प्रयाण किया और सामंतों से मंत्रणा कर विवाह हेतु अपना खड़्ग आमेर के राजा पजवनराय कछवाहा के साथ सारंगपुर भिजवा दिया। निश्चित दिन राजकुमारी इन्द्रावती का पृथ्वीराज की खड्ग से विवाह की रस्म पूरी हुई।

अष्ठम विवाह–कांगड़ा के युद्ध के पश्चात् जालंधर नरेश रघुवंश प्रतिहार हमीर की पुत्री के साथ पृथ्वीराज का आठवां विवाह सम्पन्न हुआ।

नवम् विवाह–पृथ्वीराज का नौवां विवाह कन्नौज के राजा जयचन्द राठौर की पुत्री संयोगिता के साथ हुआ। संयोगिता के लिए यह संदेश भिजवाया कि ''हे प्यारी पुत्री, तुझे वीर चौहान को समर्पित करते हुए दिल्ली नगर में अपनी प्रतिष्ठा दान में अर्पित करता हूँ।''.

जयचंद को बनाया घोर शत्रु

इसके पश्चात छठा विवाह पृथ्वीराज चौहान ने देवगिरि के राजा भानराय की कन्या शशिवृत्ता के साथ किया। राजा भानराय अपनी कन्या का विवाह जयचंद के भतीजे वीरचंद कमधज्ज के साथ करना चाहते थे, परंतु शशिवृत्ता पृथ्वीराज चौहान को चाहती थी। फलस्वरूप युद्ध हुआ और दोनों पक्षों के हजारों वीर योद्धा काम आये। अभी तक जयचंद कहीं न कहीं पृथ्वीराज चौहान का सहायक और शुभचिंतक भी था। कहते हैं कि एक युद्ध में उसने मौहम्मद गोरी के विरूद्ध पृथ्वीराज चौहान की सहायता भी की थी। मौहम्मद गोरी से नित्यप्रति युद्धों का संकट भारत पर मंडराता रहता था। अदूरदर्शी सम्राट पृथ्वीराज चौहान ने जयचंद की मित्रता को घोर शत्रुता में परिवर्तित कर लिया। उसके लिए शशिवृत्ता को लेकर उचित यही होता कि उसे वह जयचंद के परिवार में जाने देता और अपने नाना अनंगपाल द्वारा दिल्ली का सिंहासन पृथ्वीराज चौहान को देने से खिन्न जयचंद की सहानुभूति लेने का प्रयास करता। परंतु पृथ्वीराज चौहान का अहंकार सिर चढ़कर बोल रहा था, इसलिए उसने शशिवृत्ता को लेकर भयंकर रक्तपात करा दिया। पृथ्वीराज चौहान के सामंतों ने भी शशिवृत्ता के लिए होने वाले युद्ध को उचित नही माना था।

कमधज्ज की दूरदर्शिता

कमधज्ज ने युद्ध में एक नारी के लिए निज बंधुओं का रक्त बहाना उचित नही समझा, इसलिए वह दोनों ओर के सैनिकों के बहते रक्त को देखकर युद्ध से विरक्त होकर चल दिया था, परंतु पृथ्वीराज चौहान ने उसकी दूरदर्शिता को भी उसकी दुर्बलता समझा और दुगुने वेग से उसकी सेना पर हमला बोल दिया। कमधज्ज की पराजय हुई और उसे भारी अपमान का सामना करना पड़ा। अपने अपमान का प्रतिशोध लेने के लिए उसने देवगिरि के शासक पर हमला बोल

दिया। देवगिरि के शासक ने अपनी सहायता के लिए पृथ्वीराज चौहान को बुला भेजा। अतः फिर एक अवांछित युद्ध हो गया। युद्ध की अवांछित और व्यर्थ विभीषिका को देखकर भारत की आत्मा कराह उठी थी। क्योंकि यह युद्ध 'धर्म युद्ध' नही था, अपितु एक दूसरे को नीचा दिखाने और अपमानित करने की भावना से किया जा रहा था। इससे जनहित सधने वाला नही था और ना ही किसी जनविरोधी शासक को सिंहासन से उतारकर उसके स्थान पर किसी जनप्रिय शासक को सिंहासनारूढ़ करना इसका लक्ष्य था। इसका लक्ष्य तो केवल निजविनाश करना था। सचमुच 'विनाशकाले विपरीत बुद्धि' वाली कहावत इस समय चरितार्थ हो रही थी। जयचंद पुनः अपमानित होकर अपने भतीजे वीरचंद कमधज्ज और अपनी पराजित सेना के साथ कन्नौज लौटने पर विवश हो गया।

कर्नाटकी की वैश्या और पृथ्वीराज चौहान

पृथ्वीराज चौहान के पराक्रम ने दक्षिण भारत में प्रवेश किया। उसके वीरोचित गुणों ने कर्नाटक तक के दक्षिण भारतीय भू-भाग पर उसका नियंत्रण स्थापित करा दिया। तत्कालीन दक्षिण भारत के सभी राजाओं ने उसकी अधीनता स्वीकार कर ली थी। यह एक अच्छा संकेत था, परंतु पृथ्वीराज चौहान का शासन चिरस्थायी नही रह सका था, इसलिए दक्षिण भारत का उसका यह सफल अभियान कोई स्थायी प्रभाव नही डाल पाया। जब पृथ्वीराज चौहान कर्नाटक में था और जब दक्षिण भारत के राजाओं ने वहां उसकी अधीनता स्वीकार की थी तो उन राजाओं ने एक कर्नाटकी वैश्या उसे भेंट में दी। उस रूप लावण्या पर भी पृथ्वीराज चौहान आसक्त हो गया। वास्तव में यह आसक्ति उसके पराक्रम को पतन में परिवर्तित कर गयी। बहुत संभव था कि दक्षिण भारतीय राजाओं ने उसकी कामासक्ति का उपहास उड़ाने के लिए ही उसे एक सुंदर वैश्या ही भेंट में दे दी हो। परंतु वह कामान्ध शासक यह नहीं, समझ पाया कि एक वैश्या को दक्षिण भारतीय शासकों द्वारा उसे उपहार में देना उसका उपहास है, अथवा उसका सम्मान है? पृथ्वीराज चौहान ने इस वैश्या को भी अपने राजभवन में सम्मान के साथ रखने की आज्ञा दे दी। क्योंकि यह उसे दक्षिण भारत विजय के उपहार के रूप में मिली थी।

उज्जैन राजकुमारी इन्द्रावती से विवाह

उज्जैन के शासक भीमदेव ने पृथ्वीराज चौहान से मित्रता करने के लिए उसकी दुर्बलता को समझा और उसे अपनी कन्या इंद्रावती का हाथ देने का

प्रस्ताव रख दिया। पृथ्वीराज चौहान के यहां भला क्या देरी थी? उसने विवाह प्रस्ताव तो स्वीकार कर लिया, परंतु उसी समय उसे अपने बहनोई चित्तौड़ नरेश समरसिंह की सहायता के लिए, चित्तौड़ जाना पड़ गया, क्योंकि चित्तौड़ पर गुजरात के शासक भोलाराय भीमदेव ने चढ़ाई कर दी थी। तत्कालीन परंपरा के अनुसार पृथ्वीराज चौहान ने अपने कवि चंद्रबरदाई और कई अन्य दरबारियों को भीमदेव की कन्या का विवाह अपनी खड्ग (तलवार) के साथ करके ले आने की आज्ञा देकर भेज दिया। इस पर भीमदेव चिढ़ गया। बात बढ़ गयी और पृथ्वीराज चौहान के सामंतों ने युद्ध की धमकी दे डाली। फलस्वरूप भीमदेव ने कलह और कटुता के बीच अपमान का घूंट पीकर अपनी कन्या का विवाह पृथ्वीराज चौहान की खड्ग के साथ कर दिया। इस प्रकार इंद्रावती का विवाह भी अमंगल ही कर गया।

इसके अतिरिक्त संयोगिता का विवाह या स्वयंवर तो हम सबने ही सुना है। उस युद्ध में भी भारत को अपने हजारों लाखों वीर योद्धाओं से हाथ धोना पड़ा था। एक अदूरदर्शी और अहंकारी उच्चश्रृंखल राजकुमार ने राजा रहते रहते अपने 27 वर्षीय जीवन काल में ही भारत को पतन के गर्त में धकेल दिया। ऐसा लगने लगा कि जैसे नारीहरण ही भारत के राजाओं के लिए रूचिकर हो गया है, और उनके लिए जीना-मरना उनकी प्रतिष्ठा का प्रश्न हो गया है। वास्तव में इसी परिवेश ने ही भारत को गारत किया। राजनीति अपनी आभा गंवा बैठी और हमारा पराक्रम इतना ढीला पड़ गया कि एक विदेशी आक्रांता का एक दास भारत में शासक बनकर बैठ गया। यह अलग बात है कि भारत के हाथ का दीपक बुझने पर भी उसकी अंतरात्मा का दीपक तब भी प्रज्ज्वलित रहा और भारत की आत्मा में सदा स्वाधीनता की लौ जलती रही। अत: उसने हार नही मानी और अपनी स्वाधीनता के लिए संघर्ष करती रही। पृथ्वीराज चौहान का पराक्रम भी हमारे लिए वंदनीय है, जिसने मौहम्मद गोरी को कई बार परास्त किया था। यह समय हमारे राष्ट्रीय पराक्रम के भटकाव का समय था, जिस पर प्रकाश डालना आवश्यक था जिससे कि सिक्के के दोनों पक्षों से हम परीचित हो सकें।

वीर योद्धा

एक ऐसा शासक, जिसने न केवल अपने राज्य के लिए युद्ध लड़ा, बल्कि अपनी प्रजा की सेवा के लिए भी तत्पर रहा। वैसे तो इतिहास के पन्नों

में पृथ्वीराज चौहान के कई किस्से हैं, लेकिन एक किस्सा ऐसा भी है, जिसकी वजह से वे हमेशा के लिए अमर हो गए। अपने ही दुश्मन मोहम्मद गौरी द्वारा अंधे किए जाने के बाद भी उन्होंने शब्दबेधी बाण से उसे ही मार गिराया था।

इतिहास में पृथ्वीराज चौहान की वीरता का व्याख्यान कई जगह पढ़ने को मिलता है। पृथ्वीराज के मित्र और राजकवि चंद बरदाई ने 'पृथ्वीराज रासो' में उनके जीवन के ऐसे ही पहलुओं को उजागर किया है। ये किस्से सैंकड़ों वर्ष पहले जितने मशहूर थे, आज भी उसी चाव से राजस्थान में पढ़े और सुनाए जाते हैं।

1166 से 1192 तक दिल्ली और अजमेर की हुकूमत पृथ्वीराज चौहान के हाथों में थी। वे चौहान वंश के हिंदू क्षत्रिय राजा थे, जो उत्तरी भारत में एक छत्र राज करते थे। पृथ्वीराज चौहान महत्वाकांक्षी राजा था। साम्राज्य विस्तार से लेकर सुव्यवस्था पर पृथ्वीराज की पैनी नजर थी। उन्होंने सबसे पहले अपने संबंधियों के विरोध का दमन किया, फिर राज्य के विस्तार की ओर कदम बढ़ाया। इतिहासकारों के अनुसार पृथ्वीराज की सेना में तीन सौ हाथी और तीन लाख सैनिक थे। बड़ी संख्या में घुड़सवार भी थे। पृथ्वीराज ने इन्हीं सैनिकों की बदौलत कई रियासतों पर अपनी हुकूमत का परचम लहराया। वैसे तो तुर्क की सेना संख्या में कम थी, लेकिन उन्हें पराजित करना सहज नहीं था, क्योंकि सेना अच्छी तरह संगठित थी। इसलिए पृथ्वीराज को तुर्क सुल्तान मुइज्जुद्दीन से हार माननी पड़ी। तुर्की सेना ने अजमेर पर चढ़ाई की और उसे जीता। इतिहासकार कहते हैं कि कुछ समय तक पृथ्वीराज को एक जागीरदार के रूप में राज करने दिया गया। ऐसा इसलिए कहा जाता है, क्योंकि उस काल के ऐसे सिक्के मिले हैं जिनकी एक तरफ पृथ्वीराज तथा दूसरी तरफ मोहम्मद साम का नाम, खुदा हुआ है। दिल्ली स्थित राय पिथौरा किला पृथ्वीराज द्वारा बनाया गया था। इसे पिथौरागढ़ के नाम से जाना जाता है। इस किले को फतेह करना मुसलमान शासकों के लिए एक गर्व की बात थी।

चंद बरदाई द्वारा लिखित 'पृथ्वीराज रासो' पृथ्वीराज चौहान के जीवन पर लिखा गया है। इसमें कई ऐसे बिंदु है, जिसका साक्ष्य नहीं मिलता है, लेकिन चंद बरदाई के काव्य में पिरोई जीवनी में इस अपमान का बदला किस तरह लेते हैं, इसका वर्णन किया गया है। पृथ्वीराज का दरबारी कवि और सखा चंद बरदाई अपने स्वामी की दुर्दिनों में सहायता करने के लिए गजनी गया था। उसने अपने बुद्धि कौशल से पृथ्वीराज द्वारा गौरी का संहार कराकर उससे बदला लिया था। पृथ्वी राज का मृत्यु काल सं. 1248 माना जाता है। उसके पश्चात् मोहम्मद गौरी

ने कन्नौज नरेश जयचंद को भी हराया और मार डाला। आपसी द्वेष के कारण उन दोनों की हार और मृत्यु हुई। पृथ्वीराज चौहान बड़े योग्य शासक तथा कुशल योद्धा थे। अपने साम्राज्य के विस्तार और सुव्यवस्था पर उनकी पैनी नजर हमेशा जमी रहती थी। पृथ्वीराज द्वारा निम्नलिखित युद्ध किये गए–

प्रथम युद्ध–पृथ्वीराज ने प्रथम युद्ध वि. स. 1235 में अपने प्रधानमंत्री और माता के निर्देशन में चालुक्य भीम द्वारा नागौर पर हमला करने के कारण लड़ा और उसमें विजयी हुए।

द्वितीय युद्ध–राज्य सिंहासन पर बैठते ही मात्र 14 वर्ष की आयु में पृथ्वीराज से गुड़गांव पर नागार्जुन ने अधिकार के लिये विद्रोह किया था, उसमें वि.स. 1237 में विजय प्राप्त की।

तृतीय युद्ध–वि.स. 1239 में अलवर, रेवाड़ी, भिवानी आदि क्षेत्रों में मदानकों ने विद्रोह किया, इस विद्रोह को दबाकर विजय प्राप्त की।

चर्तुथ युद्ध–वि. स. 1239 में ही महोबा के चंदेलवंशी राजा परमार्दिदेव परिमाल पर आक्रमण कर, उस युद्ध में विजय प्राप्त की और उसके राज्य को अपने अधीन किया।

पंचम युद्ध–कर्नाटक के राजा वीरसेन को जीतने के लिये पृथ्वीराज ने उस पर हमला करके उसे अपने अधीन कर लिया। दक्षिण के सभी राजा इस युद्ध के बाद उसके अधीन हो गए। सब राजाओं ने मिलकर इस विजय पर पृथ्वीराज को कई चीजें भेंट कीं।

षष्ठम् युद्ध–पृथ्वीराज ने कांगड़ा नरेश भोटी भान को कहलवाया कि वह उसकी अधीनता स्वीकार कर लें, परन्तु भोटी ने इसे स्वीकार नहीं किया। इस कारण पृथ्वीराज ने कांगड़ा पर हमला किया, जिसमें भोटी भान मारा गया। भान के पश्चात् उसका साथी वीर पल्हन, जो शिशुपाल का वंशज था, एक लाख सवार और एक लाख पैदल सेना लेकर पृथ्वीराज से युद्ध करने आया। इस पर पृथ्वीराज ने मुकाबला करने के लिए जालंधर नरेश रघुवंश प्रतिहार हमीर को कांगड़ा राज्य का प्रशासन सौंपा। दोनों की संयुक्त सेनाओं ने वीर पल्हन को बन्दी बनाकर कांगड़ा में चौहान राज्य स्थापित किया। बाद में पृथ्वीराज ने हमीर को ही कांगड़ा का राजा बना दिया, जिसने पहले ही पृथ्वीराज की अधीनता स्वीकार कर रखी थी। हमीर ने अपनी कन्या का विवाह पृथ्वीराज से कर पारिवारिक सम्बन्ध स्थापित कर लिये।